客运专线铁路路基设计技术

● 屈晓辉　崔俊杰　编著

人民交通出版社

内容提要

本书系统地论述了客运专线铁路路基设计理论、方法及其在勘察设计、科学试验中的应用。主要内容包括：路基设计荷载、路基结构设计、路基横向及纵向刚度均匀性设计、路基工后沉降控制技术、路基沉降控制设计的应用与试验、路基填料改良与路基质量评估等，是对客运专线铁路路基设计技术进行的一次较为全面、系统的总结和介绍。

本书可供铁路路基科研、设计、施工等相关人员学习参考，也可供有关院校作为教学参考书。

图书在版编目(CIP)数据

客运专线铁路路基设计技术/屈晓辉，崔俊杰编著.
北京：人民交通出版社，2008.8
ISBN 978-7-114-07298-7

Ⅰ.客… Ⅱ.①屈…②崔… Ⅲ.铁路运输：旅客运输—铁路路基—设计 Ⅳ.U213.1

中国版本图书馆 CIP 数据核字(2008)第 112970 号

书　　名：客运专线铁路路基设计技术
著 作 者：屈晓辉　崔俊杰
责任编辑：张征宇
出版发行：人民交通出版社
地　　址：(100011)北京市朝阳区安定门外外馆斜街 3 号
网　　址：http://www.ccpress.com.cn
销售电话：(010)59757969，59757973
总 经 销：北京中交盛世书刊有限公司
经　　销：各地新华书店
印　　刷：北京宝莲鸿图科技有限公司
开　　本：787×1092　1/16
印　　张：10.75
插　　页：2
字　　数：260 千
版　　次：2008 年 8 月　第 1 版
印　　次：2008 年 8 月　第 1 次印刷
书　　号：ISBN 978-7-114-07298-7
印　　数：0001~2500 册
定　　价：38.00 元

前　言

Preface

世界铁路的发展方向是重载和高速。重载主要是解决中远途的货物运输，高速则是为了满足旅客便捷、舒适与安全出行的需求。我国幅员辽阔、人口众多，经济发展迅猛，目前铁路客货运运力异常紧张。客运快速与货运重载难以兼顾，已无法满足国内客货运输需求，并严重影响旅客运输质量的提高。2004 年，经国务院审议通过了国家《中长期铁路网规划》。该规划提出，铁路运输实施客货分线，专门建设以“四纵”、“四横”为主干的客运专线铁路网。同时，为满足经济发达的城市密集群的城际间旅客运输日益增长的需求，规划以环渤海地区、长江三角洲地区、珠江三角洲地区为重点，建设城际快速客运系统。

客运专线铁路的建设是个系统工程，强度高、刚度大且变化均匀、长久稳定的路基是保证高速列车安全、平稳运行的关键，其设计和施工，要在安全可靠、实用经济的指导原则下，更注重于满足舒适度要求，满足高平顺、少维修的要求，满足动力性能和环保、防灾等多方面的要求。客运专线铁路的出现，对传统铁路的设计、施工和养护维修都提出了全新的挑战，在许多方面改变着传统的铁路设计理念。

本书在借鉴欧洲、日本等国外高速铁路的设计规范、科研成果及建设经验的基础上，结合作者多年来的客运专线铁路路基科学试验与勘测设计实践，特别是结合了以秦沈客运专线为背景的“新建铁路客运专线路基设计技术研究”和以京沪高速铁路为背景的昆山软土地基试验段等科研成果，编著完成。

全书共分 7 章。第 1 章概述，介绍客运专线铁路特点、轨道结构与路基设计荷载；第 2 章路基结构设计，从路基强度控制与变形控制两个方面，对路基结构进行分析研究，阐述路基结构设计的方法；第 3 章路基横向及纵向刚度均匀性设计，通过对过渡段综合刚度、轨面弯折控制等的研究分析，介绍各种过渡段的结构形式与设计方法；第 4 章路基工后沉降控制技术，从地基条件与工后沉降控制标准、路基沉降与稳定计算、地基处理方法与选择、原位观测与沉降预测等几方面，较为系统地阐述路基沉降控制的理论和方法；第5章路基沉降控制设计的应用与试验，介绍软土、松软土路基的沉降控制设计与工程试验情况；第6章路基填料改良，研究填料适用性判别标准、填料的物理与化学改良方法；第7章路基质量评估，介绍运架梁车对基床表层影响程度的评估、运架梁车对路基稳定影响程度的评估以及铺轨前路基全面评估工作的内容与方法。

在本书撰写过程中，得到了铁道第三勘察设计院彭泽仁先生、铁道第二勘察设计院李海光先生、铁道第四勘察设计院顾湘生先生等著名专家的悉心指导；得到了北京交通大学许兆义教授、西南交通大学罗强教授、中南大学余志武教授与王永和教授等学者的鼎力支持；得到了铁道第三勘察设计院集团有限公司肖世伟、韩志霞、刘远峰、崔维孝、杨明雨、铁道第五勘察设计院郭绍影、铁道部工程管理中心孙明智等同志的支持和帮助。此外，在本书的成书过程中，还得到了铁道第三勘察设计院人劳处、科技处、地路处等诸多单位的协助，在此一并表示感谢！

限于作者的理论水平和实践经验，书中的不妥和错误之处在所难免，敬请批评指正。

屈晓辉
2008年5月于天津

目 录

Contents

第一章 概述

第一节 国内外铁路发展趋势

铁路产业自其产生到20世纪30年代，一直处于大发展之中。随后，由于受到航空业和高速公路的挑战，铁路发展速度逐渐趋缓。1964年，日本东海道新干线铁路建成并投入运行，以其速度快，运能大，节省能源，能够确保安全、准时，污染少等诸多优势博得世人青睐，极大地提高了世界各国建设、发展铁路的兴趣。

世界铁路的发展方向是重载和高速。重载主要是解决中远途的货物运输，高速则是为了满足旅客便捷、舒适与安全出行的需求。目前，各国铁路发展模式主要可分为三种：以客运为主型、以货运为主型以及客货运并重型。铁路运输以客运为主的国家以日本最为典型，以货运为主的国家有美国、加拿大与南非等，中国、印度以及欧洲各国则以客货运并重作为其铁路建设、发展的方向。世界主要国家铁路运输所占的市场份额如表1-1所示。

主要国家铁路市场份额 表1-1

运输模式	国家	客运份额(%)	货运份额(%)
客运型	日本	30	4
货运型	美国	0.5	40
客货型	俄罗斯	40	81★
	中国	35	52
	印度	20	40
	欧盟	7	14

注：★不含管道运输。

国际铁路联盟(UIC)将新建时速250km/h以上、既有线改造时速200km/h以上的铁路称为高速铁路。截至2005年底，世界各国的高速铁路运营总里程6 393km，分布在10个国家和地区。其中新建线路6 205km；在建高速铁路3 165km，分布在11个国家和地区。同时，欧洲计划在2010年以前建成总规模超过2.4万公里的高速铁路；日本规划将其新干线扩展到6 900km。

我国幅员辽阔、人口众多，经济发展迅猛，铁路运输承担着全国旅客周转量的35%和货运周转量的52%以上。针对目前我国既有铁路客货运混跑、客运快速与货运重载难以兼顾，无法满足客货运输需求，并影响旅客运输质量提高的实际情况，2004年经国务院审议通过的国家《中长期铁路网规划》(图1-1)提出，实施客货分线，专门建设客运专线。到2020年，全国铁路营业里程要达到10万公里，主要繁忙干线实现客货分线，复线率和电化率均达到50%，运输能力满足国民经济和社会发展需要，主要技术装备达到或接近国际先进水平。

我国客运专线铁路建设的具体目标是：到 2020 年，建设客运专线 1.2 万公里以上，客车速度目标值达到 200km/h 及以上。在建设较高技术标准"四纵四横"客运专线的同时，为满足经济发达的城市密集群的城际间旅客运输日益增长的需求，规划以环渤海地区、长江三角洲地区、珠江三角洲地区为重点，建设城际快速客运系统。

1."四纵"客运专线

(1)北京—上海客运专线，贯通京津至长江三角洲东部沿海经济发达地区；

(2)北京—武汉—广州—深圳客运专线，连接华北和华南地区；

(3)北京—沈阳—哈尔滨(大连)客运专线，连接东北和关内地区；

(4)杭州—宁波—福州—深圳客运专线，连接长江、珠江三角洲和东南沿海地区。

2."四横"客运专线

(1)徐州—郑州—兰州客运专线，连接西北和华东地区；

(2)杭州—南昌—长沙客运专线，连接华中和华东地区；

(3)青岛—石家庄—太原客运专线，连接华北和华东地区；

(4)南京—武汉—重庆—成都客运专线，连接西南和华东地区。

3. 三个城际客运系统

环渤海地区、长江三角洲地区、珠江三角洲地区城际客运系统，覆盖区域内的主要城镇。

第二节　客运专线铁路特点与需要研究的问题

一、客运专线铁路特点

以承担旅客运输为主要目的的客运专线铁路，具有以下特点：

1. 快捷、准时，节省旅客的出行时间

旅行距离在 200～1 000km 范围内，乘坐高速列车比乘坐其他公共交通工具更节省时间。东京至新大阪的东海道新干线，长 515km，旅行时间约 2h30min；巴黎至里昂的 TGV 东南线，距离 417km，旅行时间约 2h。

高速列车正点率很高，日本新干线平均误点 0.6～0.8min，如果晚点超过 1min，列为晚点列车；德国 ICE 列车平均正点率达 90%，到站误差小于 5min。

2. 安全、舒适，提高旅客的出行质量

日本对 20 世纪 70 年代以来所发生的旅客生命财产事故分析表明，汽车事故是铁路事故的 1 570 倍，飞机事故是铁路事故的 63 倍。就高速铁路而言，日本近 40 年，法国 10 多年从未发生过旅客死亡事故。

在舒适性方面，高速列车比汽车和飞机的乘坐空间大得多，高速列车运行平稳，夜间行车可以使用卧铺。尤其是长途旅客可以享受到较高的舒适度。

3. 节能、省地，有利于环境保护和可持续发展

一条双向四车道高速公路占地面积是双线高速铁路的 1.3～1.6 倍，其运输能力及节能减排均不及客运专线铁路。

4.运能大,经济和社会效益明显

日本和法国的实践证明,其直接投资收益都在12%以上,一般在10年之内即可还清全部贷款,其社会收益率也在20%以上。

据日本资料,旅客由于从既有线改乘新干线高速列车,每年可节约旅行时间3亿小时,即每年节省的时间效益相当于当时修建东海道新干线所需的全部费用。

法国一条高速铁路的效益是一条6车道高速公路的3倍多。

二、客运专线铁路路基建设重点研究的问题

(一)国内外铁路路基现状

长期以来,我国铁路部门没有把路基当成土工结构物来对待,普遍存在"重桥隧、轻路基"的倾向。既有路基经常发生变形、下沉,边坡坍滑,道碴陷槽以及翻浆冒泥等病害;新建铁路交付运营后不能立即达到设计速度与运量,一般需经过5~15年自然沉落及病害整治才能达到设计目标。运营铁路路基技术状态不佳,强度低,稳定性差,严重威胁着铁路运输安全,已成为铁路运输的主要薄弱环节。

国外高速客运铁路的典型有法国TGV、日本新干线、德国ICE等。这些国家都制定了较高的路基技术标准和严格的施工工艺,其特点如下:

(1)规定了详细的岩土分类,要求进行详细地调查,为设计、施工及养护提供必需的基础资料。

(2)加强了作为轨道基础的基床表层部分,包括路堤、路堑及不填不挖地段均有严格的填筑材料及压实标准,并规定了强度、刚度要求。

(3)对路堤各部分的填土规定了相应的填料标准,填土压实标准要求较高,对桥头路堤规定了更高标准。

(4)为控制路基不发生过大的下沉,对路堤填土的地基条件提出了规定及处理要求。

(二)重点研究的问题

客运专线的出现,对传统铁路的设计、施工和养护维修提出了全新的挑战,在许多方面改变了传统的铁路设计理念。

客运专线路基的设计和施工,要在安全可靠、实用经济的指导原则下,更注重于满足舒适度要求,满足高平顺、少维修的要求,满足动力性能和环保、防灾等多方面的要求。在建设上,客运专线和传统铁路的最大区别在于,它不像传统铁路那样开通时只能跑45km/h、60km/h,客运专线建设是一次达到列车设计速度,这对路基的稳固性和轨道的状态有相当高的要求。

客运专线路基的技术特点、需要研究的问题有以下几个方面:

1.路基填筑标准高且具有强化的基床结构

客运专线需要将路基作为一种土工结构物来进行设计与施工,对填筑材料、压实标准、变形控制、检测要求等均较现行铁路有更高的要求;同时应强化基床结构,特别是基床表层。基床表层是路基直接承受列车荷载的部分,它是路基中的最重要部分。基床表层不但给轨道提供了一个坚实的基础,同时,也对其下的土路基提供保护,因此基床表层必须有足够的强度和

刚度，同时还要有稳定性和耐久性。

作为基床表层的材料，需要有较好的力学性能，充分压实后在长期动力作用下保持稳定，并有很好的水稳定性和较小的渗透性。

因此，路基的结构形式、填料的选择与改良是客运专线的研究重点之一。

2. 路基沉降变形控制严格

高速行车需要高度平顺和稳定的轨下基础，控制变形是客运专线路基设计的关键。在高速情况下，路基在重复荷载作用下所产生的累计沉降和地基的不均匀下沉所造成的轨道不平顺将严重影响列车运行速度和舒适度，并增加线路养护工作量。因此，如何控制路基的工后沉降及沉降速率，将是一个需要重点研究的课题。

3. 轨下基础刚度必须平顺过渡

不同特点的结构物（桥、隧、路基等）在强度、刚度、变形等方面都有很大的差异，这必然会引起轨下基础刚度的不平顺，因此在路桥、路涵、路隧、路堤与路堑等相连地段，纵向基础刚度的变化及沉降差必然破坏了路基—轨道—车辆系统刚度的均匀性，导致铁路系统振动的加剧，也加大了对轨下基础的动力作用，影响行车的平稳和安全。客运专线由于其列车速度的提高，对路基平顺过渡提出了更高要求，因此需要对路基横向、纵向刚度的均匀过渡作重点研究。

4. 高度重视路基质量

客运专线必须以人为本，满足旅客运输安全、舒适、快速的要求，因此必须确保轨道结构几何尺寸的高度平顺和稳定。桥隧结构由于基本上没有沉降及具有较高的刚度，比较容易满足轨道这个要求。路基作为轨道结构基础的重要组成部分，作为一种高标准的土工结构物，是否具有足够的强度、刚度、均匀性及长期稳定性，是否满足设计要求，如何对路基的施工质量进行客观的评估与评价，是需要研究的另一个关键问题。

第三节　客运专线的轨道结构与路基设计荷载

一、客运专线轨道结构

客运专线必须保证轨道具有持久稳定的高平顺性，以保障高速列车的平稳、安全和舒适运行。轨道的高平顺性主要体现在以下几个方面：

(1)钢轨的原始平直度公差要小；

(2)焊缝的几何尺寸公差要小；

(3)道岔区不能有接头轨缝、有害空间等不平顺；

(4)高低、纵向、水平、扭曲和轨距偏差等局部孤立存在的不平顺幅值要小；

(5)敏感波长和周期性不平顺的幅值要小；

(6)轨道不平顺各种波长的功率谱密度值都要小。

为保证轨道具有持久稳定的高平顺性，客运专线要求正线轨道应铺设跨区间无缝线路。新线铺设无缝线路有两种基本方案。一种是短轨过渡方案，即先铺设短轨有缝线路，并经初期运营，待路基、道床在列车作用下逐步达到密实、稳定之后，保持道床、轨枕不动，将短轨更换为长轨条并焊接成无缝线路。这种经过短轨有缝阶段过渡而铺成的无缝线路，钢轨接头部位的基床、道床容易受到伤害，使之在强度、弹性及其结构均匀性等方面成为固有的薄弱环节。且这些已经形成的薄弱环节不可能通过维修手段予以彻底根除，而具有"记忆"特征，长期影响线路的平顺性和均匀性，不能较好地满足高速列车的运营要求，同时也加大了维修工作量。另一种是一次铺设无缝线路方案。新铺长钢轨一次焊成无缝线路，在无缝线路铺成之前，基本不承受施工列车，更不承受初期运营列车作用，从而免除了由于短轨过渡期所出现的上述各项问题，保证了高速线路的质量。所以，客运专线铁路推荐采用一次铺设跨区间无缝线路。

客运专线的轨道结构主要分有碴轨道和无碴轨道两种基本形式。

无碴轨道整体性强，纵向、横向稳定性较好，可大幅度减少维修工作量和维修成本，综合经济效益较好；由于高速行车安全目标和自动化程度高，行车密度大，每天运行时段除特殊故障外，不允许进行维修作业，无碴轨道对这一运输特点和要求的适应性较强；无碴轨道结构厚度比有碴轨道薄，有利于降低跨线点结构设计高程，可减轻桥梁上恒载约40%。缺点主要是刚度较大，轨道弹性较差，且振动、噪声较大，造价相对较高。日本自东海道以后的新干线均以铺设无碴轨道为主，德国在经历过多年有碴轨道的高速运营后，也开始以无碴轨道作为其发展方向。

有碴轨道弹性条件好，在一定的维修质量条件下具有较好的轮轨接触效应；减振、降噪效果较好；维修较方便；造价相对较低。但有碴轨道稳定性条件较差，在列车动荷载作用下，轨道的平顺性容易受到破坏；高速行车时车轮横向压力较大而道床横向阻力较小，对无缝线路的稳定性要求较为不利，设计和施工时必须严格加强稳定性措施，合理确定道床几何尺寸；选用优质道碴，优化道碴级配；刚性基础地段增设碴下弹性垫层或采用弹性轨枕，减少道碴粉化以及严格控制施工质量等。目前，保持轮轨铁路最高试验速度的法国高速铁路一直将有碴轨道作为其基本的轨道结构形式。

客运专线轨道结构形式的选择，除轨道本身的因素外，更应考虑作为轨下基础的桥梁、隧道与路基工程的技术要求、工程投资与可实施性，其中路基工程尤为重要。要保持轨下基础的纵向高平顺性，必须严格控制路基的工后沉降、不均匀沉降以及路基与其他结构物间的沉降差异。

高速客运专线采用大型养护机械，考虑到轨道刚度的连续性及养护维修作业的方便，从我国无碴轨道研究的实际情况出发，在确保基础稳定的路基、桥梁、隧道等地段可采用无碴轨道，但应集中成段铺设。

二、客运专线路基设计荷载

客运专线路基主要承受轨道静载和列车活载。轨道静载根据采用的轨道结构形式及截面尺寸进行计算，本书以有碴轨道为例进行分析计算；列车活载采用我国客运专线标准荷载——ZK荷载。

1. 轨道和列车荷载换算

进行路基及其加固建筑物的力学检算时，一般将路基面上的轨道静载和列车竖向活载一起换算成与路基本体重度相同的矩形土体(静荷载)。荷载换算土柱的分布宽度，自轨枕底两端向下按45°扩散角计算；换算土柱的高度按列车活载与上部建筑荷载计算，活载采用控制活载ZK活载(0.8倍UIC荷载)计算。ZK活载图式见图1-2。

(1)速度目标值200km/h的客运专线

换算土柱计算如下：

道床厚度 30cm；道碴重度 20kN/m^3；钢轨重 0.606 4kN/m；轨枕长 2.6m；轨枕及扣件重 3.7kN/根。

钢轨重 0.606 4×2=1.2kN；

道碴重 20×(2.32−0.21)=42.2kN；

轨道荷载 P=42.2+1.2+3.7×1.667=49.6kN/m；

列车活载 Q=200/1.6=125kN/m。

换算土柱宽度按轨枕端部向下 45°扩散计算(图 1-3)，l_0=3.27≈3.3m。

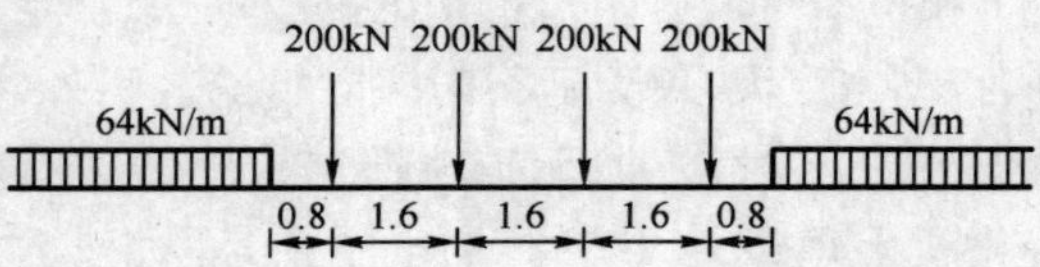

图 1-2　ZK 活载计算图式(尺寸单位：m)

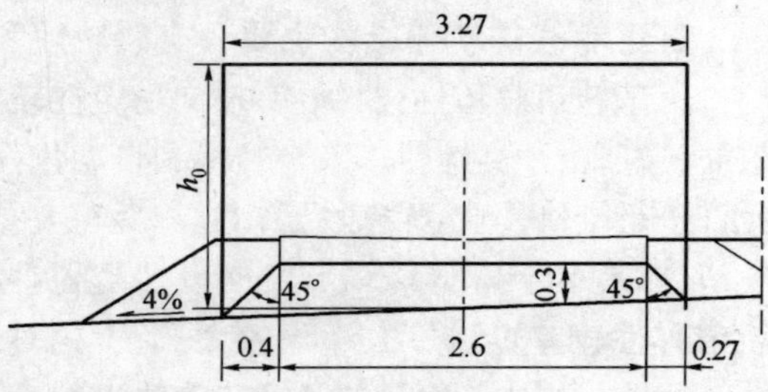

图 1-3　换算土柱高度计算图(尺寸单位：m)

换算土柱高：

$$h=\frac{P+Q}{\gamma \times l_0} \tag{1-1}$$

当 γ=18kN/m^3 时，h_o=2.94≈3.0m；

当 γ=19kN/m^3 时，h_o=2.78≈2.8m；

当 γ=20kN/m^3 时，h_o=2.65≈2.7m；

当 γ=21kN/m^3 时，h_o=2.52≈2.6m；

当 γ=22kN/m^3 时，h_o=2.40≈2.5m。

(2)速度目标值 250km/h、300km/h 的客运专线

换算土柱计算如下：

道床厚度 35cm；道碴重度 20kN/m^3；钢轨重 0.606 4kN/m；轨枕长 2.6m；轨枕及扣件重 3.7kN/根。

钢轨重 0.606 4×2=1.2kN；

道碴重 20×(2.72−0.21)=50.2kN；

轨道荷载 P=50.2+1.2+3.7×1.667=57.6kN/m；

列车活载 Q=200/1.6=125kN/m；

换算土柱宽度 l_0=3.36≈3.4m。

换算土柱高同样按式(1-1)计算：

当 γ=18kN/m^3 时，h_o=2.98≈3.0m；

当 γ=19kN/m^3 时，h_o=2.83≈2.9m；

当 γ=20kN/m^3 时，h_o=2.69≈2.7m；

当 γ=21kN/m^3 时，h_o=2.56≈2.6m；

当 $\gamma=22kN/m^3$ 时，$h_0=2.44\approx2.5m$。

(3)客运专线轨道和列车荷载换算土柱高度及分布宽度汇总见表1-2。

轨道和列车荷载换算土柱高度及分布宽度　　表1-2

速度目标(km/h)	设计轴重力(kN)	钢轨(kg/m)	轨枕(根/km)	道床厚度(cm)	道床坡度	分布宽度(m)	计算高度(m) 土的重度(kN/m³) 18	19	20	21	22
200	200	60	1667	30	1.75	3.3	3.0	2.8	2.7	2.6	2.5
250/300	200	60	1667	35	1.75	3.4	3.0	2.9	2.7	2.6	2.5

2.动荷载

客运专线铁路路基面上的动应力大小及分布情况，目前尚无足够的实测资料，主要参考国外资料及我国铁路在准高速条件下获得的实测数据。路基面动应力幅值是与列车轴重力、机车车辆动态特性、轨道结构、轨道平顺度、距轨底深度及路基状态有关的一个随机函数。经过分析研究认为，作用于基床面上的动应力可由式(1-2)确定：

$$\sigma_{dl}=0.26\times P\times(1+\alpha v) \tag{1-2}$$

式中：σ_{dl}——路基设计动应力幅值，kPa；

P——机车车辆的静轴重，kN；

α——速度影响系数，$\alpha=0.003\sim0.004$；

v——列车运行速度，速度在300km/h以内时按实际速度计，超过300km/h时按300km/h计。

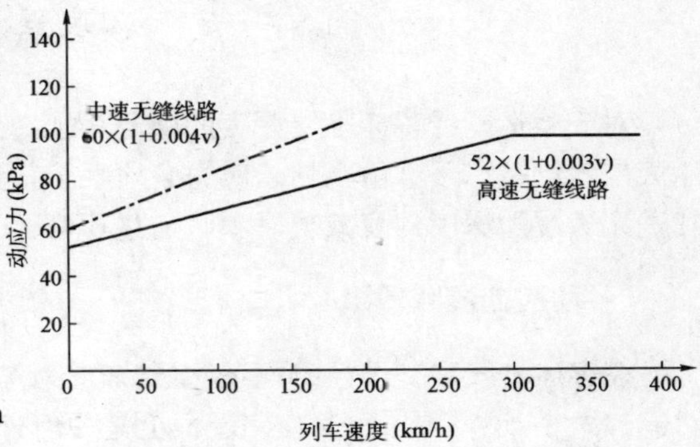

图1-4　路基设计动应力计算值

ZK荷载机车车辆的静轴重力200kN，客运专线的速度影响系数取0.003，则设计时速200km/h、250km/h、300km/h时的最大动应力分别为：83.2kPa、91.0kPa、98.8kPa(图1-4)。

第二章　路基结构设计

路基结构设计的主要内容为：基床表层和底层厚度的确定、基床和路堤下部的填筑材料的选择及压实标准的确定等，其中基床表层的设计是路基结构设计的重点。基床表层厚度的确定方法目前国外比较通用的有两种，一种以列车荷载作用下路基顶面变形量不超过某一限值作为控制条件的变形控制设计方法；另一种为在列车荷载作用下填土上的动应力不大于填土允许应力为控制条件的强度控制设计方法。

第一节　路基结构强度控制设计

对于客运专线基床表层厚度的确定，强度控制法基于如下出发点：列车荷载作用下通过基床表层传给基床下部填土的动应力必须小于其允许强度。该方法的主要内容是：确定动应力在基床表层随深度的衰减规律和确定路基填土的允许使用动强度。

一、动应力衰减规律

在客运专线路基设计中，不仅需要知道列车荷载通过钢轨、轨枕、道碴传递到路基面的绝对值的大小，还需要了解其在路基面上是如何分布的。大量的应力曲线表明，动应力在线路纵向路基面上的分布如图 2-1 所示，图中 σ_{max} 为车轮正下方路基面的应力最大值。如沿线路纵向距该车轮 L 处路基面应力衰减为零，则 L 为扩散距离。

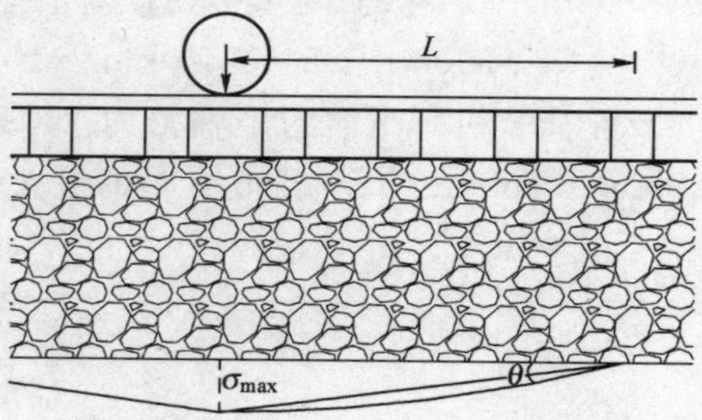

图 2-1　动应力沿线路纵向在路基面的扩散情况

车轮正下方路基面动应力最大值和最大值与沿线路纵向扩散距离 L 之比的关系式见式(2-1)。

$$L = \sigma_{max}/(82.9 + 6.17 \times \sigma_{max}) \times 10^{-1} \quad (2\text{-}1)$$

式中，σ_{max}单位为 kPa，L 单位为 m。

动应力沿深度的衰减一般从两个方面进行探讨。一是实测，二是理论计算。两者各有优缺点。实测由于受测试设备、埋设传感器的边界条件等影响，数值较离散，而且深处测试比较困难，因此大多采用理论分析。理论分析由于作了一些假设与实际可能有所出入，但对于路堤填土而言，这样的精度是可以接受的。

理论计算一般采用布氏(Boussinesq)理论，即在长方形均布荷载作用下，荷载中心下深度为 z 处的垂直应力可用式(2-2)计算：

$$\sigma = \frac{2P_0}{\pi}\left[\frac{m \times n}{\sqrt{1 + m^2 + n^2}}\right] \times \frac{1 + m^2 + 2n^2}{(1 + n^2)(m^2 + n^2)} + \tan^{-1}\frac{m}{n\sqrt{1 + m^2 + n^2}} \quad (2\text{-}2)$$

$$m = a/b; n = z/b;$$

式中：a,b——长方形荷载的边长之半；

z——深度；

P_0——荷载强度。

客运专线速度目标值为 300km/h 时，考虑基床表层与底层的模量差异（表层厚 0.7m，弹性模量 180MPa；底层弹性模量 34MPa）计算的动应力沿深度衰减曲线，见图 2-2。

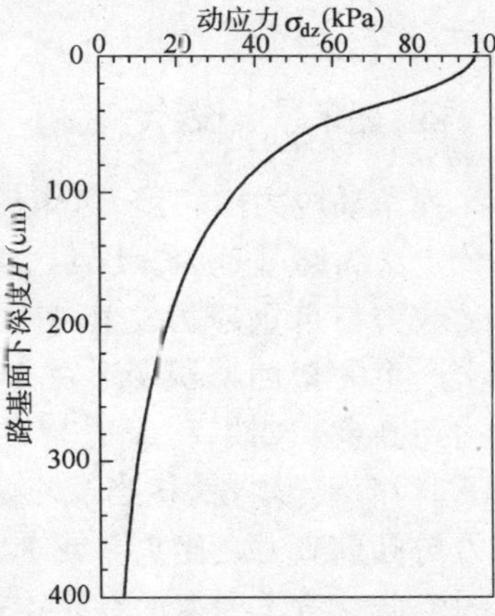

图 2-2　动应力沿深度衰减曲线

二、确定填土的允许动强度

填土的允许应力值可通过填土的动三轴试验确定。试验表明，填土存在一个临界动强度，即在小于该临界动强度的荷载作用下，土样的塑性累积应变接近于零。否则，土的塑性应变就会不断累积、发展，直至破坏。

临界动强度与土的类型、密实度、含水率及所处的应力状态紧密相关。由于影响临界动强度的因素很多，以及土样的不均匀性，试验比较困难。法国的经验表明，填土的使用应力水平与线路维修工作量密切相关，应力水平越高，后期维修工作量越大。因此法铁建议，新线设计时，使用应力取为标准值的 0.8 倍。我国习惯上采用静强度乘以某一动力折减系数（即动静强度比）确定。图 2-3 中三条线就是根据动三轴试验结果，考虑侧压力与法铁建议的维修系数（$K_3=0.8$）折减后得到的允许强度线。

三、基床表层厚度设计

根据动应力沿深度的衰减曲线及填土动强度线，我们可以得到列车 300km/h 基床表层厚度的确定曲线，如图 2-4 所示。

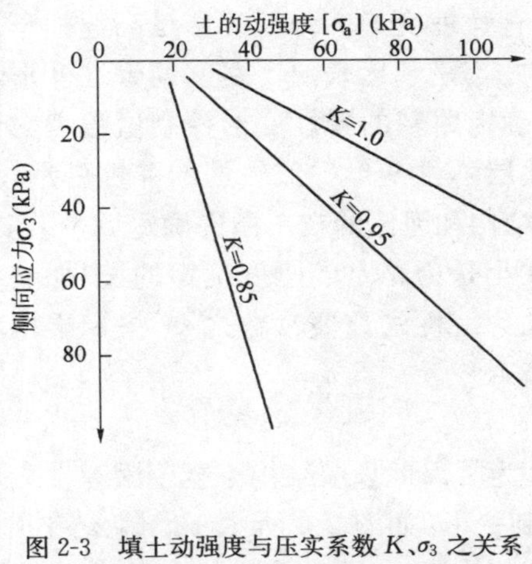

图 2-3　填土动强度与压实系数 K、σ_3 之关系

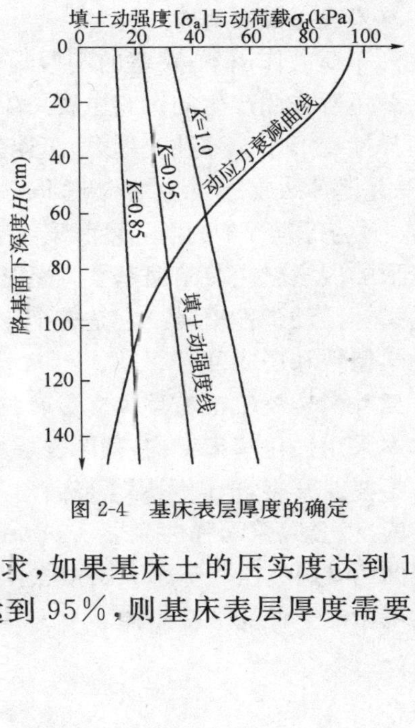

图 2-4　基床表层厚度的确定

根据填土的动应力必须小于其允许动强度的要求，如果基床土的压实度达到 100%，基床表层厚度约需 0.6m 左右。如果压实度只能达到 95%，则基床表层厚度需要 0.8m

左右。

四、基床厚度设计

列车动应力由轨道、道床传至路基本体,然后沿深度逐渐衰减。一般将动应力影响较大的部分定义为路基基床。压实土的动三轴试验表明,当动应力与自重应力之比在0.2以下时,加载10万次产生的塑性累积变形在0.2%以下,而且很快能达到稳定。如果动应力与自重应力之比在0.1以下,动荷载影响就相当微小了。因此,一般将动应力与自重应力之比1/5或1/10作为确定基床厚度的依据。考虑到客运专线路基基床填料较好,压实度要求高,采用动应力与自重应力之比1/5为确定基床厚度的标准。图2-5绘出了300km/h速度目标值动应力和自重应力随深度的变化曲线,从图中可以看出,动应力与自重应力之比1/5时的深度是3.0m。因此,列车300km/h速度目标值路基基床厚度可以采用3.0m。

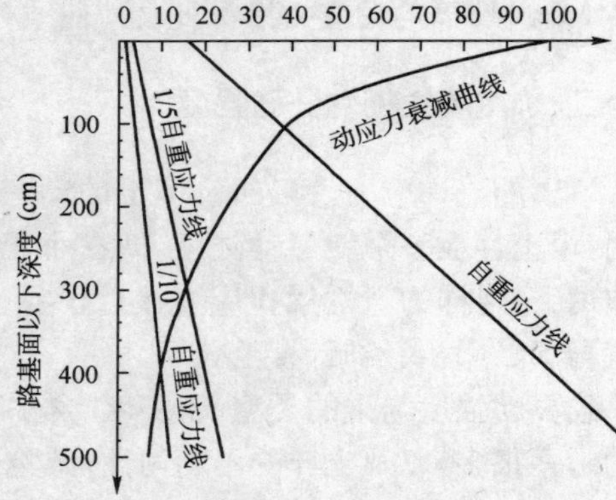

图 2-5 列车动应力与路基自重应力沿深度的分析

第二节 路基结构变形控制设计

一、路基变形控制值的确定

1. 路基变形控制因素

在列车荷载作用下,路基的变形既有塑性变形又有弹性变形。弹性变形是高速列车通过时动荷载短暂作用产生的。它主要发生在基床部位,尤其是基床表层。路基的弹性变形反映在轨面弹性变形中。弹性变形大,车速就不能提高。确定路基的弹性变形控制值需考虑两个因素:一是基床表层不发生结构破坏;一是由于基床表层弹性变形导致轨面的弹性变形(钢轨挠度)应满足高速行车的舒适度和安全要求。当上部结构和道床的技术条件确定后,影响轨面弹性变形的因素就主要是路基了。路基弹性变形的大小是由路基的刚度确定的,表征路基动刚度的指标是动弹性模量。它是整个轮轨系统垂向动力特性的重要参数之一,决定于填料的物理力学特性和压实度。

2. 国外高速铁路路基弹性变形的控制值

日本采用强化基床结构,基床表层为沥青混凝土,为了保证表层结构不至于因弹性变形过大而产生挠曲开裂,他们采用了挠曲角θ的概念来控制变形,如图2-6所示。借鉴公路沥青路面的经验,以公路路面弹性变形0.5mm作为控制开裂的标准,与之相应的挠曲角为θ,然后把这个挠曲角θ用到铁路基床表层中去,与该挠曲角相应的挠度值是2.5mm,这就是沥青混凝土强化基床的弹性变形控制值。

3. 客运专线路基弹性变形的控制值的确定

日本确定的路基弹性变形限值 2.5mm，就是从保证强化基床结构不开裂考虑的。如果从道床的稳定性、减少道碴的侧向流动考虑，则认为应控制在 4mm 以内。由于道床不稳定则维修工作量就会增加，而客运专线是不允许频繁维修的，因此变形限值的确定还要考虑养护维修能力、花费和线路的维修模式等因素。

变形控制的目的是使列车运行平顺，基床表层产生的应变不会导致表面铺装开裂或塑性变形过大降低基床表层寿命，结合基床表层采用的级配碎石材料设计计算中可以采用 $\omega_0 \leqslant 3.5$mm 作为控制条件。

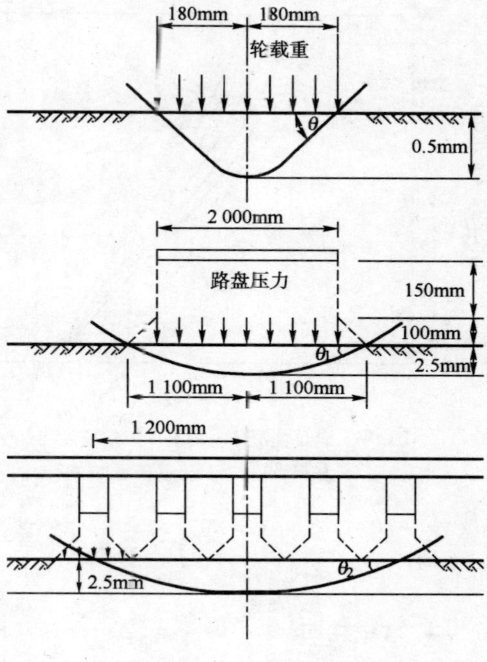

图 2-6 控制变形的挠曲角 θ 解释图

二、路基变形值的计算

根据布氏（Boussinesq）理论，对于长方形均布荷载作用在双层弹性地基（图 2-7），均布荷载中心点的沉降可用式（2-3）计算：

$$\omega_0=\frac{2bP_0(1-\mu^2)}{\pi E_2}\left\{\left[\ln\left(\frac{\sqrt{1+m^2+n_1{}^2\times q^{\frac{2}{3}}}+m}{\sqrt{1+m^2+n_1{}^2\times q^{\frac{2}{3}}}-m}\right)+m\times\ln\left(\frac{\sqrt{1+m^2+n_1{}^2\times q^{\frac{2}{3}}}+1}{\sqrt{1+m^2+n_1{}^2\times q^{\frac{2}{3}}}-1}\right)-\frac{1-2\mu}{1-\mu}\times n_1\times q^{\frac{1}{3}}\times\tan^{-1}\frac{m}{n_1\times q^{\frac{1}{3}}\times\sqrt{1+m^2+n_1^2\times q^{\frac{2}{3}}}}\right]\left(1-\frac{1}{q}\right)+\frac{2}{q}\left[\ln(\sqrt{1+m^2}+m)+m\times\ln\left(\frac{\sqrt{1+m^2}+1}{m}\right)\right]\right\} \tag{2-3}$$

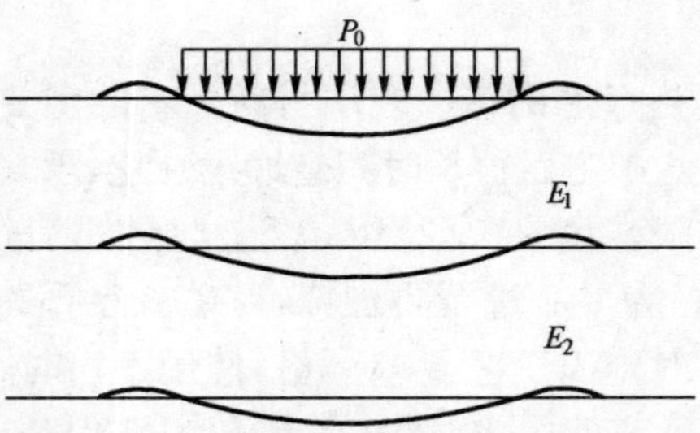

图 2-7 变形计算图式

式中：$n_1=h/b$；

$q=E_1/E_2$；

$m=a/b$；荷载长宽比；

E_1——基床表层弹性模量；

E_2——基床底层弹性模量；

P_0——荷载强度；

h——基床表层厚度；

μ——泊松比。

三、基床表层厚度设计

根据式（2-3）可以计算出 300km/h 速度目标值时，不同基床底层弹性模量 E_2 和基床表层

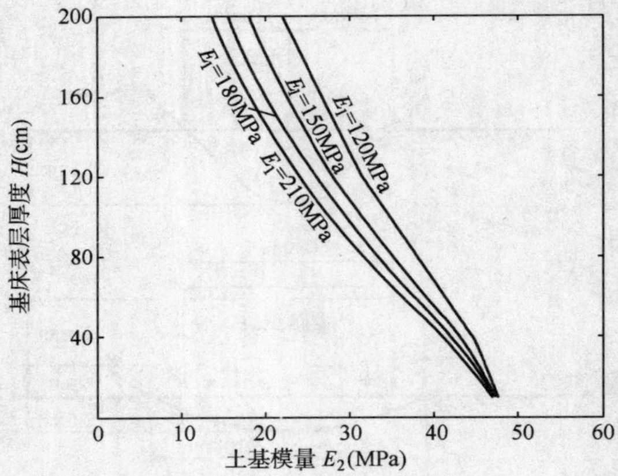

图 2-8　满足变形条件的基床表层厚度与基床表层材料、土基模量的关系

材料弹性模量 E_1 的情况下，满足路基变形条件的基床表层厚度(图 2-8)。

从图 2-8 中可以看出，客运专线列车速度目标值 300km/h 条件下，当基床表层采用级配碎石填筑时，变形模量 E_1 可以取 210MPa(实际可达 220MPa 以上)，基床底层变形模量 E_2 可以取 34MPa。此时，基床表层厚度 70cm。

另外，200km/h 条件下，当基床表层采用级配碎石填筑时，变形模量 E_1 取 220MPa，基床底层变形模量 E_2 取 34MPa，此时，当基床表层厚度 60cm 时，计算得 $\omega_0 \approx 3.2$ mm，满足 $\omega_0 \leqslant 3.5$mm 的控制条件。

第三节　路基结构形式与压实标准

一、基床表层

1. 国内外基床表层填料应用情况

基床表层是轨道结构的直接基础，需要较大的强度、刚度和稳定性，其主要作用如下：

(1)增强线路强度，使路基坚固、稳定，并具有一定的刚度，使列车通过时的弹性变形控制在一定范围内；

(2)扩散作用在路基面上的动应力；

(3)防止道碴压入基床或基床土进入道碴；

(4)防止雨水浸入基床使基床土软化，防止发生翻浆冒泥等基床病害。

国内外实践表明，不良基床表层导致的轨道变形是良好基床表层的几倍，而且其差距随列车速度的提高有进一步拉大的趋势。从日、法、德三国和我国铁路以前进行的少量强化基床的试验研究来看，基床表层使用的材料大致有以下几类：级配砂砾石、碎石、级配矿物颗粒材料(高炉矿渣)。

级配矿物颗粒材料，特别是水硬性的级配高炉矿渣是很好的基床表层材料。它的主要成分是氧化钙、二氧化硅、三氧化铝，这与水泥的成分相似。施工后很长时间会继续硬化，承载能力相应提高，这显然是非常有用的。这种材料的无侧限强度在 1.2MPa 以上，弹性模量在 300MPa 以上。但也有一些不利的地方，它必须以炼铁厂为中心进行再加工，对矿渣碎石的品质要求高，否则水硬性的特点就得不到发挥。矿渣碎石对施工工艺要求严格，使用不当时，其含有的硫化钙、氧化钙还会污染环境。这种材料在日本已有使用，欧洲也有少量使用，但是，我国铁路还很少用。从我国现有的施工条件来看，采用这类材料难度较大。

基床表层材料需要有丰富的来源，较大的刚度，在长期动力作用下能够保持稳定，并有很好的水稳性和较小的渗透系数。欧洲铁路普遍使用级配砂砾石，它是用粒径大小不同的粗细砾石集料和砂各占一定比例的混合料，其颗粒组成符合密实级配要求，其中包括一部分塑性指数较高的黏土，填充空隙并起黏结作用，经压实后形成密实结构。级配砂砾石在我国公路部门有相当丰富的使用经验，铁路也专门进行了级配砂砾石动力特性试验研究，研究结论认为：级配砂砾石是一种可以满足基床力学要求的材料，它有比较稳定的、较大的弹性模量。当动荷载控制在临界应力以内时，产生的塑性应变很小，而且即使动应力超过临界应力，经过一定时间的反复加载，变形也能达到稳定。

因此，客运专线路基基床表层可以采用级配碎石或级配砂砾石填筑。为了有利于自然降水的排出，基床表层顶面和基床底层顶面都应设置4%的排水坡。

对于基床表层级配碎石或级配砂砾石应具备的材料品质，西班牙高速铁路对基床表层材料要求见表2-1。

西班牙高速铁路某段基床表层材质要求　　表2-1

层位	d_{max}	土类	<0.08mm	*CBR*	磨损率	Deval 湿	Deval 干	压实度	弹模
上层		SF	<5%		<28%	>12	>6	>103%	
下层	10cm	NO	3%～8%	>10%	<30%	>9		>100%	>80MPa

根据国内外经验，为了提高路基承载能力，还要求砾石颗粒中扁平及细长颗粒含量不超过20%。形状不合格的颗粒含量过多时，应掺入部分合格的材料。为了防止道碴嵌入基床，基床表层填料与道碴的粒径应匹配，砂砾石的最大粒径不应超过40mm，$D_{85}>10$mm。砂要有良好的级配，一般选用粗砂或中砂。对于小于0.5mm的含量和塑性指数要求严格控制。为防止下卧土层颗粒进入基床表层，要求$D_{15}<4d_{85}$。

级配碎石是我国高等级公路上普遍使用的用作基层的填料。它是由粒径大小不同的粗、细碎石集料和石屑各占一定比例的混合料，并且其颗粒组成符合密实级配要求。级配碎石可由未筛分碎石和石屑组配成。未筛分碎石是指控制最大粒径（仅过一个筛孔的筛）后，由碎石机轧制的未经筛分的碎石料。它的理论粒径组成为0～50mm，并且具有较好的级配，可直接用作高速铁路基床表层填料。石屑是指碎石场经孔径为5mm的筛余料，其实际颗粒组成常为0～10mm，并且具有良好级配。级配碎石与下部填土之间应满足$D_{15}<4d_{85}$；针状、片状碎石含量不大于20%；质软易破碎的碎石含量不超过10%；材料必须清洁，泥及有机物含量不得超过2%；坚硬、耐磨、耐久，磨耗率≤30%（洛杉矶磨耗率）；碎石比重>2.45，吸水率≤3.0%。

对于压实标准，法国铁路、德国铁路和西班牙高速线均要求基床表层上部的压实度达到葡氏击实标准的103%。用平板荷载试验测得的二次变形模量$E_{v2}>120$MPa。日本曾对道床填料嵌入基床填料的情况进行过调查研究，结果表明，当基床的$K_{30}\geq150$MPa/m时，嵌入量甚微。

2.客运专线基床表层

根据变形控制与强度控制两方面计算结果，考虑级配碎石或级配砂砾石更适合我国国情的实际情况，综合国内各方面的前期研究成果和部分现场实验，客运专线基床表层的厚度、填筑材料及压实标准等可见表2-2。

级配碎石或级配砂砾石填料的粒径级配需分别符合表2-3、表2-4的规定，且0.5mm筛以下的细集料中通过0.075mm筛的颗粒含量应小于等于66%。

基床表层厚度及压实标准　　表 2-2

设计列车速度(km/h)	填　料	厚度(m)	压实标准		
			地基系数 K_{30} (MPa/m)	动态变形模量 E_{vd}(MPa)	孔隙率 n(%)
200	级配碎石或级配砂砾石	0.60	≥190	≥55	<18
250		0.70			
300		0.70			

级配碎石的粒径级配范围　　表 2-3

方孔筛边长(mm)	0.075	0.1	0.5	1.7	7.1	16	25	45
过筛质量百分率(%)	0～7	0～11	7～32	13～46	41～75	67～91	82～100	100

级配砂砾石的粒径级配范围　　表 2-4

级配编号	通过筛孔(mm)质量百分率(%)								
	50	40	30	20	10	5	2	0.5	0.075
1	100	90～100		65～85	45～70	30～55	15～35	10～20	4～10
2		100	90～100	75～95	50～70	30～55	15～35	10～20	4～10
3			100	85～100	60～80	30～50	15～30	10～20	2～8

注：用圆孔筛时，采用 1～3 号级配；用方孔筛时，采用 2～3 号级配。

级配碎石或级配砂砾石的质量同时需符合以下要求：

(1)大于 1.7mm 的集料的洛杉矶磨耗率不大于 50%；

(2)大于 1.7mm 的集料的硫酸钠溶液浸泡损失率不大于 12%；

(3)小于 0.5mm 的细集料的液限不大于 25%（级配砂砾石不大于 28%），塑性指数不大于 6；

(4)黏土团及其他杂质含量的百分率不大于 0.5%(级配砂砾石小于等于 2%)。

级配碎石或级配砂砾石与上部道床碎石及下部填土之间的颗粒级配需满足以下要求：

$$D_{15} < 4d_{85}$$

式中：D_{15}——较粗一层土的颗粒粒径，mm，小于该粒径的质量占总质量的 15%；

d_{85}——较细一层土的颗粒粒径，mm，小于该粒径的质量占总质量的 85%。

当与下部填土不能满足以上要求时，基床表层应采用颗粒级配不同的双层结构，或在基床底层表面铺设土工合成材料反滤层，当下部填土为改良土时，可不受此项规定限制。

二、基床底层

由于基床部分受动力作用，需要考虑动荷载对其强度与变形特性的影响，因此对填筑材料及填筑标准要求也就比较高。参考国外经验，基床底层应避免使用 C 组填料，可以填筑 A、B 组填料或改良土。

实际上，我国铁路目前的填料分组标准尚需细化和完善。不同地区的 A、B 组填料，其级配特征、压实标准与工程特性等有时差异很大，因而，基床底层结构的设计，应该根据客运专线沿线填料的实际情况，采用变形控制与强度控制相结合的方法因地制宜综合确定。

1. 基床底层检测方法

对于检测方法和压实标准，日本新干线主要采用压实度 K、地基系数 K_{30} 以及孔隙率 n；德国铁路主要采用普氏压实度 D_{pr}、二次变形模量 E_{v2} 以及动态变形模量 E_{vd}；我国普通铁路主要采用压实度 K、相对密度 D_r 以及地基系数 K_{30}。

不管是国外还是国内，其检测方法大致可分为两类：密实程度控制与刚度控制。填料的填筑密实程度，一直是保证路基长期稳定性的最基本最重要的控制指标，压实度 K、孔隙率 n、普氏压实度 D_{pr} 以及相对密度 D_r 均属此类，各自的适用范围、检测方法及需达到的标准有一定的差异，但均能满足控制密实程度的要求，故可以根据我国的习惯做法选用。

另一类刚度控制指标，其目的是保证路基基床底层的刚度能够满足基床弹性变形控制的要求，主要采用地基系数 K_{30}、二次变形模量 E_{v2} 以及动态变形模量 E_{vd}。日本新干线采用的地基系数 K_{30} 与德国铁路采用的二次变形模量 E_{v2}，同属静态平板荷载试验，虽然其定义、加载方式和数据分析处理方法等都不同，但究其实质均是反映静荷载作用下土体抵抗变形能力的刚度参数。

地基系数 K_{30} 是表示土体表面在平面压力作用下产生的可压缩性的大小。它是用直径为 300mm 的刚性承载板进行静压平板荷载试验，取第一次加载测得的应力—位移（σ—s）曲线上 s 为 1.25mm 时所对应的荷载 σ_s，按 $K_{30}=\sigma_s/1.25$ 计算得出，单位是 MPa/m。K_{30} 平板荷载试验适用于粒径不大于荷载板直径 1/4 的各类土和土石混合填料。我国铁路系统自 1985 年大秦线施工引入 K_{30} 平板荷载试验以来，在铁路建设中已经逐步推广应用，从 K_{30} 在中国铁路系统应用的情况来看，无论是仪器设备、试验方法，还是设计标准均已趋于成熟。K_{30} 平板载荷试验作为一种强度及变形指标，能够直观地表征路基刚度和承载能力。

二次变形模量 E_{v2} 检测，是在施工现场通过圆形承载板和加载装置对土路基进行静态平板荷载试验，一次加载和卸载后，再进行二次加载，用测得的二次加载应力—位移（σ—s）曲线来计算 E_{v2} 值的试验方法。由于土是弹塑性体，在平板荷载试验中，一次加载后的卸载 σ—s 曲线上，σ 为零时，s 并不为零，即土体由于塑性的存在发生了不可恢复的残余变形。二次加载时，由于已消除了土体的部分塑性变形，得到的二次加载 σ—s 曲线更能反映土体的弹性变形能力。理论上，如果反复卸载、加载、再卸载、再加载，循环下去，则土体的塑性逐渐消除，最后得到 σ—s 曲线更接近于直线，就可反映出来土体的弹性性能。但通过试验发现，若循环反复进行加—卸载试验需要大量的时间，给施工带来很大的不便，而二次加载曲线与后几次加载曲线的形状差别较小，可以认为二次加载曲线基本上可以反映土体自身的弹性性能。因此，用测得的二次加载曲线来计算土体在力的作用下抵抗变形的能力——二次变形模量 E_{v2}，并采用 E_{v2} 作为路基压实标准是比较科学、合理的。E_{v2} 试验也是采用直径 300mm 承载板，适用于粒径不大于承载板直径 1/4 的各类土和土石混合填料，计量单位为 MPa。

K_{30} 和 E_{v2} 理论上都是通过现场静态平板载荷试验获得的、反映荷载作用下土体抵抗变形能力的刚度参数。但是，二者在定义、加载方式、等级和分析方法上是不同的。K_{30} 是取第一次加载的 σ—s 曲线上 s 为 1.25mm 所对应的应力 σ 值除以 1.25 得到的值，它包含相当一部分塑性变形。E_{v2} 则是根据卸载后第二次加载 σ—s 曲线上 $0.3\sigma_{max}$ 和 $0.7\sigma_{max}$ 之间的位移割线斜率来确定的，因此更多反映土体的弹性变形性能。路基基床在运营条件下承受反复循环动载作用，

二次加载刚度参数 E_{v2} 更接近这种荷载形式。所以，理论上，二次加载参数 E_{v2} 比 K_{30} 更适合作为路基刚度检测指标。

考虑到我国铁路行业多年来一直采用 K_{30} 指标，积累了较丰富的实践经验，现阶段的静刚度检测仍应以 K_{30} 试验为主，同时应积极开展 E_{v2} 检测的试验和资料积累，以便根据我国的填料特性，因地制宜地完善其检测标准。

动态变形模量 E_{vd} 能够反映列车在高速运行时产生的动应力对路基基床的真实作用状况，应该是客运专线铁路路基基床填筑压实的主要控制指标。

动态变形模量 E_{vd}（dynamic modulus of deformation）是指土体在一定大小的竖向冲击力 F_s 和冲击时间 t_s 作用下抵抗变形能力的参数，可由平板压力公式(2-4)计算得出。

$$E_{vd} = 1.5 \cdot r \cdot \sigma / s \tag{2-4}$$

式中：E_{vd}——动态变形模量，MPa，计算至 0.1 MPa；

r——圆形刚性荷载板的半径，mm；

σ——荷载板下的最大动应力，它是通过在刚性基础上，由最大冲击力 $F_s = 7.07$kN 且冲击时间 $t_s = 17$ms 时标定得到的，即 $\sigma = 0.1$MPa；

s——实测荷载板下沉幅值，mm；

1.5——荷载板形状影响系数。

实测结果可采用下列简化公式：

$$E_{vd} = 22.5/s \tag{2-5}$$

动态变形模量 E_{vd} 采用动态变形模量测试仪来进行检测，该仪器的工作原理是利用落锤从一定高度自由下落在弹簧阻尼装置上，产生的瞬间冲击荷载，通过弹簧阻尼装置及传力系统传递给直径 300mm 的承载板，产生动应力，使承载板发生沉陷 s，即阻尼振动的振幅，由沉陷测定仪采集记录下来。沉陷值 s 越大，则被测点的承载力越小；反之，越大。此种方法称为动态平板荷载试验，适用于粒径不大于荷载板直径 1/4 的各类土、土石混合填料、非胶结路面基层及改良土，测试有效深度范围为 400～500mm。

2. 客运专线基床底层

按照强度控制方法，采用动应力与自重应力之比 1/5 确定基床厚度，综合国内各方面的前期研究成果和部分现场实验结论，客运专线基床底层设计可按表 2-5 要求。

基床底层填料及压实标准 表 2-5

设计速度	厚度(m)	填料	压实标准	改良土	砂类土及细砾土	碎石类及粗砾土
200km/h	1.9	A、B 组填料及改良土	地基系数 K_{30} (MPa/m)	≥110	≥130	≥150
250km/h 及以上	2.3		动态变形模量 E_{vd}(MPa)	≥40	≥40	≥40
			压实系数 K	≥0.95	—	—
			孔隙率 n	—	<28%	<28%

注：1. 压实系数 K 为重型击实标准(以下同)。

2. 改良土压实标准：当采用物理方法改良时，应符合本表规定；当采用化学方法改良时，除符合本表规定外，还应满足设计提出的技术要求。

三、基床以下路堤

客运专线路基特别重视基床设计，但路基基床还必须依靠下部填土为其提供坚实基础才不是空中楼阁，因此客运专线路基设计必须同时重视路堤下部的设计。

客运专线路基路堤下部填料应满足下列三个基本要求：

(1)在列车和路堤自重荷载作用下，路堤能保持长期稳定；

(2)路堤本体的压缩沉降能很快完成；

(3)路堤下部力学特性不会受其他因素（水、温度、地震）影响而发生不利于路堤稳定的变化。

对于客运专线，应使用尽可能好的填料。这样既可以减少后期沉降，又可以有较高的安全储备以保证路堤的稳定，并确保不产生病害。因此，首先应该采用优质填料类型。实际观测表明，采用级配良好的优质粗颗粒可以大大减小路基的后期沉降。因此，在可能的条件下，路堤填料应优先选择 A 组、B 组填料和 C 组中的块石、碎石、砾石类填料。

然而，由于铁路线路往往很长，通过地段的地质条件变化多样，都使用优质填料的可能性不大。而且优质填料往往缺乏，要解决这一难题，显然要扩大可用填料范围或将不合格填料经过改良使其成为合格填料后使用。

客运专线路堤压实标准应符合表 2-6 的规定，采用地基系数 K_{30}、动态变形模量 E_{vd}、压实系数 K（或孔隙率 n）三项指标控制。

基床以下路堤填料及压实标准　　表 2-6

填　　料	压实标准	细粒土改良土	砂类土及细砾土	碎石类及粗砾土
A、B、C 组（不含细粒土、粉砂及易风化软质岩块石土）填料及改良土	地基系数 K_{30}(MPa/m)	≥90	≥110	≥130
	压实系数 K	≥0.90	—	—
	孔隙率 n	—	<31%	<31%

注：改良土压实标准：当采用物理改良方法时，应符合本表规定；当采用化学改良方法时，除符合本表规定外，还应满足设计提出的技术要求。

第四节　路基结构设计的应用

一、秦沈客运专线路基基床设计

在分析研究有关国外高速铁路路基设计标准的基础上，对秦沈客运专线的路基设计技术条件进行了专门研究，形成了自己的路基技术标准。路基基床设计标准如下：

(1)路基面形状应为三角形，设由路基面中心线向两侧的 4%横向排水坡。曲线加宽时，仍保持路基面三角形形状。

(2)路基标准横断面应符合图 2-9～图 2-14 的规定。

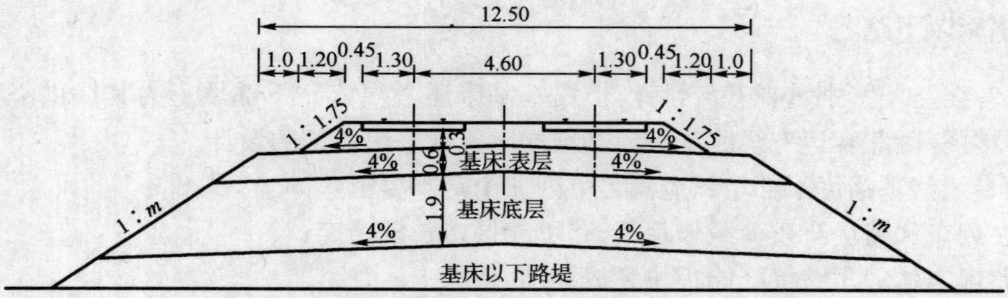

图 2-9　双线路堤标准横断面(尺寸单位:m)

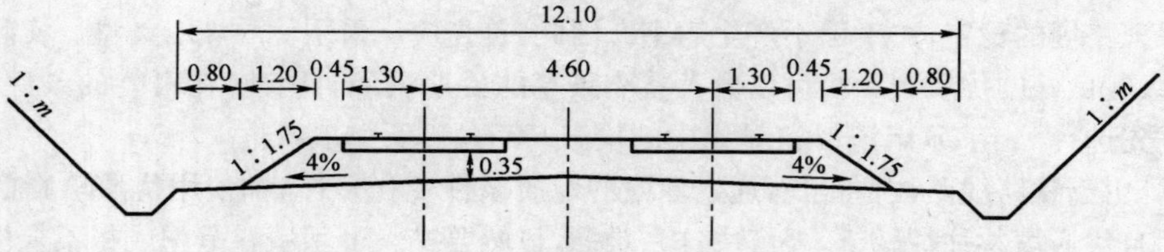

图 2-10　双线路堑硬质岩石标准横断面(尺寸单位:m)

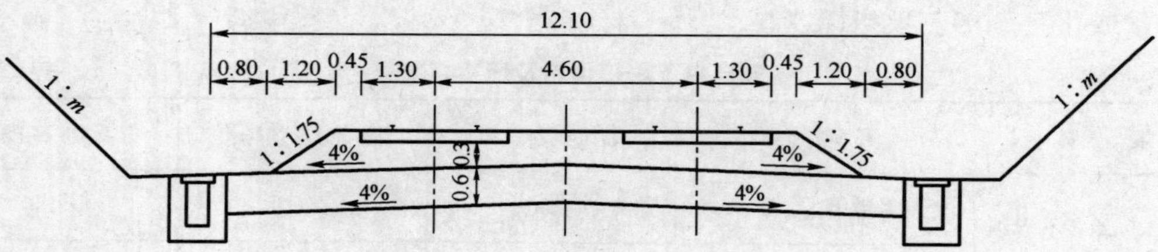

图 2-11　双线路堑(软质岩石、强风化硬质岩石及土质)标准横断面(尺寸单位:m)

注:基床表层换填 0.5m 厚级配碎石,其下填 0.10m 中粗砂

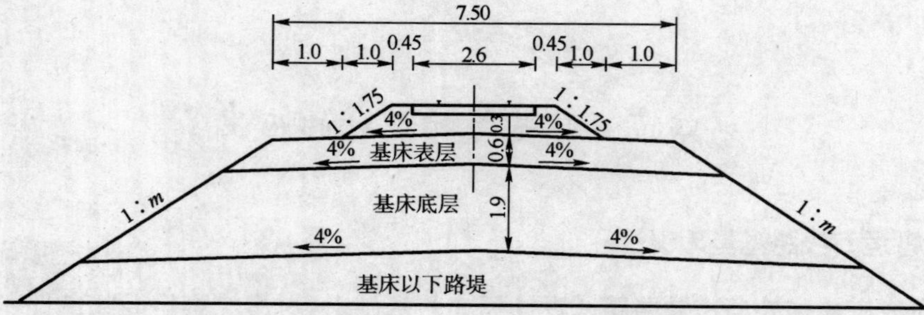

图 2-12　单线路堤标准横断面(尺寸单位:m)

(3)正线曲线地段路基面加宽值应在曲线外侧按表 2-7 规定的值加宽。曲线加宽值应在缓和曲线内渐变。

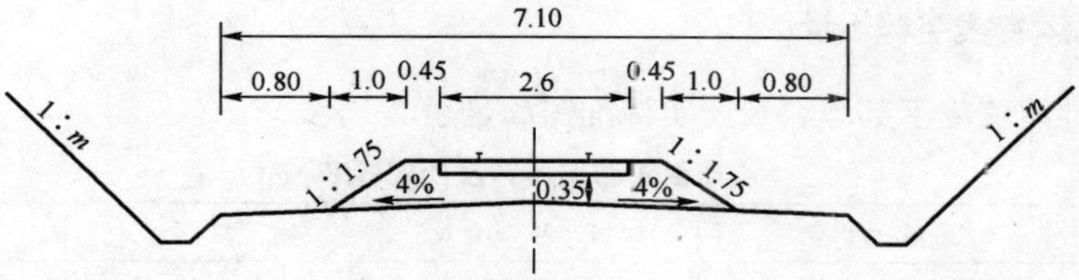

图 2-13　单线路堑硬质岩石标准横断面(尺寸单位:m)

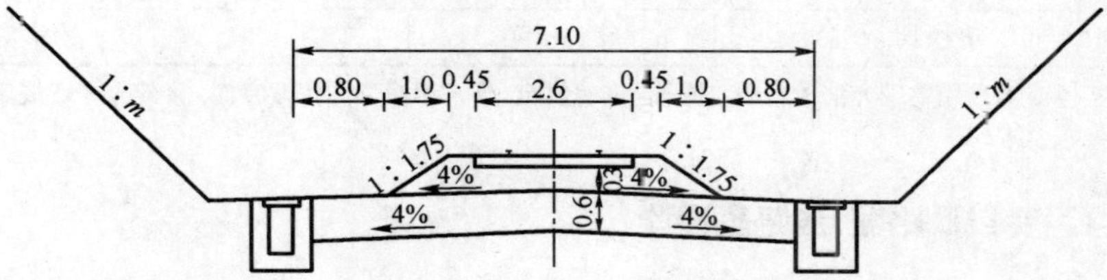

图 2-14　单线路堑(软质岩石、强风化硬质岩石及土质)标准横断面(尺寸单位:m)

注:基床表层换填 0.5m 厚级配碎石,其下填 0.10m 中粗砂

曲线地段路基面加宽值　　表 2-7

曲线半径(m)	路基面外侧加宽值(m)	曲线半径(m)	路基面外侧加宽值(m)
＞6 000	0.2	＜3 000	0.4
6 000～3 000	0.3		

(4)车站两端客运专线正线、客运专线利用既有铁路、客运专线与中速铁路联络线、动车组走行线和养护维修列车走行线等路基设计标准按相应最高行车速度确定,但应在基床厚度变化处设置长度不少于 10m 的渐变段。

(5)路基基床由表层与底层组成,基床表层厚 0.6m,采用级配碎石填筑,压实标准应符合表 2-8 的规定。

级配碎石基床表层的压实标准　　表 2-8

填　料	压实标准	
	地基系数 K_{30}(MPa/m)	孔隙率 n(%)
级配碎石	≥190	＜18
中粗砂	≥130	—

(6)基床底层厚 1.9m,应采用 A、B 组填料或改良土,其压实标准应符合表 2-9 的规定。

基床底层填料及压实标准　　表 2-9

填　料	压实标准	细粒土	粗粒土	碎石土
A、B 组填料及改良土	地基系数 K_{30}(MPa/m)	≥110	≥120	≥150
	压实系数 K	≥0.95	—	—
	孔隙率 n(%)	—	＜28	＜28

注:1. K 为重型击实标准(以下同)。

2. 改良土压实标准当采用物理方法改良时,应符合本表规定;当采用化学方法改良时,除符合本表规定外,还应满足设计提出的技术要求。

二、秦沈客运专线路堤设计

秦沈客运专线路堤下部填料及压实标准需满足表 2-10 要求。

基床以下路堤填料及压实标准 表 2-10

填　料	压 实 标 准	细 粒 土	粗 粒 土	碎 石 土
A、B、C 组填料及改良土	地基系数 K_{30}(MPa/m)	≥90	≥110	≥130
	压实系数 K	≥0.9	—	—
	孔隙率 n(%)	—	<31	<31

注：改良土压实标准当采用物理方法改良时，应符合本表规定；当采用化学方法改良时，除符合本表规定外，还应满足设计提出的技术要求。

三、秦沈客运专线低路堤、浅路堑设计

对路堤高度小于 2.5m 的低路堤及浅路堑，秦沈客运专线设计中给予了足够的重视，此类地段除应满足路基地基条件的有关规定外，同时基床范围内地基应无 P_s<1.5MPa 或[σ]<0.18MPa的土层，否则，应采取地基加固等措施。

(一)低路堤

1. 路堤高度 $H \leqslant 0.6$m

(1)基底按下述要求处理后，再填筑基床表层，基床表层应满足规定的要求(图 2-15、图 2-16)。

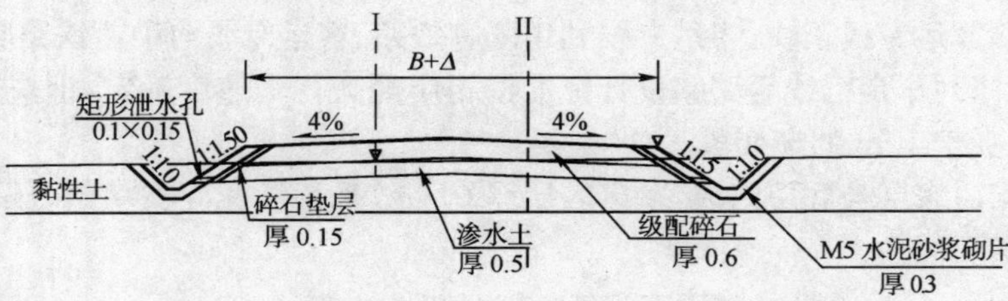

图 2-15　$H \leqslant 0.6$m 路堤设计图一(尺寸单位：m)

1)当地基为黏性土时，在基床表层下换填渗水土 0.5m，整平碾压至 $K_{30} \geqslant 120$MPa/m；

2)当地基为砂类土时，应将地基整平碾压至 $K_{30} \geqslant 120$MPa/m；

3)当地基为砾卵石(碎石)类土时，应将地基整平碾压至 $K_{30} \geqslant 150$MPa/m；

4)当为岩石地层时，视风化程度，分别按上述要求处理，坚硬岩石可不处理，直接在其上填筑。

(2)路堤于两侧(或上方侧)设排水沟，底宽 0.4m，沟底在路肩以下 0.8m；对换填渗水土地段，沟底低于渗水土底面 0.2m。排水沟以 M5 水泥砂浆砌片石加固。

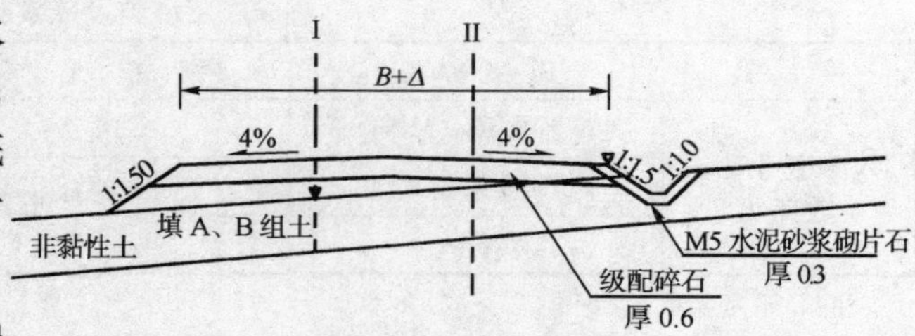

图 2-16　$H \leqslant 0.6$m 路堤设计图二(尺寸单位：m)

2. 路堤高度 H：0.6m<$H \leqslant 2.5$m

(1)当地基为黏性土时，挖除表层

0.3～0.5m，整平回填碾压至 $K_{30}\geqslant$110MPa/m、$K\geqslant$0.95，如图 2-17 所示；当地下水位较高(丰水期地下水位距地表≤0.5m)，路堤填料为细粒土时，应于路堤底部填渗水性填料，厚 0.5m，整平碾压至 $K_{30}\geqslant$120MPa/m，如图 2-18 所示。

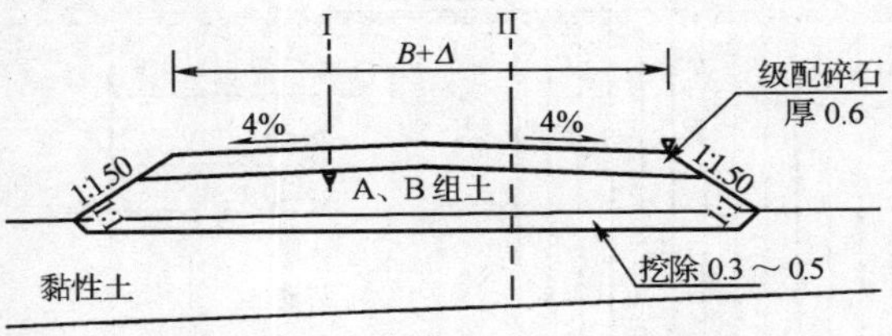

图 2-17　0.6m<H≤2.5m 路堤设计图一(尺寸单位：m)

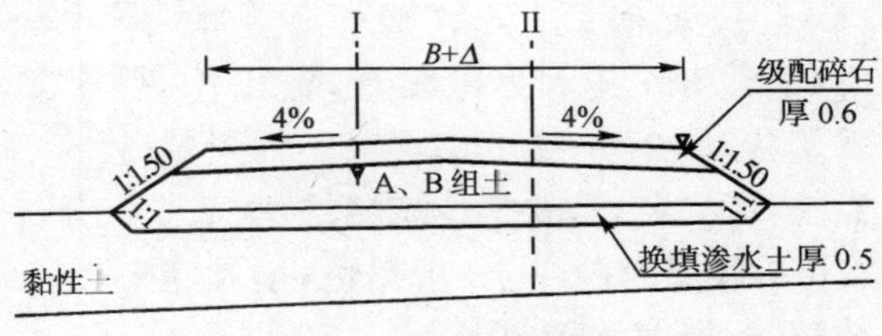

图 2-18　0.6m<H≤2.5m 路堤设计图二(尺寸单位：m)

(2)当地基为砂类土时，整平碾压至 $K_{30}\geqslant$120MPa/m，如图 2-19 所示。

(3)当地基为砾卵石(碎石)类土时，整平碾压至 $K_{30}\geqslant$150MPa/m。

(4)当地基为岩石时，视风化程度，分别按上述要求处理。坚硬岩石可不处理，直接在其上填筑。

(二)浅路堑

当基底位于黏性土地层时，基床表层换填厚 0.5m 的级配碎石及厚 0.1m 的中粗砂，基床表层下铺一层两布一膜土工布(600g/m²)(若路基两侧均为渗水暗沟，基床表层下不铺土工布)，其下再换填厚 0.5m 的渗水土，如图 2-20 所示。

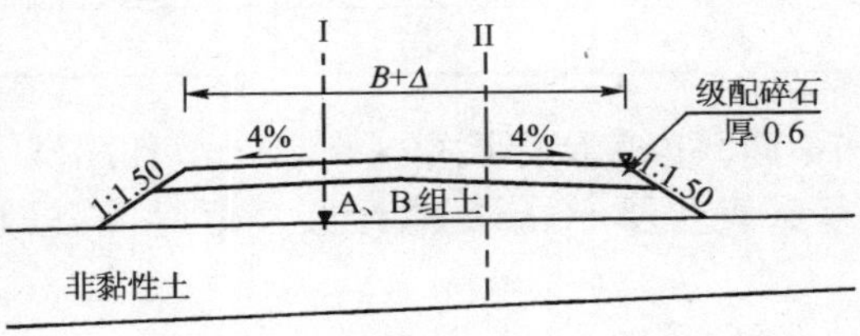

图 2-19　0.6m<H≤2.5m 路堤设计图三(尺寸单位：m)

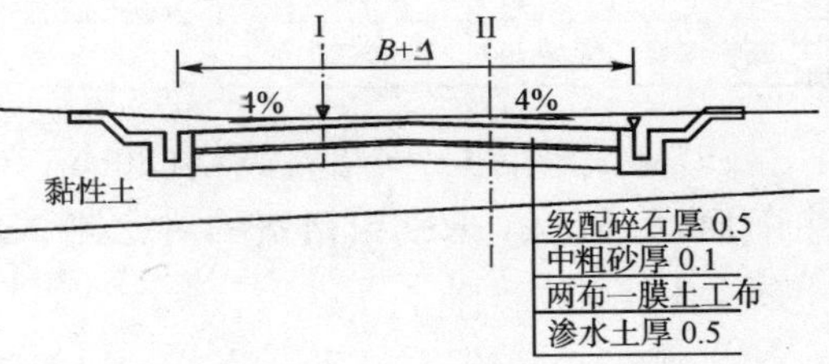

图 2-20　浅路堑设计图(尺寸单位：m)

第五节　路基基床结构试验

秦沈客运专线设计速度 200km/h，部分基础设施预留 250km/h，山绥综合试验段为 300km/h，它的建设为我国客运专线建设拉开了序幕，其设计、施工与建设管理的经验对客运专线的大规模建设有着极为重要的示范作用。从国外高速铁路的建设实践来看，路基工程质量的好坏对秦沈客运专线乃至今后我国高速铁路网的建设极其关键，为验证我国客运专线的前期研究成果，并为今后客运专线技术标准的完善、设计与施工技术的成熟积累经验，铁道部组织相关单位在山绥综合试验段进行了多专业全面系统的现场测试与试验研究工作，本节介绍与路基基床有关的“土工格室加固基床表层试验研究”的情况，借此试验，对高速列车作用下路基基床的动态响应进行了全面的测试与分析，对秦沈客运专线的设计也进行了验证。

一、基床表层试验工程设计

1. 试验工程设计

本试验工点位于秦皇岛—沈阳客运专线 DK241＋285～＋500、DK241＋510～＋619，基床表层采用级配碎石夹铺土工格室结构，其代表性断面如图 2-21 所示。

(1)地基土层描述：上层为软砂黏土(软土)，黄褐色，呈软塑—流塑状，厚 3.1～5.0m；其下为砂黏土，黄褐色，呈软塑状，厚 3.0～4.6m；再其下为松软砂黏土，黄褐色，呈软塑—流塑状，厚 2.0～3.0m；底层为砂黏土，黄褐色，呈硬塑—软塑状，厚度大于 30m。

(2)地基处理措施：袋装砂井，深 15m，间距 1.3m；地表铺设 0.5 m 厚砂垫层，中间夹铺一层土工格栅或土工格室。

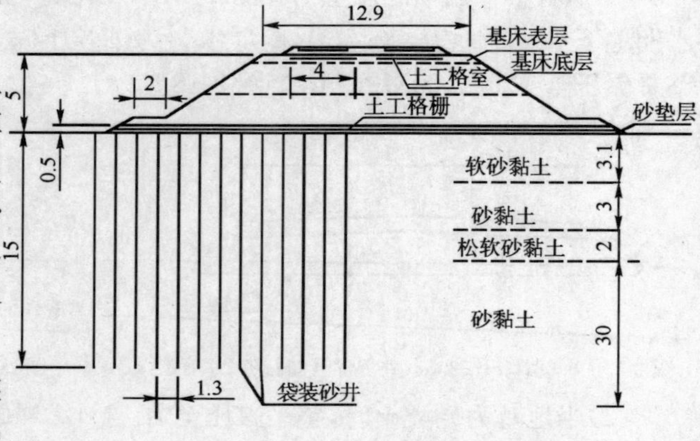

图 2-21　试验工程设计断面示意图(尺寸单位：m)

(3)路堤高度：5.2～6.5m；基床总厚度 2.5m，表层填筑级配碎石，厚度分 60cm、30cm 两种；基床底层及路堤下部填筑 A、B 组粗粒土。

(4)基床表层加固用土工格室高度为 20cm、10cm 两种，其物理力学性能指标见表 2-11。

土工格室的物理力学性能指标　　表 2-11

基　材	格室大小(mm)	带　厚(mm)	单位质量(g/m^2)	拉伸强度(kN/m)	焊点剥离强度(N/cm)
高密度聚乙烯	240×240	1.25	660	21	100

(5)测试断面：不同格室高度(20cm，10cm)和不同基床表层厚度(60cm，30cm)各测试一个断面，另加一个未铺设格室的对比测试断面(基床表层厚 60cm)，总计五个断面，汇总如下表 2-12。

测试断面汇总表　　表 2-12

断面序号	里　程	基床表层结构
断面一	DK241＋315	级配碎石厚 30cm、格室高 10cm
断面二	DK241＋415	级配碎石厚 30cm、格室高 20cm
断面三	DK241＋470	级配碎石厚 60cm、格室高 20cm
断面四	DK241＋555	级配碎石厚 60cm、格室高 10cm
断面五	DK241＋600	级配碎石厚 60cm、无格室

2. 测试内容及测点布置

(1)测试内容：

行车条件下基床动应力、加速度、弹性变形以及土工格室受力。

(2)测点布置：

标准断面(断面一、二、三、四)主要测试级配碎石夹土工格室基床表层的动态响应特征，其测点布置如图 2-22～图 2-25 所示；断面三还测试基床底层的动应力，测点布置如图 2-26 所示；断面五的测点布置如图 2-27 所示。

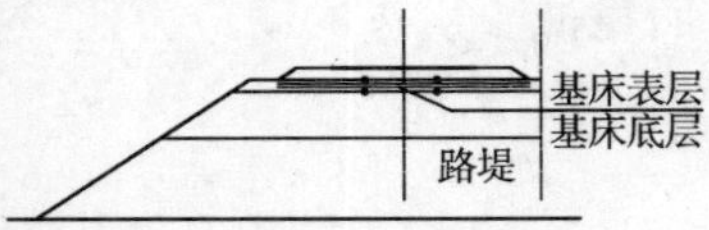

图 2-22　标准断面动应力测点布置

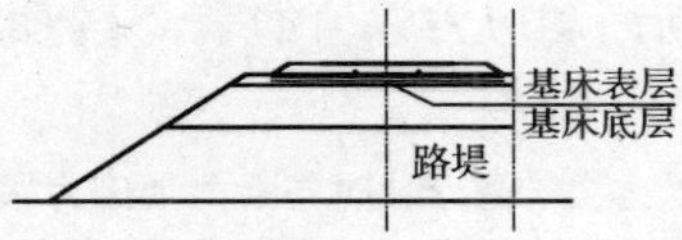

图 2-23　标准断面加速度测点布置

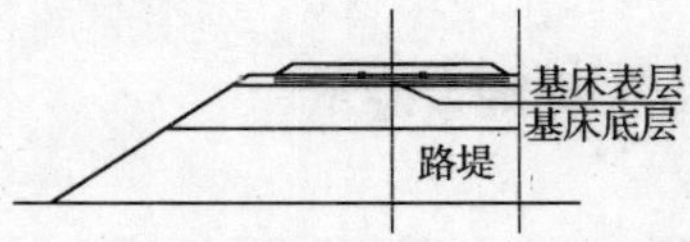

图 2-24　标准断面弹性变形测点布置

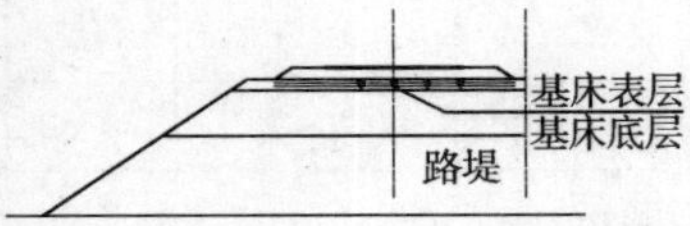

图 2-25　标准断面土工格室拉力测点布置

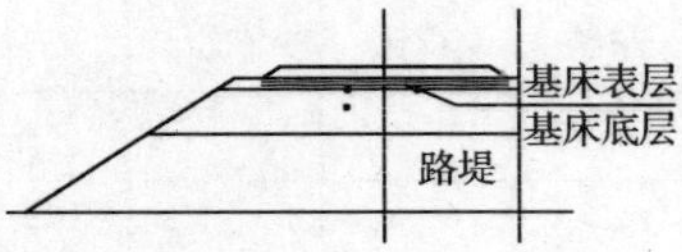

图 2-26　断面三基床表层、底层动应力测点布置

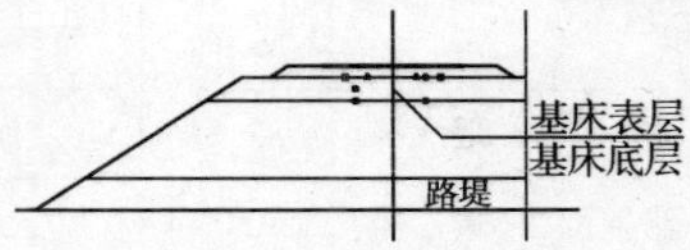

图 2-27　断面五动应力、加速度与弹性变形测点布置

二、数据分析与研究结论

客运专线铁路路基的动态响应包括路基土体的弹性变形、动应力及加速度等。对于路基这个线路系统的薄弱环节，其在高速列车运行过程中所受的动应力大小及所产生的弹性变形和加速度等都是十分重要和关键的，关系到路基的疲劳特性、路基的累积变形及路基的动力稳定性等。现场试验对“中华之星”列车和轨检车的行车过程中路基的动态响应进行了测试和分析。测试过程中，“中华之星”列车的最高行车速度为 200km/h。

1. 基床动应力分析

基床动应力与机车车辆运行情况、线路及其状态有关，受机车车辆类型、轴重、运行速度、线路结构及状态、线路平面、纵断面、线路平顺情况、道床的状态及厚度、路基土质及密实程度等诸多因素的影响。

“中华之星”机车引起的各断面动应力幅值如表 2-13 所示。

“中华之星”机车行驶时各断面动应力幅值(kPa)　　表 2-13

位置	统计项目	断面一		断面二		断面三		断面四		断面五	
		左轨	右轨	左轨	右轨	左轨	右轨	左轨	右轨	左轨	右轨
路基面	最大值	46.55	21.12	76.21	36.79	—	—	26.71	26.79	—	65.24
	最小值	23.43	5.58	54.52	28.09	—	—	14.97	13.71	—	36.12
	平均值	30.69	14.03	67.70	33.09	—	—	20.71	19.50	—	45.38
路基面下 0.3m	最大值	28.75	20.32	26.01	17.72	—	—	—	—	20.22	—
	最小值	15.85	6.87	20.84	14.07	—	—	—	—	15.79	—
	平均值	20.96	13.28	23.02	15.75	—	—	—	—	17.52	—
路基面下 0.6m	最大值	—	—	—	—	27.42	14.28	8.95	26.01	14.82	18.32
	最小值	—	—	—	—	21.85	11.52	3.91	15.31	9.64	11.22
	平均值	—	—	—	—	24.94	12.67	5.88	19.50	12.3	15.26
路基面下 1.2m	最大值	—	—	—	—	10.73	—	—	—	—	—
	最小值	—	—	—	—	4.76	—	—	—	—	—
	平均值	—	—	—	—	6.59	—	—	—	—	—

"中华之星"车辆引起的各断面动应力幅值如表2-14所示，明显低于机车的动应力值，这与车辆轴重较小有关。

"中华之星"车辆行驶时各断面动应力幅值(kPa) 表2-14

位置	统计项目	断面一		断面二		断面三		断面四		断面五	
		左轨	右轨	左轨	右轨	左轨	右轨	左轨	右轨	左轨	右轨
路基面	最大值	29.88	6.89	55.07	25.02	—	—	18.11	15.97	—	30.83
	最小值	8.09	2.14	39.68	19.42	—	—	8.37	9.60	—	22.00
	平均值	19.83	5.75	47.71	21.74	—	—	12.30	13.01	—	27.37
路基面下0.3m	最大值	15.04	13.87	16.49	11.41	—	—	—	—	14.20	—
	最小值	6.60	3.41	13.66	8.39	—	—	—	—	9.74	—
	平均值	8.22	7.53	15.03	9.64	—	—	—	—	11.74	—
路基面下0.6m	最大值	—	—	—	—	17.61	9.39	6.84	15.31	8.77	10.81
	最小值	—	—	—	—	16.03	8.06	2.52	9.99	6.29	2.91
	平均值	—	—	—	—	16.84	8.57	3.87	12.08	7.37	6.49
路基面下1.2m	最大值	—	—	—	—	5.03	—	—	—	—	—
	最小值	—	—	—	—	3.22	—	—	—	—	—
	平均值	—	—	—	—	4.27	—	—	—	—	—

轨检车机车所引起的各断面动应力幅值如表2-15所示。

轨检车机车行驶时各断面动应力幅值(kPa) 表2-15

位置	统计项目	断面一		断面二		断面三		断面四		断面五	
		左轨	右轨	左轨	右轨	左轨	右轨	左轨	右轨	左轨	右轨
路基面	最大值	27.04	23.96	66.20	31.92	—	—	31.84	26.40	—	60.43
	最小值	23.42	16.50	53.14	27.05	—	—	18.35	11.68	—	33.94
	平均值	26.33	18.81	58.74	29.30	—	—	23.20	17.78	—	42.77
路基面下0.3m	最大值	23.19	18.14	24.92	17.62	—	—	—	—	21.25	—
	最小值	17.01	6.59	20.20	12.89	—	—	—	—	18.35	—
	平均值	21.64	14.79	23.06	15.22	—	—	—	—	19.19	—
路基面下0.6m	最大值	—	—	—	—	27.55	14.85	6.71	21.68	15.65	17.22
	最小值	—	—	—	—	23.30	12.63	3.92	15.72	10.62	10.64
	平均值	—	—	—	—	25.33	13.42	5.27	17.98	13.09	14.52
路基面下1.2m	最大值	—	—	—	—	10.07	—	—	—	—	—
	最小值	—	—	—	—	7.27	—	—	—	—	—
	平均值	—	—	—	—	8.25	—	—	—	—	—

从现场实测数据分析可以发现，路基面动应力分布范围比较宽，但有明显的集中域范围，即低动应力区和高动应力区。低动应力区位于20～40kPa，均值约为28.2kPa；高动应力区位于60～80kPa，均值约为69.2kPa。

“中华之星”动力车机车产生的动应力最大。五个动态测试断面的路基面动应力的最大值为76.21kPa，断面平均值最大值为67.70kPa；距路基面0.3m处各测试断面动应力的最大值为28.75kPa，断面平均值最大值为23.02kPa；距路基面0.6m处各测试断面动应力的最大值为27.42kPa，断面平均值最大值为24.94kPa；距路基面1.2m处各测试断面动应力的最大值为10.73kPa，断面平均值最大值为6.59kPa。

“中华之星”车辆产生的动应力要小一些。五个动态测试断面的路基面动应力最大值为55.07kPa，断面平均值最大值为47.71kPa；距路基面0.3m处各测试断面动应力的最大值为16.49kPa，断面平均值最大值为15.03kPa；距路基面0.6m处各测试断面动应力的最大值为17.61kPa，断面平均值最大值为16.84kPa；距路基面1.2m处各测试断面动应力的最大值为5.03kPa，断面平均值最大值为4.27kPa。

根据测试数据，动力车机车产生的动应力值最大，是路基面(动力)设计荷载的控制值。本次现场试验的动应力值均低于理论计算结果。

测试数据表明，轴重对动应力影响十分显著。轴重从车辆的140kN增加到动力车的195kN(增量39%)，路基动应力将增加约42%。

根据各断面测试数据可综合分析动应力沿路基深度的衰减规律如表2-16所示，试验结果与理论分析比较吻合。

实测路基动应力及衰减规律 表2-16

距路基面深度(cm)	距枕底深度(cm)	动应力值(kPa)	衰减率(%)
0	35	76.21	—
30	65	28.75	62.28
60	95	27.42	64.02
120	155	10.73	85.92

2. 基床弹性变形分析

路基的弹性变形主要发生在基床部分，尤其是基床表层。列车行车过程中，路基的弹性变形直接反映在轨面弹性变形之中，弹性变形大，车速就不能提高。当上部结构和道床的技术条件确定之后，轨面弹性变形的主要影响因素是路基。

现场行车实验路基面弹性变形测试结果如表2-17所示，时速200km/h时路基面的弹性变形平均为0.48mm，与国内外测试数据比较吻合，满足客运专线对弹性变形限值(3.5mm)的要求。

从表2-17中数据可以看出，随着速度的变化，位移变化并无明显的规律，弹性变形对速度变化不敏感。

路基面弹性变形

表 2-17

序号	车型及实验时间	列车速度(km/h)	轨别	弹性变形(mm)				
				断面一	断面二	断面三	断面四	断面五
1	2002.12.2 轨检车	128	左轨	0.56	0.47	0.57	0.66	0.43
			右轨	0.55	0.66	0.59	0.56	0.58
2	2002.12.3 中华之星	180	左轨	0.55	—	0.41	0.50	0.31
			右轨	0.47	—	0.45	0.40	0.52
3	2002.12.3 中华之星	165	左轨	0.57	0.68	0.43	0.48	0.37
			右轨	0.42	0.43	0.46	0.39	0.53
4	2002.12.4 轨检车	140	左轨	0.56	0.69	0.58	0.62	0.44
			右轨	0.55	0.63	0.60	0.63	0.61
5	2002.12.4 中华之星	200	左轨	0.49	0.55	0.39	0.42	0.34
			右轨	0.42	0.49	0.43	0.44	0.44
6	2002.12.4 中华之星	200	左轨	0.57	0.60	0.44	0.50	0.40
			右轨	0.58	0.53	0.43	0.48	0.55
7	2002.12.4 中华之星	200	左轨	0.49	0.52	0.41	0.39	0.34
			右轨	0.42	0.50	0.42	0.46	0.43
8	2002.12.4 中华之星	200	左轨	0.56	0.55	0.44	0.49	0.40
			右轨	0.59	0.56	0.47	0.47	0.54
200km/h 弹性变形平均值				0.52	0.54	0.43	0.46	0.43

注:表中数据为列车通过时,第一个轮对作用在路基面上弹性变形值峰值。

3. 基床加速度分析

基床的动态响应中,基床弹性变形对不平顺波长、波深变化的反应最不敏感,而基床加速度反应最为敏感。以波深的影响为例,不平顺波深从 0.1mm 增至 1.0mm,基床弹性变形只增加 0.17 倍,基床加速度增加 9.93 倍,基床动应力增加 0.90 倍。可见基床加速度能很灵敏地反映基床的振动情况,而目前关于基床加速度及其限值方面的研究还很少。

表 2-18 列出了由机车产生的各断面加速度的最大、最小值。

路基面加速度

表 2-18

加速度(m/s^2)	断面一		断面二		断面三		断面四		断面五	
	正值	负值	正值	负值	正值	负值	正值	负值	正值	负值
最大值	10.99	9.77	9.04	9.77	8.79	8.55	10.25	13.45	10.21	7.88
最小值	4.88	2.68	3.17	1.95	1.95	1.22	0.98	0.73	2.85	2.44
平均值	7.83	5.31	5.69	5.32	4.97	3.94	5.96	6.26	5.47	4.38

测试数据表明,各个断面的路基面加速度分布范围为 13.45～0.73m/s^2,主要集中于 5～10m/s^2 之间,平均值范围为 7.83～3.94m/s^2。日本新干线也曾进行过现场试验,试验路堤高 8.0m,砂质填料,v=200km/h 时,路基面最大加速度峰—峰值 5～20m/s^2,单峰值为 2.5～10m/s^2;日本强化路盘现场激振试验的加速度值在 10m/s^2 以内。可见,本次现场行车动态试

验的路基面振动加速度值与国内外测试数据比较吻合。

4. 试验结论

(1)动应力

1)动应力最大值76kPa,略小于理论计算值83.2 kPa。

2)动应力分布有两个集中域:低值集中域约20～40kPa,平均值28kPa;高值集中域约60～80kPa,平均值69kPa。

3)轴重从车辆的140kN增加到机车的195kN(增重约39%),路基面动应力增加42%。若按机车和车辆产生的动应力最大值分别计算每10kN轴重产生的动应力,则分别为3.92kPa和3.93kPa,两者基本一致,表明动应力随轴重线性增加。

4)动应力沿深度的衰减按最大值考虑,路基面为76kPa,级配碎石基床底面(60cm)处为27kPa。

(2)弹性变形

路基面弹性变形数值范围约在0.4～0.6mm之间,平均值0.48mm,最大值0.69mm,满足客运专线容许值3.5mm要求;实测数据表明,弹性变形对速度的变化不敏感。

(3)加速度

路基面的加速度小于10m/s^2,平均值范围4～8m/s^2,与国内外测试数据比较吻合。

第三章　路基横向及纵向刚度均匀性设计

客运专线是由不同特点的结构物(桥、涵、隧、路基等)和轨道结构构成。这些结构在强度、刚度、变形等方面都有很大的差异,这必然会引起轨下基础刚度的不平顺,因此在路桥、路涵、路隧、路堤与路堑等相连地段,纵向刚度的平顺过渡是保证路基—轨道—车辆系统刚度的均匀性,减小客运专线铁路系统振动及对轨下基础的动力作用,确保高速行车平稳和安全的必要条件。

第一节　过渡段设置的必要性与研究现状

一、设置过渡段的必要性

客运专线的发展必须以安全、可靠、舒适等为前提。它要求构成铁路系统的各个方面都具有高品质和高可靠性。其中,铁路线路的稳定与平顺是必不可少的条件之一。铁路线路是由不同特点、性质迥异的结构物(桥、隧、路基等)和轨道结构构成的,它们相互作用、相互依存、相互补充,共同构成了一条平滑线路。由于组成线路的结构物强度、刚度、变形、材料等方面的差异巨大,因此必然会引起轨道的不平顺。在路基与桥梁的连接处,由于路基与桥梁刚度差别极大,将引起轨道刚度的变化;另一方面路基与桥台的沉降也不一致,使运动车轮经历高度的突然变化。这些变化使运动车轮产生了竖向加速度,根据牛顿定律,其轮轨间将产生一个较大的冲击作用力。其冲击作用力的大小取决于运动列车荷载作用下线路在桥台过渡点处的不平顺差值的大小、列车通过过渡点处时的速度值的大小及机车和转向架质量的大小。

轮轨间的竖向冲击力的分布还与列车运动方向有关,列车向桥台方向运动,冲击作用力的最大值位于桥台处,这种冲击作用力对桥台上的轨枕有一定的危害作用。列车从桥台上下来,冲击作用力的最大值位于路基一侧,列车速度越快其最大值距桥台就越远。这种冲击作用力常常使过渡段路基内产生道碴翻浆、轨枕摆动悬空、路基下沉变形、线路部件损坏、轨面轨距变化等严重的线路病害。

长期以来,我国铁路设计和施工中,尚没有过渡段的明确概念。实际施工过程中,路桥过渡段又是一个薄弱环节,路基填土与桥台施工不协调,常使桥台背后填料无法达到最佳控制标准,使得运营后的线路在路桥过渡段有较多的病害发生。特别是桥台后填土较高的地段,病害尤为严重,经常的线路维修使得桥台后的路基道碴囊深度达到 2～3m,纵向延伸约 20～30m。

路涵、堤堑过渡处存在类似的情况。

客运专线要求线路结构是少维修或免维修的,不能在过渡处有影响高速运营的线路病害出现。为了满足列车平稳舒适且不间断地运行,必须将其不平顺控制在一定范围之内。轨道的不平顺有静不平顺和动不平顺之分。静不平顺是指轮轨接触面不平顺,如钢轨轨面不平顺、不连续（接头、道岔）、车轮不圆顺等；动不平顺是指轨下基础弹性不均匀，如扣件失效、枕下支承失效、路基不均匀以及桥台与路基、路堤与路堑、路基与隧道等过渡段的弹性不均匀等。设置过渡段可使轨道的刚度逐渐变化，并最大限度地减少沉降差，达到降低列车与线路的振动，减缓路基结构的变形，保证列车安全、平稳、舒适运行的目的。

二、过渡段变形不一致的原因

路桥、路涵和堤堑过渡段受到高速运行车辆动荷载的作用时，往往会出现较大的跳车现象，产生这种现象的主要原因有以下几个方面：

1. 路基与桥涵的结构差异

桥涵结构一般是刚性的，而路基则是柔性的。由于这两种结构的差异，在路基与桥（涵）之间必然存在着变形差异。路桥（涵）过渡段由于刚性、自重、强度的不同，在列车荷载作用下又是应力集中区域，必然产生变形的不一致。

2. 路堤填料原因

普通铁路的路堤填料一般是填土，压实标准相对较低。同时，过渡段往往作业面相对狭小，碾压质量不易控制，其压实度达不到设计要求。

3. 地基原因

地基土的性质及结构不同，所产生的沉降和沉降达到稳定所需要的时间也不同。桥头路基一般填筑较高，地基土承受的附加应力较大，地基的沉降变形较其他路段要大，软弱地基路段尤其如此。

4. 施工原因

施工时，对工期或工序安排不当，以致过渡段的填土碾压工作安排在施工工期尾部，被迫赶工期，不能够很好地控制填土压实质量，使得过渡段路基产生较大的压密下沉变形。

5. 重桥轻路意识的原因

设计和施工中重桥轻路的意识是影响路桥过渡段施工质量的又一因素。目前在铁路建设工程中，往往是路桥分家，重桥轻路。桥梁施工中集中了大量精干的工程技术人员，而路基施工却未能投入必要的技术人员。在设计中没有把路桥过渡区段作为一种结构物来考虑，没有较为合理的设计要求，在施工过程中路桥过渡区段又是质量控制的薄弱环节。

三、国内外路桥过渡段的处理措施

控制线路的不平顺，保证车辆的高速、安全、平稳运行，始终是陆上黏着交通运输系统设计的重点之一。世界各国在发展高速铁路过程中，都对线路容易发生不平顺的部位特别加以重视，并依据系统工程的观点，从结构设计到施工组织，从工期安排到质量检测都采取了措施，严格控制轨道的刚度变化和由于沉降不均匀引起的轨面变形，以达到线路的平顺，保证高速列车安全、平稳运行的目的。

（一）国外路桥过渡段的处理方法

随着高速铁路的修建并成功地投入运营，国外铁路先进国家在处理路基过渡段方面已有一定基础，并积累了较丰富的经验，提出了一些经时间检验是可行的处理措施。归结起来主要有以下几类。

1. 在过渡段较软一侧，增大路基基床的竖向刚度，减小路基结构的变形与沉降

该类处理方法的主要目的是通过加强路基结构来减少路基与桥台之间在刚度与沉降方面的差异，进而减少路桥间线路的不平顺，具体处理方法有如下几种：

(1)加筋土法

加筋土法是通过在过渡段路基填土(必要时也可包括地基)中铺设一定数量的拉筋材料，形成加筋土路基结构。加筋土不仅能增加路基的强度，而且还能大幅度提高路基的刚度，显著减少路基本体的变形。通过调整拉筋材料的布置间距和位置，可方便地达到路桥间线路平顺过渡的目的。

(2)土质改性法

土质改性法是运用各种方法对过渡段路基填料进行土质改性，以提高填土的强度，降低填土的压缩性，增加路基的刚度和减少路基的变形。不同的加固范围和位置可以达到不同的处理目的。

(3)碎石填筑法

碎石填筑法是指使用强度高、变形小的优质材料(如碎石类填料)进行过渡段填筑的方法，如图 3-1 所示。该法在实际工程中最为常用。该法设计意图明确、材料性质可靠、易控制，刚度与变形可实现均匀过渡。该法可能存在的问题是桥台背窄小空间的压实质量不易得到保证，相对较重的质量引起地基的沉降也较大。

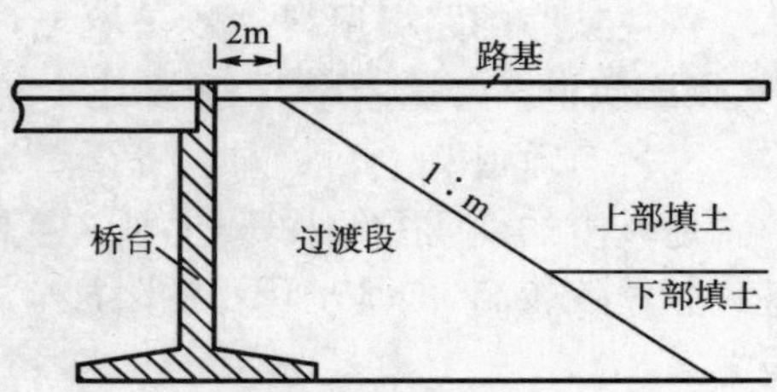

图 3-1　利用粗粒填料填筑过渡段

(4)轻型材料填筑法

采用力学性能较好的轻型材料填筑路桥过渡段是近年来国内外研究、开发和应用的一种减轻结构物自重的方法。该法可显著减少桥台背填料自身的压缩变形、对地基的竖向加载作用及对桥台结构的水平压力，使填土对地基变形的影响减小，并可与地基处理综合运用，可降低地基处理费用，减小地基处理的范围和缩短施工工期。

目前使用的轻型填筑材料有 EPS(聚苯乙烯泡沫塑料)、人工气泡混合土(泡沫水泥砂浆)、轻型废弃物、火山灰、粉煤灰、中空构造物等。

2. 在过渡段较软一侧，增大轨道的竖向刚度

该类处理方法主要是通过提高轨道竖向刚度来减小路桥间轨道刚度的变化率，它不能解决路桥间沉降差引起的轨面弯折问题。具体处理方法有以下几种：

(1)通过调整轨枕的长度和间距来提高轨道的刚度

在过渡段范围内，通过使用逐步增长的超常轨枕和减小轨枕的间距可实现轨道刚度的逐步过渡。

(2)通过增大轨排的抗弯模量来增加轨道的刚度

德国在 ICE 高速铁路的 Muhlberg 隧道入口处采用了这种方法。该隧道内是板式结构，隧道外是有碴混凝土轨枕线路。过渡段长度约 30m，由 4 根额外附加在轨枕上的钢轨组成，其中 2 根在运行轨之间，2 根在运行轨外侧。

(3)通过加厚道床的厚度来提高轨道的刚度

道碴是一种强度高、变形小的硬质材料，道床的模量一般比路基基床大。在过渡段范围内逐渐增加道床的厚度，减小路基的高度，也可逐步提高轨道的刚度。

3. 在过渡段较硬的一侧，通过设置轨下、枕下、碴底橡胶垫块(板)来减小轨道的竖向刚度

对于桥梁和隧道等刚性结构物上的线路，可通过调整轨下垫板的刚度和设置枕下垫块(无碴)的方法，使轨道的刚度值与较软的一侧轨道的刚度值相适应。垫板(块)的刚度参数可通过室内试验、计算及现场测试确定。对于有碴轨道结构，列车荷载的动力作用常使道碴发生磨损粉化。为了解决这个问题，日本在高速铁路的刚性结构与道碴间铺设了一层厚约 25mm 的橡胶垫。该层橡胶垫可降低轨道的竖向刚度，减小路桥间轨道的刚度差。

(二)国内路桥过渡段的处理方法

铁路线路主要由线路上部的轨道结构和线路下部的路基、桥梁、隧道等结构物组成。作为铁路路面的轨道结构又是由不同力学性能的材料(钢轨、轨枕、道碴、扣件等)组合而成的，弹性较好，阻尼较大，结构比较松散，由各种因素引起的轨面变形可通过起拨道捣固作业来调整，故我国铁路系统过去对路桥过渡段一直未予重视，过去的铁路路基设计规范也没有过渡段的概念和设计要求。

与铁路情况相似，公路的路桥过渡段也有不平顺问题，严重时会造成路面局部凹陷、错动(形成错台)，影响行车的速度和舒适性，甚至导致交通事故。由于公路路面结构基本上都是刚性和半刚性的，下部建筑物间的沉降差直接就反映到了路面，而不像铁路轨道结构那样可以通过调整道碴厚度来调整轨面弯折，故公路桥头跳车的问题更为突出。分析和总结公路的路桥过渡段的处理方法，可为客运专线过渡段的设计提供参考。

1. 桥头设搭板和枕梁

上置式钢筋混凝土搭板是搭板立面布置的基本形式，如图 3-2 所示。它一端支撑在桥台上，另一端简支于枕梁上。搭板既可水平放置，也可倾斜放置。板厚可均匀，也可渐变。搭板的设计按简支板进行，枕梁按弹性地基梁计算。搭板的长度一般都小于 10m，以 5～6m 最多，个别情况可达 15m。

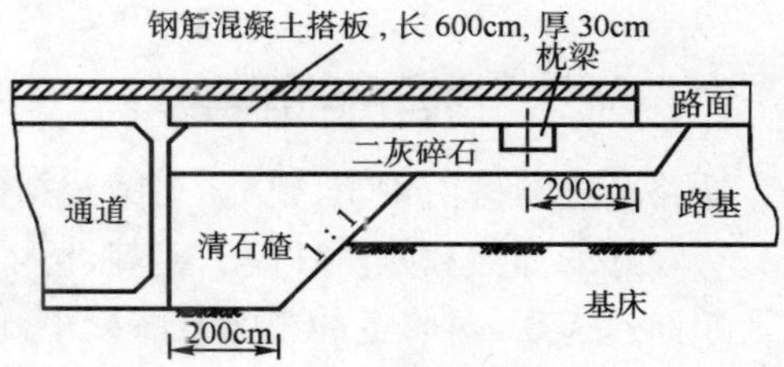

图 3-2　桥头设搭板和枕梁

桥头搭板的设置，可使刚性桥台与柔性路基间的刚度逐渐变化。但由桥台基础和台后土体工后发生的沉降差将使桥头搭板的纵坡发生变化，从而影响行车的舒适性。经调查检测，由桥台与台后土体之间的工后沉降差引起的搭板纵坡变化值大于 4‰～6‰时，就会对行车的舒适性产生影响。这说明，要解决桥头跳车的问题，除应使路面的刚度逐步过渡外，还必须使台后路基具有足够的强度和稳定性，以严格控制路桥间的沉降差，否则设置的桥头搭板将失去应有的功能。

2. 粗粒级配料填筑

将级配粗粒料(如碎石、砂砾石、水泥石灰稳定砂石土、低等级混凝土等)用于路桥过渡段的填筑，是一种常用的减小路桥间沉降差的处理方法。即使桥头设置了搭板，仍需在板下填筑级配粗粒土，以防止搭板的纵坡超限，产生桥头跳车。桥头路基使用粗粒级配料的主要目的是减小路堤自身的压缩性。

3.加筋土路基

实验研究表明，使用加筋土路基结构来处理桥台跳车有两大作用：一是能大大减小桥背路基的沉降，二是能将桥背土路基与桥台交界处的台阶式跳跃沉降变成连续斜坡式沉降。一般认为，只要是连续性斜坡式沉降，且总沉降在 4～5cm 之内，就不会影响刚性路面的正常使用，就能消除跳车现象。

图 3-3 为利用 Netlon 土工网(CE13l)进行桥台跳车处理的两种情况。

现场实用性试验与室内试验研究表明，加筋土路基结构能有效地处理由桥背土的沉降引起的桥台跳车，只要填土的压实度大于 85%，土工网的填土厚度与桥台高度的比值小于 0.1，土工网长度与桥台高度的比值大于 0.75，就可将桥背路基表面沉降控制在 4～5cm 内，且其沉降为线连续型。

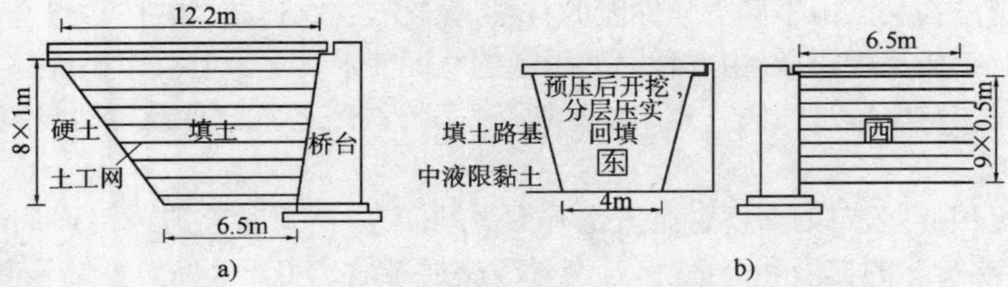

图 3-3 土工网处理桥台跳车示意图

第二节 过渡段结构分析

一、路桥过渡段的综合刚度分析

铁路轨道结构由钢轨、轨枕、道碴及扣件等组合而成。弹性扣件和碎石道床的使用，使轨道具有较好的弹性和减振性能。路基、桥梁、隧道等作为轨道基础，其刚度差异巨大，虽然经道碴及扣件传递后，对轨道的影响有所减小，但是，铁路轮轨相互作用的特殊性使对轨道刚度的变化要求非常严格。

铁路轨道的竖向刚度可采用综合弹性系数来表示。如图 3-4a)所示的轨道结构，可用图

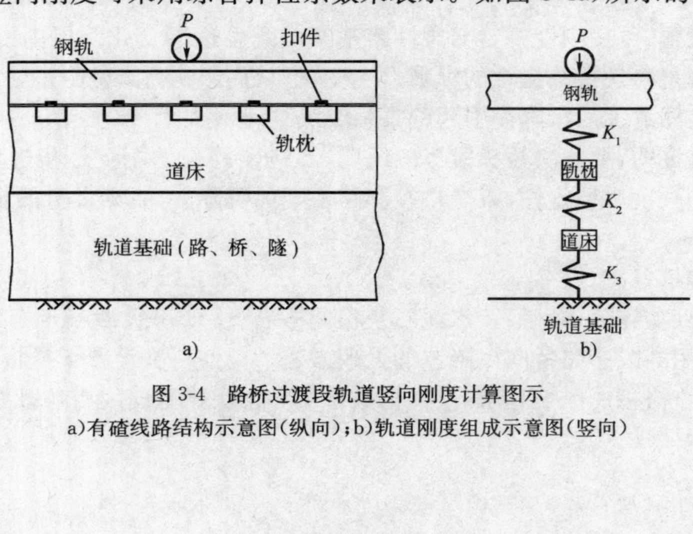

图 3-4 路桥过渡段轨道竖向刚度计算图示

a)有碴线路结构示意图(纵向)；b)轨道刚度组成示意图(竖向)

3-4b)所示的质量—弹簧系统来模拟。其综合弹性系数与弹性扣件、碎石道床及线路下部结构(路基、桥梁、隧道等)的刚度有关。可采用式(3-1)计算。

$$k=\frac{k_1\cdot k_2\cdot k_3}{k_1\cdot k_2+k_3\cdot k_2+k_1\cdot k_3} \tag{3-1}$$

式中：k——轨道综合弹性系数，MN/m；

k_1——轨下垫板的弹性系数，MN/m；

k_2——碎石道床的弹性系数，MN/m；

k_3——路基基床/桥梁桥台/隧道基础等的弹性系数，MN/m。

对于桥台上的轨道结构，$k_3>k_2>k_1$，故

$$k_q=\frac{k_1\cdot k_2}{k_1+k_2} \tag{3-2}$$

式中：k_q——桥台上轨道的综合弹性系数，MN/m；

其他符号意义同前。

对于路基上的轨道结构，令 $x=k_2/k_3$，则

$$k_t=\frac{k_1\cdot k_2}{k_1(1+x)+k_2} \tag{3-3}$$

式中：k_t——路基上轨道的综合弹性系数，MN/m；

其他符号意义同前。

在路桥过渡段，设路桥间轨道的刚度变化率 y 为

$$y=\frac{k_q-k_t}{k_t} \tag{3-4}$$

则

$$y=\frac{k_1 x}{k_1-k_2} \tag{3-5}$$

取轨道结构的 $k_1=60\sim90$MN/m，$k_2=300\sim350$MN/m，则

$$y=0.19x \tag{3-6}$$

根据国内外有关研究，基床弹性系数 k_3 与基床动反应模量 K_d 和基床反应模量 K_{30} 的经验关系可用表 3-1 所示的数据表示，据此，可以进一步建立 K_{30} 与轨道刚度变化率 y 之间的对应关系。当客运专线过渡段采用级配碎石填筑，其压实标准选择基床表层 $K_{30}\geqslant190$MPa/m，基床底层 $K_{30}\geqslant150$MPa/m 时，路桥间轨道刚度变化率仅为 20%左右，还不及钢筋混凝土枕与木枕引起的轨道刚度变化大。如果路桥过渡段轨道刚度的变化率能够达到这个标准，就可以满足客运专线对安全、平稳和舒适性的要求。

路桥过渡段轨道竖向刚度分析　　表 3-1

刚度变化率 y	基床弹性系数 k_3(MN/m)	基床动反应模量 K_d(MPa/m)	基床反应模量 K_{30}(MPa/m)
1.0	57	57～76	32～43
0.5	114	114～152	64～86
0.25	228	228～304	129～171
0.2	285	285～380	160～215
0.1	570	579～760	322～429

注：$K_d=k_3/A=1.77K_{30}$，取 $A=0.75\sim1.0\text{m}^2$。

二、路桥过渡段轨面弯折控制

铁道线路的变形主要由轨道结构、路基本体及地基土层的变形三部分组成。轨道结构和路基基床的变形主要由动载引起,恒载作用产生的沉降主要发生在路堤下部及地基土层。由于铁路线路结构构造上的特殊性,动载引起的轨面变形是不可避免的。通过对轨道结构的合理设计及路基基床的强化处理,可将变形控制在比较低的水平,以保证轨面的平顺,满足高速行车的要求。对于路基土工结构物,上部建筑及自重载荷作用所产生的沉降占线路总变形的绝大部分,数值也较大。路桥过渡段存在的较大沉降差会引起轨面弯折,严重时将影响客运专线的安全平稳运行。

路桥过渡段的变形控制,主要需考虑两个问题:

1. 将桥背土路基与桥台交界处的错落式沉降变成连续的斜坡式沉降。

2. 严格控制过渡段线路的轨面弯折变形,使之满足高速行车的要求。

对于第一个问题,采用诸如碎石类材料倾斜填筑、加筋土路堤结构、钢筋混凝土过渡板等处理措施一般就能较好地解决。对于第二个问题,就目前的条件而言,只能根据车辆/线路系统的分析理论,建立路桥过渡段的振动分析模型,进行全面系统的动力学计算,并参考国内外有关技术资料综合解决。

根据路桥过渡段车辆/线路系统动力学的计算分析,在过渡段长度 $L=20$m、行车速度 $v=350$krn/h 条件下,路桥间由于路桥结构的工后沉降不一致引起的轨面弯折(如图 3-5 所示)的限制值应为 $\theta \leqslant 1.5‰ \sim 2.5‰$。

日本在研究高速铁路的高架桥和板式轨道及邻接构筑物间的变形控制问题时,也对构筑物的变形所造成的轨面弯折对列车的影响进行了较深入的分析,并制定了如表 3-2 所示限制值。

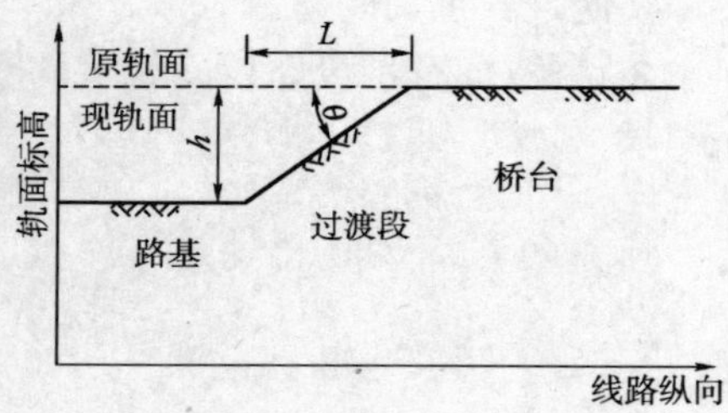

图 3-5 过渡段轨面变形(弯折)示意图

轨面弯折限值(日本) 表 3-2

最高速度(km/h)	弯折角 θ(‰)(L<30m)	弯折角 θ(‰)(L≥30m)	最高速度(km/h)	弯折角 θ(‰)(L<30m)	弯折角 θ(‰)(L≥30m)
70	9	9	210	4.5	4
110	7.5	9	260	3.5	3
160	5	6			

国内公路系统针对在桥台设置钢筋混凝土搭板改善桥头跳车的情况进行过现场调查。调查人员乘车直接根据振感的程度来获得对桥头行车舒适性的判断。通过现场检查和水准测量,建立了路桥间的工后沉降差引起的搭板纵坡变化值与行车舒适性的数据表,如表 3-3 所示。最后的结论是,桥台与台后土体之间工后沉降差产生的搭板纵坡变化值在 4‰~6‰以下时,就不会影响行车的舒适性。

搭板纵坡变化值与乘车跳动感调查表 表 3-3

纵坡变化值(‰)	乘车跳动感(v=100km/h)	纵坡变化值(‰)	乘车跳动感(v=100km/h)
1.6	没有	5.9	稍有
2.8	没有	6.6	明显
3.3	没有	9.6	明显
3.7	没有	11.3	较大
4.8	没有	12.1	较大

三、路桥过渡段长度确定

在路堤与桥台结构的连接处，由于路堤和桥台结构的沉降不同，因此在路桥顶面极易产生变形差，列车通过时将引起较大的振动，降低乘车的舒适性和安全性。为了减少这些缺陷，应在路桥间设置一定的过渡段(缓冲区)。路桥过渡段合理长度的设置与行车速度、线路结构、车辆性能、舒适安全标准有关，也受路桥工后沉降差、轨道养护维修周期等因素的影响。客运专线路桥过渡段合理长度的确定应重点考虑以下两方面的关系：

1.路桥过渡段综合刚度的变化与过渡段长度的关系

路桥过渡段综合刚度的变化对高速行车有一定的影响。根据车辆/线路系统动力学分析的结果，随着过渡段长度的增加，车体振动加速度，轮轨接触力等指标均减小。理论上，列车以350km/h高速通过时，过渡段长度大于15～20m后，各项指标的变化就非常微小了，再继续增加过渡段的长度，无太大作用。

2.路桥过渡段的工后沉降差的限值与过渡段长度的关系

由路桥过渡段工后沉降差引起的轨面弯折对高速行车的平稳性有显著影响。根据车辆/线路系统动力学分析的结果，在理论上，列车以350km/h高速通过时，将轨面变形的弯折角控制在1.5‰～2.5‰以内，就能保证高速列车的正常运行。因而，客运专线路基过渡段的弯折角控制值可取1.5‰～2.5‰，当列车行驶速度越高时，控制标准应越严格。不同速度目标值时，过渡段的长度设计值可参见表3-4。

客运专线过渡段长度 表 3-4

行车速度(km/h)	弯折角 θ(‰)	允许工后沉降值(cm)	过渡段 L(m)
200	2.5	8	32
250	2.0	5	25
300	1.5	3	20

当然，如果考虑轨道的正常维修作业(起拨道捣固)周期，由路桥过渡段的工后沉降差引起的轨面弯折可能并没有这么大，因此过渡段长度的设置可根据起拨道捣固周期进行适当调整。

第三节 过渡段结构形式与压实标准

线路结构的任何变形最终都要反映到轨面上。轨面的变形由轨道结构、路基本体及地基土层三部分组成。轨道结构和路基基床的变形主要由动载引起，通过对轨道结构的优化设计及路基基床的强化处理，可将该变形控制在比较低的水平。恒载作用产生的沉降主要发生在路堤下部及地基土层内，数值较大，占轨面变形的绝大部分。客运专线过渡段路基设计主要是控制路基本体的压密下沉与地基的工后沉降，工后沉降的控制将在下一章介绍，本节主要介绍过渡段的结构、长度以及填料规格和压实标准等。

一、路桥过渡段

(一)路桥过渡段结构形式

路堤与桥台连接处设置的过渡段，可采用沿线路方向纵向倒梯形、正梯形或二次过渡形式：

1. 倒梯形结构(图 3-6)

过渡段长度可按下式确定：

$$L = a + n \times (H - h) \tag{3-7}$$

式中：L——过渡段长度，m；L 长度一般应不小于表 3-4 的要求；

H——台后路堤高度，m；

h——基床表层厚度，m；

a——常数，3～5m；

n——过渡段纵向边坡坡率，可取 2～5。

2. 正梯形结构(图 3-7)

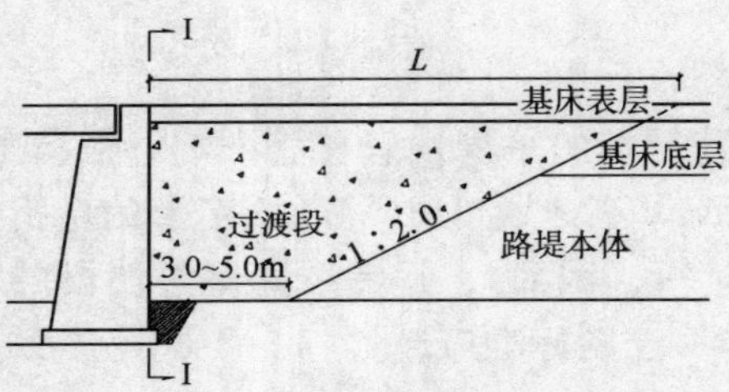

图 3-6　倒梯形结构过渡段

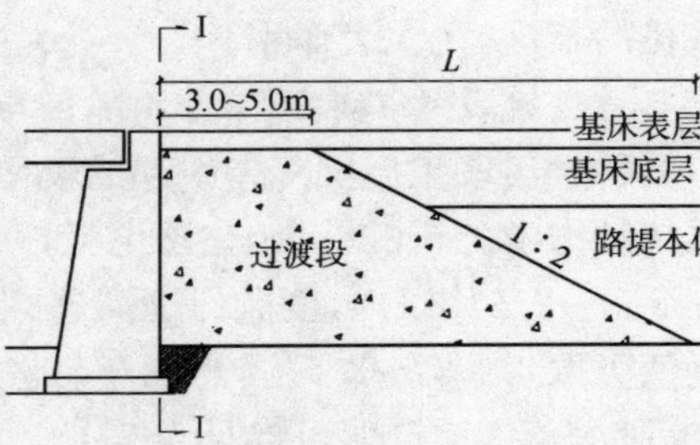

图 3-7　正梯形结构过渡段

过渡段长度可按式(3-7)确定。

3. 二次过渡结构(图 3-8)

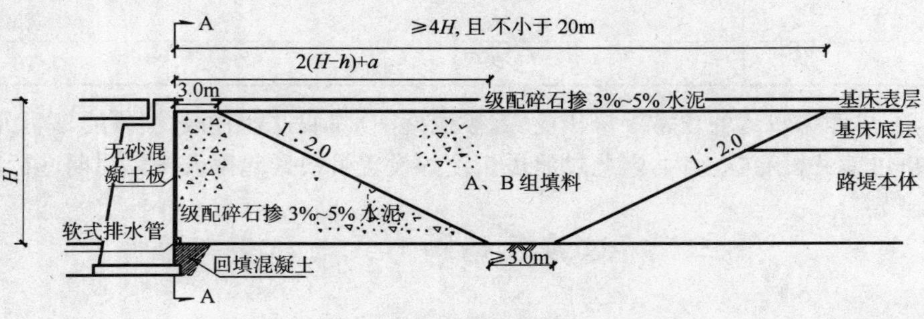

图 3-8　二次过渡结构过渡段

过渡段长度可按式(3-8)确定：

$$L = 2a + 2n \times (H - h) \tag{3-8}$$

式中：L——过渡段长度，m；L 长度一般应不小于表 3-4 的要求；

H——台后路堤高度，m；

h——基床表层厚度，m；

a——常数，3～5m；

n——过渡段纵向边坡坡率，可取 2～5。

(二)路桥过渡段填料规格与压实标准

路桥过渡段基床表层级配碎石的规格与压实标准，除满足不同速度目标值客运专线对其基床表层填料规格与压实标准的相关要求外，一般还应掺入适量的水泥以加强基床表层刚度，其掺入比可以采用 3%～5%。倒梯形结构、正梯形结构或二次过渡结构的正梯形部分，通常采用级配碎石填筑，从强化过渡段刚度、稳定性并易于施工的角度出发，一般要掺入 3%～5% 的水泥；二次过渡结构的倒梯形部分通常采用 A、B 组填料填筑。倒梯形结构、正梯形结构的过渡段，也可以采用加筋土结构。

1. 级配碎石的规格与压实标准

级配碎石的级配范围可参考表 3-5 的要求。

碎石级配范围 表 3-5

级配编号	通过筛孔(mm)质量百分率(%)									
	50	40	30	25	20	10	5	2.5	0.5	0.075
1	100	95～100	—	—	60～90	—	30～65	20～50	10～30	2～10
2	—	100	95～100	—	60～90	—	30～65	20～50	10～30	2～10
3	—	—	100	95～100	—	50～80	30～65	20～50	10～30	2～10

注：颗粒中针状、片状碎石含量不大于 20%；质软、易破碎的碎石含量不得超过 10%；黏土团及有机物含量不得超过 2%。

过渡段路堤应与其连接的路堤同时施工，并将过渡段与连接路堤的碾压面，按大致相同的高度进行填筑。级配碎石施工应分层填筑，压实标准一般需满足地基系数 $K_{30} \geqslant 150\text{MPa/m}$、动态变形模量 $E_{vd} \geqslant 50\text{MPa}$ 和孔隙率 $n < 28\%$。

过渡段桥台基坑应以混凝土回填或以碎石分层填筑并用小型平板振动机压实。路堤基底原地面平整后，用振动碾压机碾压密实，并使地基系数 $K_{30} \geqslant 60\text{MPa/m}$。

2. 加筋土的规格与压实标准

倒梯形结构、正梯形结构的过渡段，基床表层以下部分也可以采用加筋土结构(图 3-9)，其填筑材料一般选用 A、B 组粗粒土，其间分层铺设土工格栅，每层土工格栅间距宜为 0.3～0.5m，与桥台尾相接处应包裹反折。

A、B 组粗粒土的规格与压实标准，可以采用不同速度目标值客运专线对其基床底层填料规格与压实标准的相关要求。

二、路涵过渡段

路堤与横向结构物(涵洞)连接处设置的过渡段，可采用沿线路方向纵向倒梯形(图 3-10)

或正梯形结构。从国内外的工程实践来看，由于涵洞顶部是一个隔水层，同时其上部填料双向受冻，以至于涵洞地段路基经常受冻害影响，成为客运专线路基刚度纵向不平顺的控制地段；另外，考虑到涵顶填土高度过小时的施工问题，路涵过渡段的结构形式比路桥过渡段更要复杂一些。

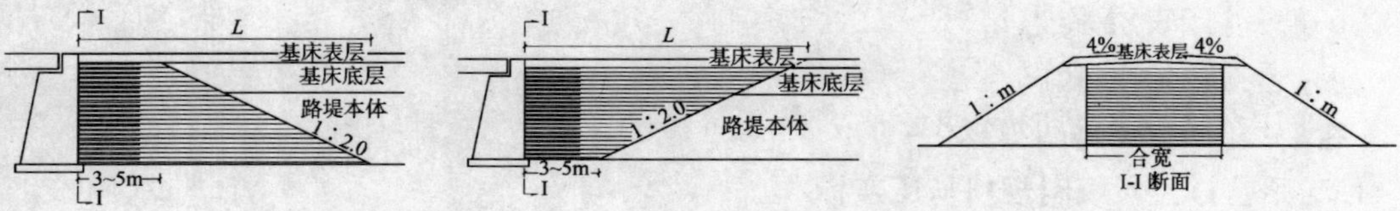

图 3-9　加筋土路桥过渡段设置方式

过渡段长度可按式(3-9)确定：

$$L=2+2\times(H-h) \tag{3-9}$$

式中：L——过渡段长度，m；

H——路堤高度，m；

h——横向结构物顶面距路基面高度，m。

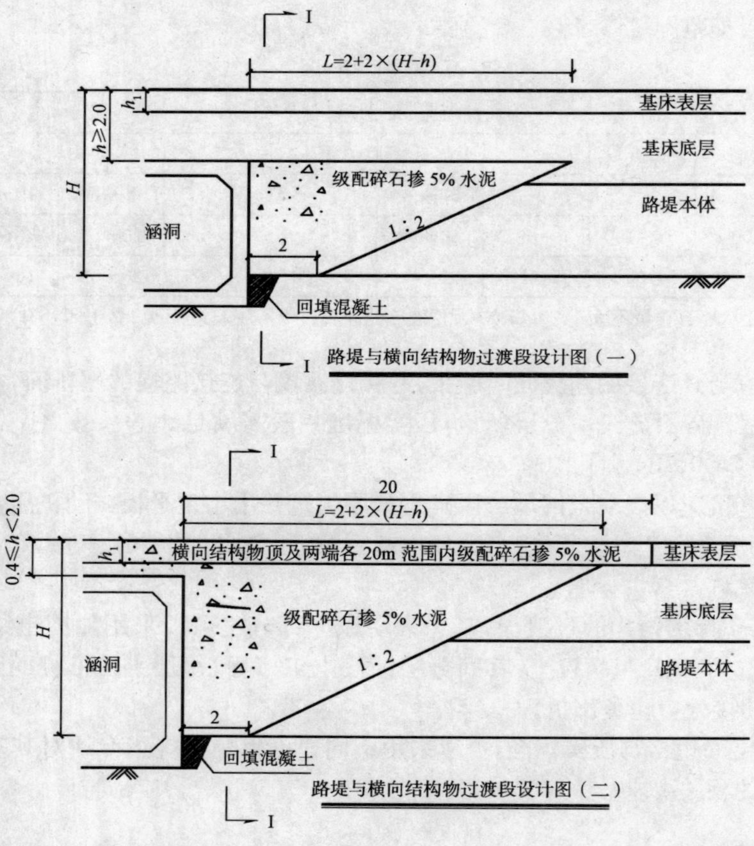

图 3-10　路涵过渡段设置方式(尺寸单位：m)

横向建筑物顶面至路基面高度小于 1.5～2.0m 时，横向建筑物顶面以上路堤可以采用级配碎石直接填筑，如压实困难，可掺入适量水泥；横向建筑物顶面至路基面高度大于 1.5～2.0m 时，横向建筑物顶面以上有害冻结深度内的路堤应考虑采用非冻胀的 A、B 组粗粒土填筑。

三、路堤与路堑过渡段

当路堤与路堑连接处为坚硬岩石路堑时，在路堑一侧需顺原地面纵向开挖台阶，台阶高度 0.6 m。过渡段可填筑级配碎石并掺入 3%～5%水泥，其压实标准需满足 $K_{30}\geqslant$150MPa/m、$E_{vd}\geqslant$50MPa 和孔隙率 $n<28\%$。过渡段范围内基床表层级配碎石内掺入 3%～5%水泥。

当路堤与路堑连接处为软质岩石或土质路堑时，需顺原地面挖成 1∶2 的坡面，坡面上开挖台阶，台阶高度 0.6m。开挖部分采用与路堤相同的标准填筑。

路堤与路堑连接处过渡段示意图如图 3-11 所示。

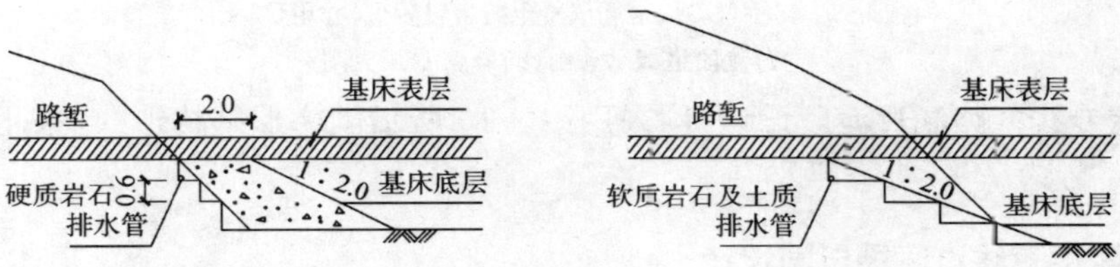

图 3-11　路堤与路堑连接处过渡段示意图(尺寸单位:m)

四、路隧过渡段

考虑到土质与软质岩路堑与隧道之间的基床刚度变化太大，必须设置路隧过渡段(图 3-12)，路隧过渡段的长度一般不小于 20m，与隧道连接处的厚度需同隧道仰拱厚度一致，另一端可采用基床表层厚度。路隧过渡段可采用级配碎石直接填筑，如压实困难，可掺入适量水泥。

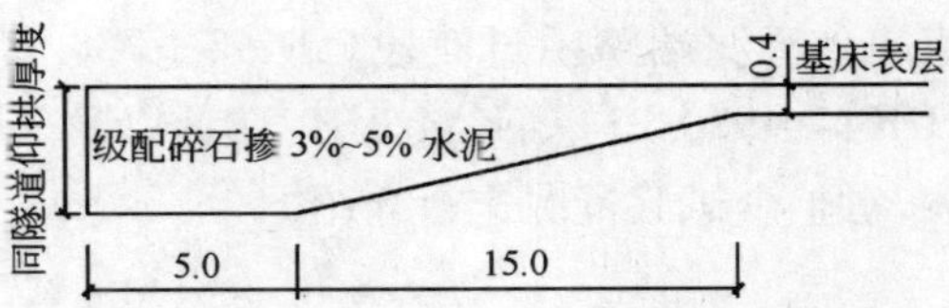

图 3-12　路隧过渡段设置方式(尺寸单位:m)

第四节　过渡段设计的应用与试验

一、秦沈客运专线过渡段设计

秦沈客运专线的路桥过渡段设计中，考虑材料来源丰富、施工工艺简单、施工质量易于控制、技术成熟等因素，大部分过渡段采用了图 3-6 倒梯形级配碎石填筑方式。为便于技术比较，积累经验，对沙河无碴轨道特大桥两端台后，关家庄大桥沈端台后，黑鱼沟中桥沈端台后等 4 处路桥过渡段采用了图 3-9 倒梯形加筋形式。过渡段基床表层以下采用 A、B 组粗粒土分层填筑时，其间分层铺设土工格栅，相邻两层土工格栅间距 0.3m，每层格栅与桥台相接处包裹反折 5.0 m，土工格栅采用聚丙烯单向土工格栅。

对于位于软土地段的20处大、中桥台尾路桥过渡段设置了钢筋混凝土搭板，如图3-13所示，搭板一端置于桥台尾端预留的搭板槽内，槽内预埋连接钢筋，搭板置于基床表层。搭板长8.0m，宽3.48m，厚0.4m，每个桥台2块搭板。

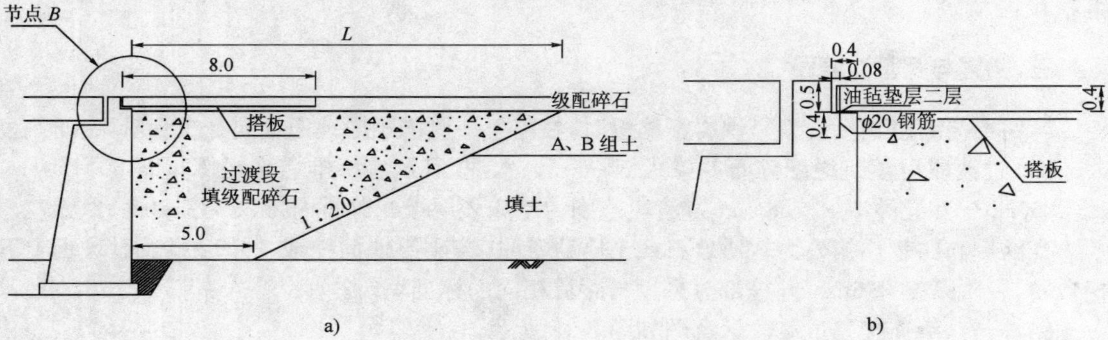

图3-13 路桥过渡段钢筋混凝土搭板设置(尺寸单位：m)

a)过渡段搭板示意图；b)节点 B 放大图

秦沈客运专线的路涵过渡段设计，均采用图3-10所示倒梯形结构形式，采用级配碎石直接填筑。

二、秦沈客运专线过渡段试验设计

为评价不同的路桥、路涵过渡结构的实际效果，验证有关设计参数，为优化客运专线过渡段结构积累经验，在秦沈客运专线选取了沙河特大桥等6处路桥过渡段和2处路涵过渡段进行了现场测试试验研究。试验工点的位置、结构形式、地基及处理措施等见表3-6。本书以关家庄大桥沈端路桥过渡段(DK46＋765.95～DK46＋790.95)、胡家屯中桥秦端路桥过渡段(DK44＋590.31～DK44＋640.31)以及DK47＋076钢筋混凝土盖板涵沈端路涵过渡段为代表，对整个试验情况进行介绍。

试验工点一览表

表3-6

工点名称	位置及里程	过渡段结构形式	地基及处理措施
路桥过渡段	沙河特大桥秦端 DK43＋552.85～＋577.85	A、B组粗粒土夹土工格栅	强风化—弱风化混合花岗岩出露
路桥过渡段	沙河特大桥沈端 DK44＋224.18～＋249.18	A、B组粗粒土夹土工格栅、钢筋混凝土搭板	地表为砂黏土，厚约4.0m，中间夹有松软砂黏土；以下为混合花岗岩。采用挖除松软土、换填A、B组土处理
路桥过渡段	胡家屯中桥秦端 DK45＋685.01～＋710.01	级配碎石	地表为砂黏土，下为混合花岗岩
路桥过渡段	关家庄大桥沈端 DK765.95～＋790.95	A、B组粗粒土夹土工格栅加筋	地表为砂黏土，厚约8.0m，中间夹有松软砂黏土，下为混合花岗岩，采用砂桩加固处理
路桥过渡段	跨305特大桥沈端 DK266＋521	级配碎石、钢筋混凝土搭板	地表为砂黏土，软塑，饱和，厚0～3.2 m；下为淤泥质砂黏土(软土层)，流塑，饱和，厚1.0～7.7m；再下为砂黏土，软塑，厚0～2.1m。采用粉喷桩处理

续上表

工点名称	位置及里程	过渡段结构形式	地基及处理措施
路桥过渡段	黑鱼沟1号中桥沈端 DK45+691～+717	A、B组粗粒土夹土工格栅加筋	地表为砂黏土，软塑，饱和，厚0～2.6m；下为松软砂黏土，软塑，厚4.6～5.0m；再下为细砂。采用粉喷桩处理
路涵过渡段	DK47+076涵沈端	级配碎石	地表为砂黏土，以下为混合花岗岩
路涵过渡段	DK275+300涵沈端	级配碎石	地表为砂黏土(软土层)，软塑，饱和，厚4.6～8.5m。下为细砂，厚6.7～16.7m。采用袋装砂井处理

1.试验工点设计

(1)关家庄大桥路桥过渡段(DK46+765.95～DK46+790.95)

关家庄大桥路桥过渡段采用倒梯形过渡结构，过渡段填高4.2m，基床表层以下填筑A、B组粗粒土，其间分层铺设土工格栅，土工格栅间距为0.3m，每层与桥台尾相接处，包裹反折5.0m，压铺于上层填土之上。

(2)胡家屯中桥路桥过渡段(DK44+590.31～DK44+640.31)

胡家屯中桥路桥过渡段采用倒梯形过渡结构，过渡段填高4.5m，基床表层以下填筑级配碎石。

(3)DK47+076涵洞过渡段

DK47+076路涵过渡段，涵洞顶至地面填高3.0 m，也采用倒梯形过渡形式，采用级配碎石填筑。

2.试验工点测试元器件布设

为测试过渡段纵向和深度方向的动态响应特征，沿过渡段线路纵向和各横剖面不同深度均布设动土压力盒、加速度计等传感器。

关家庄大桥过渡段，胡家屯中桥过渡段线路纵向基床表层顶面传感器布置如图3-14、图3-15所示，DK47+076涵洞过渡段纵向基床表层顶面传感器布置如图3-16所示。

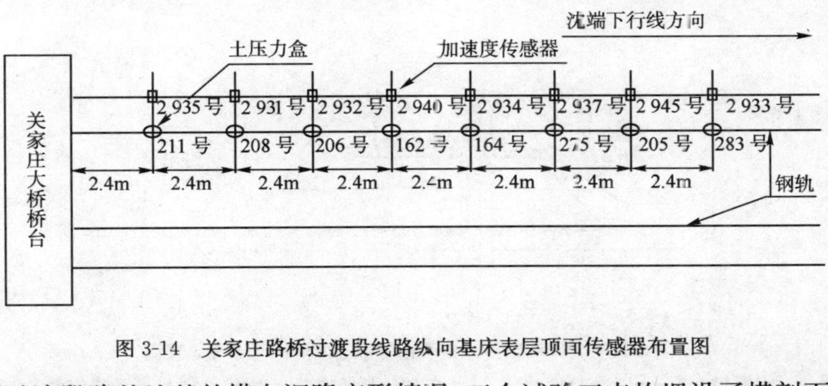

图3-14　关家庄路桥过渡段线路纵向基床表层顶面传感器布置图

为观测过渡段路基地基的横向沉降变形情况，三个试验工点均埋设了横剖面沉降管。关家庄大桥过渡段、胡家屯中桥过渡段，分别在距桥台背3m、10m、15m处的路基基底各布设一

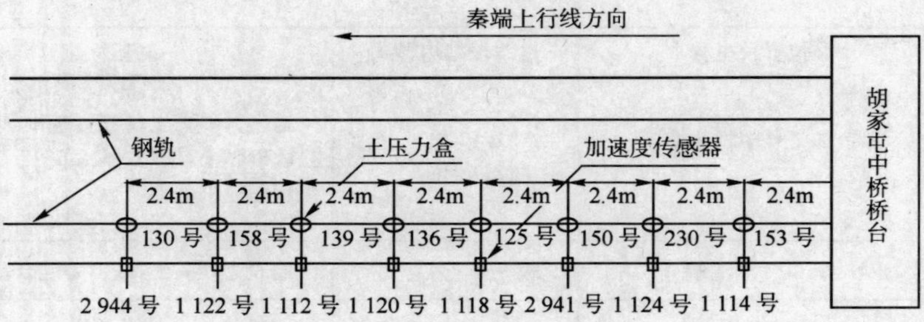

图 3-15　胡家屯中桥过渡段线路纵向基床表层顶面传感器布置图

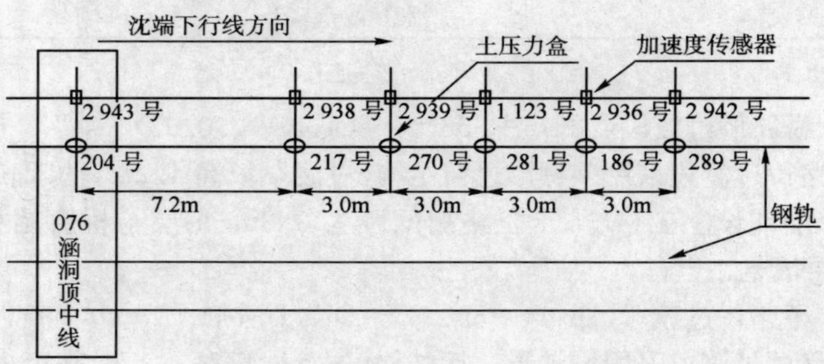

图 3-16　DK47＋076 涵洞过渡段纵向基床表层顶面传感器布置图

根沉降管，见图 3-17、图 3-18；DK47＋076 路涵过渡段，分别在涵洞中心距涵洞中心 6.85m、18.25m 处的路基基底各布设一根沉降管，详见图 3-19。

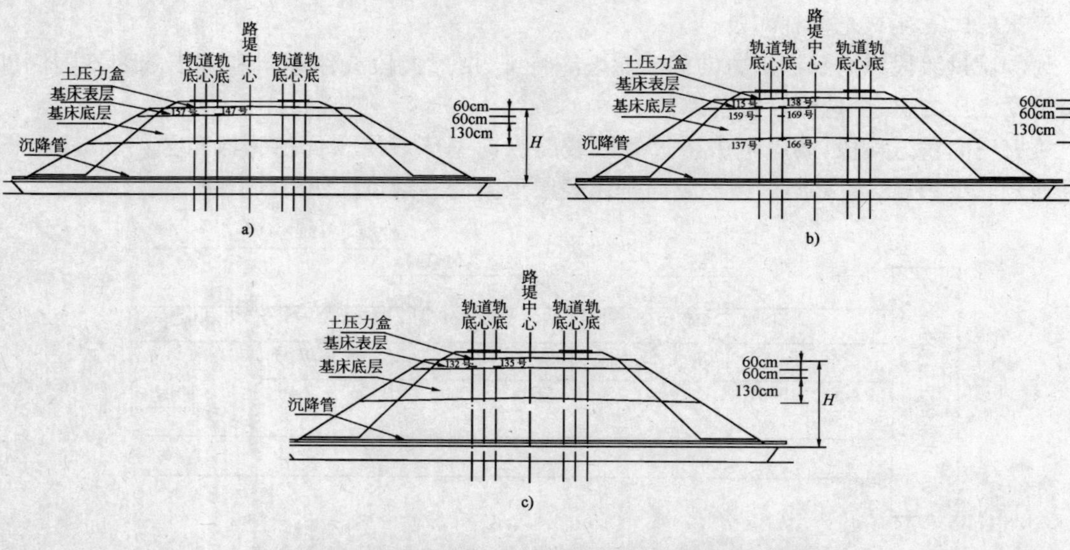

图 3-17　关家庄路桥过渡段路基横剖面测试元器件布置图

a)距桥台背 3m 处横剖面；b)距桥台背 10m 处横剖面；c)距桥台背 15m 处横剖面

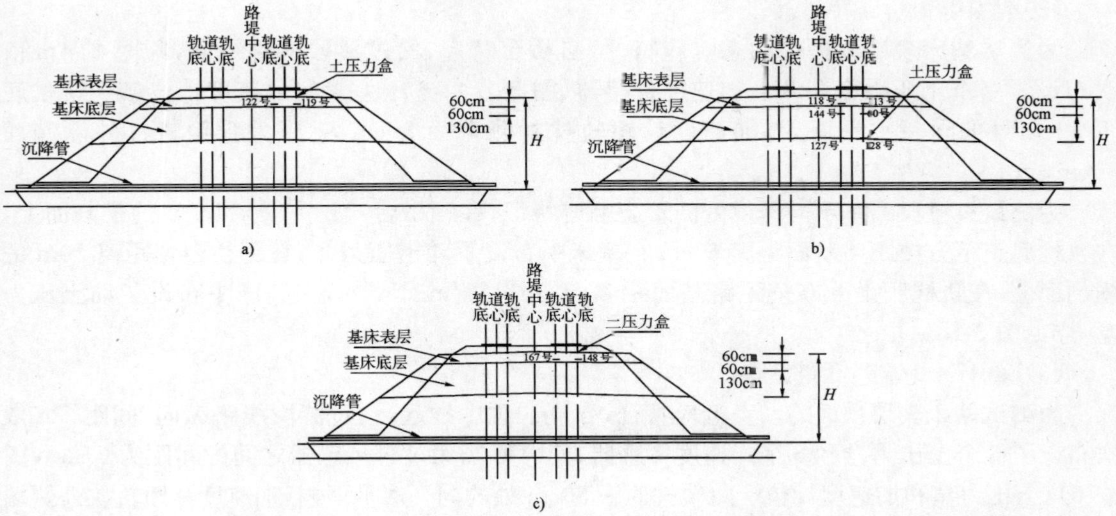

图 3-18 胡家屯中桥过渡段路基横剖面测试元器件布置图

a)距桥台背 3m 处横剖面；b)距桥台背 10m 处横剖面；c)距桥台背 15m 处横剖面

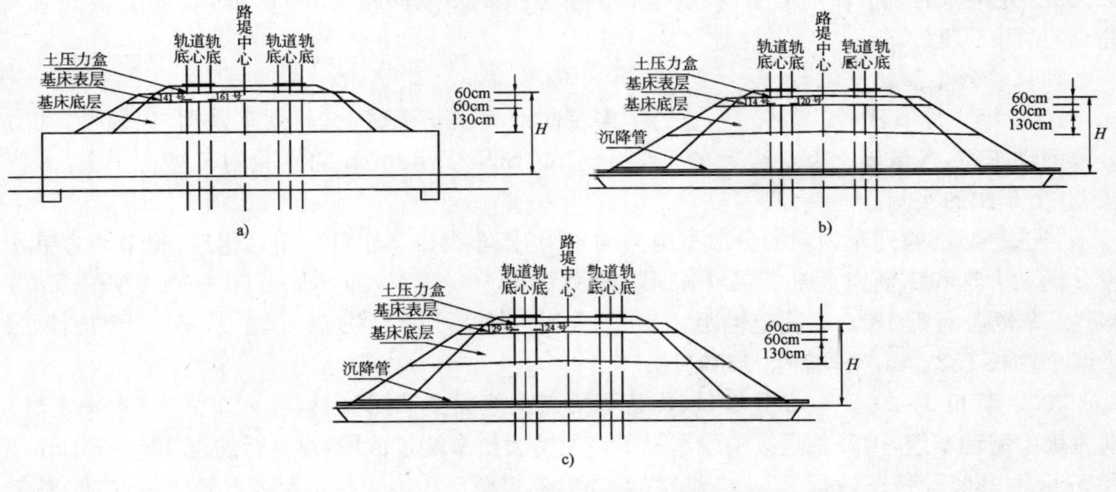

图 3-19 DK47＋076 涵洞过渡段横剖面测试元器件布置图

a)涵顶中心处横剖面；b)距涵顶中心 6.85m 处横剖面；c)距涵顶中心 18.25m 处横剖面

(1)关家庄大桥路桥过渡段

为测试基床表层顶面的动态响应特征，自桥台背起，沿过渡段线路纵向，间距 2.4m 依次布设了 8 个土压力盒和 8 个加速度传感器(图 3-14)，土压力盒和加速度计位于距轨枕底下 50cm 处的同一水平面内，加速度计距轨枕外侧端面 30cm，土压力盒距轨枕外侧端面 80cm。

为测试过渡段路基不同深度处的动态响应特征，在距桥台背距离 3m、15 m 的横剖面上，在轨枕底正下方按距路基面距离 60cm 在基床中布设了动土压力盒；在距桥台背距离 10m 的横剖面上，在轨枕底正下方按距路基面距离 60cm、120cm、250cm，在基床中布设了动土压力盒，详见图 3-17。

(2)胡家屯中桥路桥过渡段

为测试基床表层顶面的动态响应特征，自桥台背起，沿过渡段线路纵向，间距 2.4m 依次布设了 8 个土压力盒和 8 个加速度传感器(图 3-15)，土压力盒和加速度计位于距轨枕底下 50cm 处的同一水平面内，加速度计距轨枕外侧端面 30cm，土压力盒距轨枕外侧端面 80cm。

为测试过渡段路基不同深度处的动态响应特征，在距桥台背距离 3m、15 m 的横剖面上，在轨枕底正下方按距路基面距离 60cm 在基床中布设了动土压力盒；在距桥台背距离 10m 的横剖面上，在轨枕底正下方按距路基面距离 60cm、120cm、250cm，在基床中布设了动土压力盒，详见图 3-18。

(3)DK47＋076 路涵过渡段

为测试基床表层顶面的动态响应特征，自涵洞顶中线起，沿过渡段线路纵向，间距 3m 依次布设了 6 个土压力盒和 6 个加速度传感器，其中第 1、第 2 个传感器之间的间距为 7.2m(图 3-16)；土压力盒和加速度计位于距轨枕底下 50cm 处的同一水平面内，加速度计距轨枕外侧端面 30cm，土压力盒距轨枕外侧端面 80cm。

为测试过渡段路基不同深度处的动态响应特征，在涵洞顶中线、距涵顶中线 6.85m、18.25m 处路基的三个横剖面中，在轨枕底正下方按距路基面距离 60cm 处，布设了动土压力盒，详见图 3-19。

3. 试验列车编组及运行

2002 年 9 月 1 日～9 月 12 日，进行了第二次地面实车测试，试验列车采用“先锋号”动力分散型动车组，各试验工点对运行车速 160～280km/h 及 5km/h 的实验列车进行了上、下行线 60 个车次的实测。

“先锋号”试验列车为动力分散型电力动车组，该车组由 2 个动力单元组成，每个动力单元由 2 辆动力车和 1 辆拖车组成“2M＋1T”，全列编组为 6 辆车，即“Mc＋Tp＋Mi＋Mi＋Tp＋Mc”。车辆心盘距 18.0m，固定轴距 2.5m。全列车长 158.4m，共 24 个轴，从第一个轴到第二十四个轴长 152.0m，平均轴重 131kN。

2002 年 11 月 20 日～12 月 9 日，进行了第三次地面实车测试，试验列车采用“中华之星”动力集中型动车组，山海关至绥中段选择了沙河特大桥秦端过渡段，对运行速度 106～301km/h 及 5km/h 的实验列车进行了 54 个车次的实测；锦州至辽中段选择了跨 305 特大桥沈端、黑鱼沟 1 号中桥沈端、DK275＋300 涵洞沈端过渡段于 2002 年 12 月 1～9 日进行了第三次地面实车测试，共进行了 12 个车次的实测。关家庄大桥沈端路桥过渡段(DK46＋765.95～DK46＋790.95)、胡家屯中桥秦端路桥过渡段(DK44＋590.31～DK44＋640.31)以及 DK47＋076 钢筋混凝土盖板涵沈端路涵过渡段没有安排进行此次测试。

三、过渡段试验数据分析

1. 动应力

(1)动应力幅值

“先锋号”列车在 5～266km/h 速度条件下，路桥过渡段路基面动应力极值在 3.51～73.85kPa 范围内，极大值的均值在 4.39～44.04kPa 范围内；路涵过渡段路基面动应力极值在

2.03～42.85kPa 范围内，极大值的均值在 3.28～38.46kPa 范围内（表 3-7）。

"先锋号"动应力幅值变化表(kPa) 表 3-7

过渡段位置与类型	测点位置	极值范围	均值范围	速度范围
关家庄大桥 路桥	路基面	4.30～45.71	6.52～40.53	5～266 km/h
胡家屯中桥 路桥	路基面	3.51～73.85	4.39～36.74	
DK47+076 路涵	路基面	2.03～42.85	3.28～38.46	

"中华之星"列车在 5～301km/h 运行条件下，过渡段路基面动应力明显大于"先锋号"列车产生的动应力，原因是"中华之星"列车的轴重大于"先锋号"列车，平均为 195～205kN（因编组不同有差异）。

路涵过渡段与路桥过渡段的路基面动应力差别不大。

(2)动应力沿路基深度的衰减

根据测试数据，动应力沿深度的衰减基本呈双曲线变化，可表示为：

$$K_Z = 1 - \frac{Z}{a + bZ} \tag{3-10}$$

式中：K_Z——动应力衰减系数；

Z——距路基面深度（有效值为 0～3m）；

a、b——试验常数。

动应力衰减系数沿深度的变化如图 3-20、图 3-21 所示。路基面以下 0.6m 动应力衰减系数均值在 0.5～0.61 之间，路基面以下 2.5m 动应力衰减系数均值在 0.12～0.21 之间，与理论值比较相符。

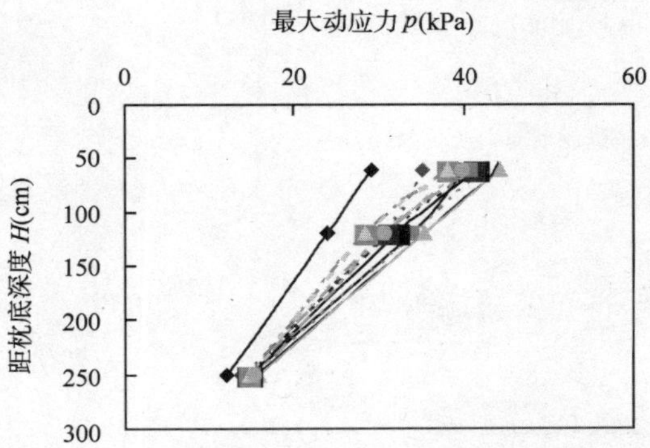

图 3-20 关家庄大桥过渡段动应力沿深度衰减曲线

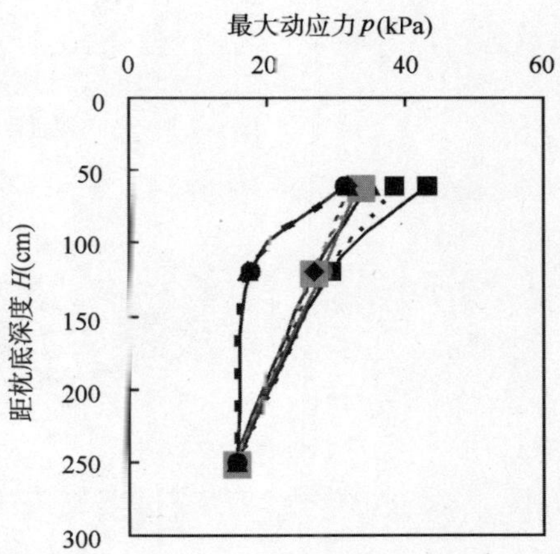

图 3-21 胡家屯中桥过渡段动应力沿深度衰减曲线

(3)行车速度对动应力幅值的影响

行车速度对动应力幅值的影响（图 3-22、图 3-23），依据公式（1-2），即

$$\sigma = \beta p(1 + \alpha V)$$

进行分析，速度影响系数 α 在 −0.00011～0.00413 间变化。山绥段工点基本小于 0.001，说明列车对线路的动力作用不强烈，黑鱼沟 1 号桥过渡段速度影响系数达 0.004，比设计值 0.003

还大，这与线路平顺、车辆状态好坏等因数有关。

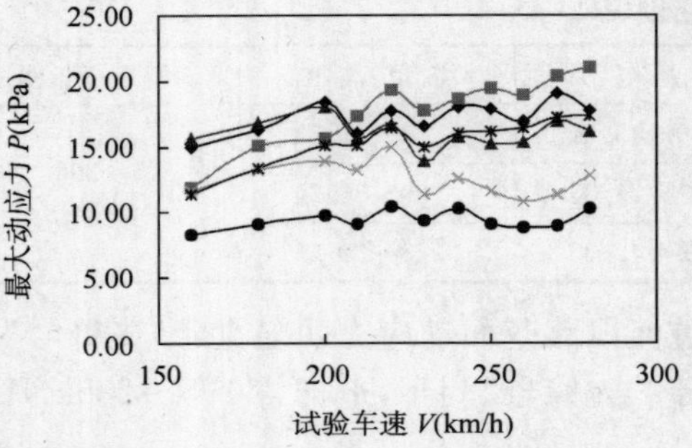

图 3-22　关家庄大桥沈端过渡段行车速度对动应力的影响

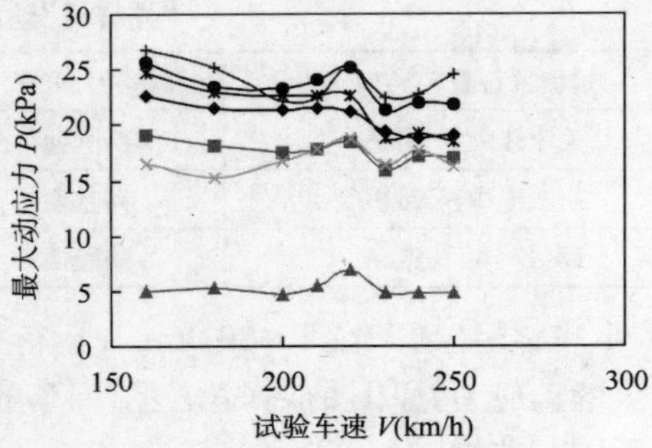

图 3-23　胡家屯中桥秦端过渡段行车速度对动应力的影响

(4)过渡段范围动应力幅值的纵向变化

过渡段范围动应力幅值的纵向变化(图 3-24～图 3-26)。不同速度条件下的动应力变化规律基本一致，近桥台(或涵洞)位置的动应力小于远桥台位置的动应力；动应力峰值点距台背约 5～15 m；同时发现，路基面的动应力沿线路纵向的变化程度大于距路基面 0.6m 处的纵向变化程度。另外，沙河特大桥沈台过渡段范围动应力幅值近桥台(或涵洞)位置的动应力大于远桥台位置的动应力，这可能与过渡段设搭板增强了过渡效果有关。

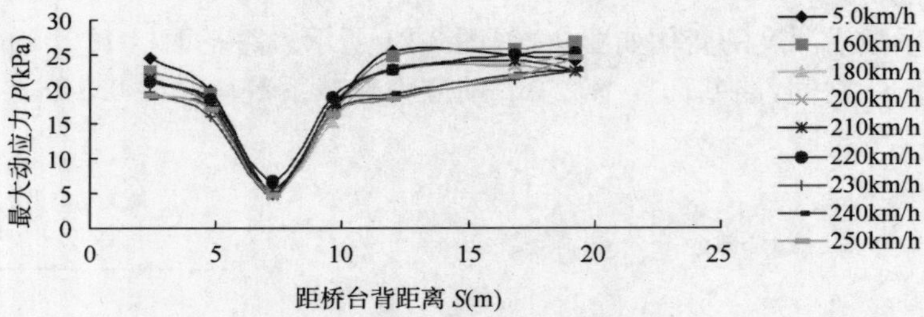

图 3-24　胡家屯中桥秦台过渡段纵向动应力变化曲线

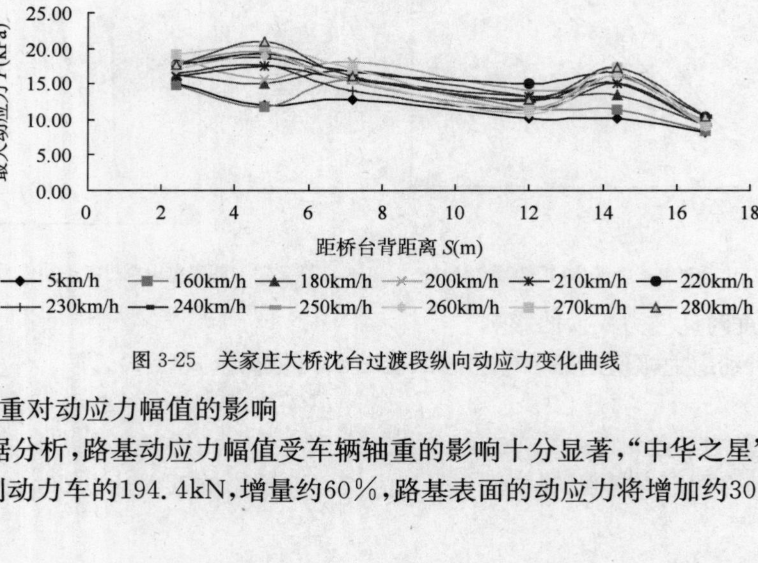

图 3-25　关家庄大桥沈台过渡段纵向动应力变化曲线

(5)列车轴重对动应力幅值的影响

从实测数据分析，路基动应力幅值受车辆轴重的影响十分显著，“中华之星”轴重从拖车的121.5kN增加到动力车的194.4kN，增量约60%，路基表面的动应力将增加约30%～46%，约为轴重增加率的 50%～75%；同时，车辆轴重的影响随深度的增加而逐渐衰减，到达 2.5m 深处时，动应力的增量只有 8%～14%，约为轴重增加率的 13%～23%。

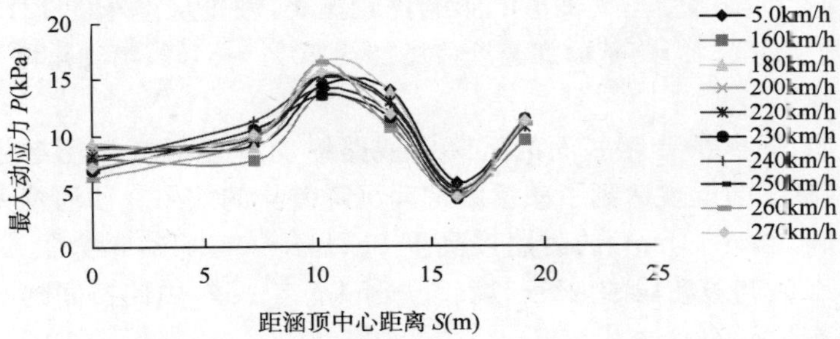

图 3-26　DK47＋076 路涵过渡段纵向动应力变化曲线

另外，动应力的轴重系数 β 受车辆轴重的影响较大，轴重减小，动应力轴重系数 β 增大，反之，则相反。从实测数据分析得到的 β 值范围：1.78～3.20."中华之星"动力车的轴重为 194.4kN，其对应的 β 值范围为：1.78～2.67。目前，客运专线设计荷载采用 ZK 荷载，设计轴重 200kN，设计中采用的动应力轴重系数 $\beta=2.6$，基本合理。

2. 动位移

(1)"先锋号"动车组在 160～266km/h 速度条件下，路桥过渡段路基面各测点动位移的极值范围为 0.970～0.004mm，平均值范围为 0.40～0.01mm；"中华之星"动车组在 160～310km/h 速度条件下，路桥过渡段路基面各测点动位移的极值范围为 0.690～0.007mm，平均值范围为 0.49～0.03mm；涵洞过渡段，各测点动位移的极值范围为 1.93～0.045mm，平均值范围为 0.328～0.134mm。涵洞过渡段动位移幅度及均值均较大，可见涵洞过渡段必须引起充分重视。

(2)行车速度对路基面动位移幅值影响不显著。

(3)过渡段范围动位移幅值近桥台位置的动位移小于远桥台位置的动位移，动位移峰值点距台背约 5～16m；沙河特大桥沈台下行线过渡段与跨 305 特大桥沈台过渡段内均设搭板和素混凝土砌块，过渡段范围动位移变化曲线表明该处过渡效果良好。

(4)"中华之星"动力车及拖车下桥时产生的动位移均值与上桥时产生的动位移幅值无显著性差异，即列车的驶向对动位移幅值无实质性影响，不成为控制条件。

(5)路基面动位移幅值受车辆轴重的影响十分显著，轴重从 121.5kN 增加到 194.4kN，增量约 60%，路基面动位移将增加约 40%～42%，约为轴重增加量的三分之二。

3. 加速度

(1)路基面各测点加速度的极值范围为 68.30～0.312 m/s^2，沙河桥两端无碴与有碴轨道过渡段加速度明显大于其他各过渡段的加速度。

(2)加速度随着列车运行速度的增加而增大，动车组下桥时的速度影响系数为 0.005～0.0527，这表明速度对路基面加速度影响不大。

(3)不同速度条件下的加速度变化规律基本一致，近桥台位置的加速度小于远桥台位置的加速度，最大值出现在距台背约 5～12m 处。

(4)在行车速度范围基本一致的条件下，"中华之星"动力车、拖车下桥时产生的加速度与

“中华之星”动力车上桥时产生的加速度幅值差异较小，差值在14%～20%之间，即列车的驶向对加速度幅值的影响，可不考虑。

(5)路基面加速度幅值受车辆轴重的影响比较显著，轴重从拖车的121.5kN增加到动力车的194.4kN，增量约60%，路基面加速度将增加约60%～64%，与轴重增加率相同。

4. 路基面沉降变形

测试数据表明，远离桥台路基面的沉降沿线路纵向有逐渐增大的趋势，如图3-27和图3-28所示，说明过渡段的设置达到了减缓路桥间沉降差异的效果。沙河特大桥秦台过渡段路基面的最大沉降值为9～11mm，约为路堤高度0.21%～0.26%，最大值发生位置距台背约12.6～14.8m，该位置与过渡段的设置长度(2H+5)基本一致，由路桥间的不均匀沉降引起的挠曲角为0.61‰～0.87‰。

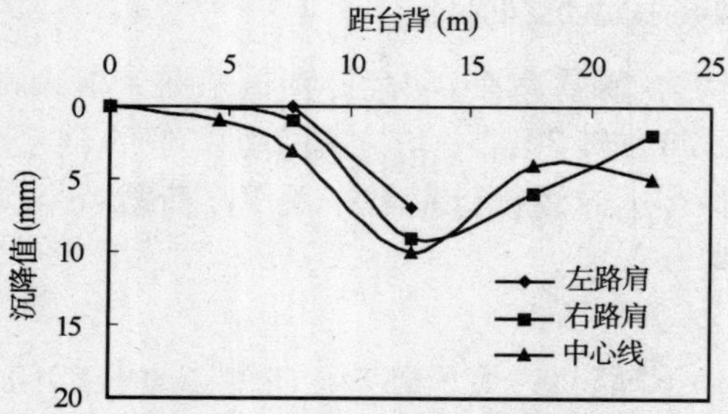

图3-27 沙河特大桥秦台路基面沉降曲线

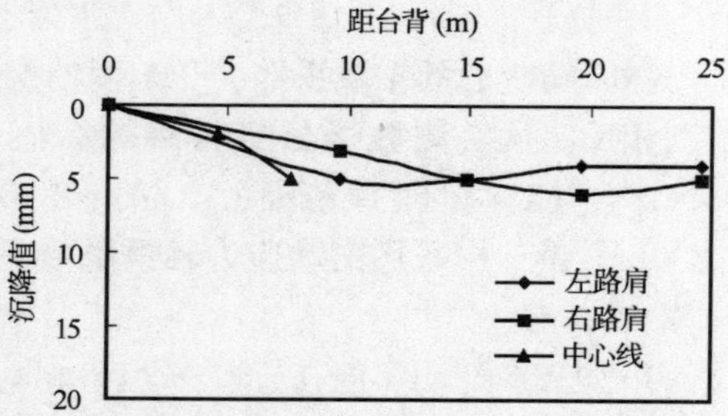

图3-28 沙河特大桥沈台路基面沉降曲线

第四章　路基工后沉降控制技术

软土、松软土等土质地基路基问题当中，最关键的问题是沉降问题。在进行这类路基的设计时，首先要依据勘察所得的地质资料在理论上计算路基的总沉降量及特定时刻沉降量，也就是固结度计算，以确定沉降量能否达到设计的标准。当然，在讨论沉降量能否达标之前，尚应检算路基的稳定性和地基的承载力是否满足要求。对于检算不合格的工点，应该选择合适的地基处理方法对天然地基进行处理，以满足客运专线路基对稳定、承载力以及工后沉降的要求。限于目前的土力学发展的现状，仅仅依赖理论的计算，尚不能满足客运专线对于沉降量精确控制的要求，需要在工程施工的过程中进行现场原位观测，并且依据观测结果开展动态设计，以不断地调整设计、施工的技术参数，实现对工后沉降及沉降速率的精确控制并指导信息化施工。

第一节　地基条件与工后沉降控制标准

一、日本新干线的地基条件与工后沉降控制标准

作为承载路基的地基条件应是：能安全承载路基，不产生基底破坏，不会出现过大的地基沉降，即使地震时也不至于产生破坏和沉降。

东海道新干线在经过 10 年运营后，日本对路堤基底的下沉量、路堤地基的状况、线路维修量多少及难易程度进行了分类调查，根据调查结果，提出了由地表起到约为路基宽度 2 倍（以 25m 为下限）的深度范围内支承路堤的地基的必要条件（表 4-1）。满足这些条件的地基其路堤处于良好状态，没有发生有问题的下沉现象，作为支承路堤的地基是合适的，可不作工后沉降分析或进行特殊的地基加固处理，并纳入了其规范。当路基地表以下 25m 内地基条件不满足表 4-1 要求时，应根据详细的地质勘察资料和土层参数、路堤高度等，对总沉降和工后沉降等进行分析计算。

从有关文献看，欧洲国家高速铁路软土路基的沉降问题不太突出，对工后沉降并无明文规定。日本在修建东海道新干线时对路堤沉降无明确规定，建成后因发生了一系列问题而引起日本专家的重视。日本国铁于 1968 年首次在规范中提出工后沉降控制在 50cm 之内，后经几次提高标准，1978 年在修改路基规范时要求路基工后沉降控制标准为 10cm，沉降速率控制标准为 3cm/a。

新干线问题较少的地基条件　　表 4-1

区分		细区分	地基条件
基岩			无条件
土层	洪积层	砾石土 砂粒土 细粒土	
		火山灰质黏性土	N 值≥3

续上表

区分		细区分	地基条件
土层	冲积层	砾石土 砂粒土	无条件 地震时无液化层
		细粒土	N 值≥4；4≥N 值≥2，层厚 3m 以下； 2≥N 值，层厚 2m 以下

注：N——标准贯入试验锤击数。

二、地基条件与工后沉降控制标准

1. 客运专线的地基条件

普通铁路设计中，对路基的地基条件没有太高的要求，仅对软土地基进行必要的稳定、承载能力与沉降检算。我国铁路部门对软土的定义如下：软土指在静水或缓慢的流水环境中沉积，具有含水率高（天然含水率大于其液限），孔隙比大（大于 1.0），压缩性高（$a_{0.1\sim0.2}\geq0.5$ MPa^{-1}）、强度低（$P_s\leq0.8MPa$）等特点的黏性土。

以高速、安全和舒适为主要特点的客运专线，对地基有更严格的要求。在秦沈客运专线的建设过程中，开始借鉴日本经验，提出了客运专线的地基条件，即路堤基底以下 25m 范围内的地基条件应满足表 4-2 的要求。

路堤地基条件　　表 4-2

地层	地基条件
基岩	无条件
碎、卵、砾石类	无条件
砂类土	$P_s\geq5.0MPa$ 或 $N\geq10$，且无地震液化可能
黏性土	$P_s>1.2MPa$ 或 $[\sigma]\geq0.15MPa$
	$0.8MPa\leq P_s\leq1.2MPa$，但层厚小于 3m

注：N——标准贯入试验锤击数。

当路堤基底以下 25m 范围内的地基土不符合上表要求时，应做工后沉降分析并对地基进行加固处理。

为方便起见，从秦沈客运专线起，铁路部门开始把不具备软土特征，又不满足表 4-2 的地基土称为松软土。

因而，客运专线铁路应根据详细的地质勘察资料和土层参数、路堤高度等，对软土、松软土地基的路基总沉降、工后沉降与每年的沉降速率等进行分析计算；对于设计速度为 300km/h 的客运专线，除软土、松软土地基外，还应对可能发生较大沉降变形或不均匀沉降的其他土质地基进行分析计算并采取必要的加固处理。

2. 客运专线的工后沉降控制标准

我国铁路原本对路基的工后沉降及地基条件无明确规定，后来在勘察设计实践中提出工后沉降应控制在 50cm 以内；制订重载铁路路基技术标准时建议采用 30cm；现行的铁路路基规范提出工后沉降应小于 20cm。

确定客运专线路基的工后沉降标准一般应考虑以下两方面的因素。

(1)客运专线列车对路基的要求及线路维修能力

如果工后沉降量不大，沉降速率慢，则可通过维修使线路保持高度平顺，这样的工后沉降是允许的。如果工后沉降量大，或沉降速率快，难以通过维修使线路保持高速行车所需要的轨道平顺，这样的工后沉降量和沉降速率是不允许的。

(2)前期建设投资与后期养护费用的经济比较

在保证客运专线列车高速、安全与平稳运行的前提下，应取得经济上的合理平衡。如果工后沉降标准定得过高，地基处理费用就会大幅度上升。这样，后期的养护工作量虽小了，但经济上却不一定合理。所以，在保证基本要求的前提下，应使两者取得某种平衡。不考虑经济问题来讨论工后沉降标准是无意义的。

综合国内大量的前期研究成果，目前客运专线建设实践中采用的工后沉降控制标准如表 4-3 所示。

路基工后沉降要求　　表 4-3

设计速度 (km/h)	一般地段工后沉降量 (mm)	过渡段工后沉降量 (mm)	沉降速率 (mm /a)
200	150	80	40
250	100	50	30
300	50	30	20

另外，对软土、松软土地基路基，沉降分析前必须先进行路基的滑动稳定检算和承载能力检算。

第二节　路基的稳定性与地基承载力检算

客运专线路基的设计检算包括滑动稳定性检算、复合地基承载力计算与沉降计算等几个部分。滑动稳定性检算、复合地基承载力计算主要是针对软土、松软土地基路基，其检算方法将在本节进行介绍。沉降计算除软土、松软土地基外，对于设计速度为 300km/h 的客运专线，还应对可能发生较大沉降变形或不均匀沉降的其他土质地基进行分析计算并采取必要的加固处理，将在下一节作专门介绍。

一、路基滑动稳定性检算

路基滑动稳定性检算，一般应采用圆弧条分法，按路堤荷载、列车荷载、运梁车或架桥机荷载的不同组合进行检算，对于不同的荷载组合，应采用不同的稳定安全系数。考虑列车荷载作用时，其安全系数不应小于 1.20；不考虑列车荷载作用时，其安全系数不应小于 1.25；考虑运梁车或架桥机荷载作用时，其安全系数不应小于 1.05。

圆弧条分法常用的有三种方法：总应力法、有效固结应力法和有效应力法。

总应力法中地基的抗剪强度采用总强度 τ（天然十字板抗剪强度），或者采用直接快剪指标的 c_q、φ_q 值，路堤填料的抗剪强度则用直接快剪指标的 c_q、φ_q 值。有效应力法中地基的抗剪强度指标采用有效抗剪强度指标 c'、φ'，路堤的抗剪强度指标用直接快剪指标 c_q、φ_q 值。在铁路行业中用的最广泛的还是有效固结应力法。

有效固结应力法的地基稳定安全系数用式(4-1)计算：

$$K=\frac{\sum c_q \cdot l+\sum N_I \cdot \tan\varphi_q+\sum N_{\mathrm{II}} \cdot U \cdot \tan\varphi_{cu}}{\sum(T_{\mathrm{I}}+T_{\mathrm{II}})} \tag{4-1}$$

式中：T_{I}、N_{I}——滑体中地基部分的重力作用在滑动面上的切向分力和法向分力；

T_{II}、N_{II}——滑体中填土部分的重力作用在滑动面上的切向分力和法向分力；

l——滑弧长度；

c_q、φ_q——直接快剪的黏聚力和内摩擦角；

φ_{cu}——固结不排水剪内摩擦角；

U——地基平均固结度。

二、复合地基承载力计算

复合地基承载力计算方法可以分为复合求和法与稳定分析法两大类。复合求和法是将复合地基的承载力看作是桩体与桩间土承载能力之和，但因复合地基中的桩与土是在等变形条件下工作，如果在确定桩体与桩间土的承载能力未能满足等变形条件时，尚需将桩体与桩间土的承载能力按应力或变形进行协调。稳定分析法是将复合地基视为一个整体，按整体剪切破坏或整体滑动破坏计算其承载力，计算的关键在于根据桩体与桩间土的抗剪强度求其复合地基的抗剪强度。

(一)复合求和法

1. 直接复合式

$$f_{sp,k}=mf_{pk}+(1-m)f_{sk} \tag{4-2}$$

式中：$f_{sp,k}$——复合地基承载力标准值，kPa；

f_{pk}、f_{sk}——桩、土承载力标准值，kPa；

m——置换率(以小数表示)。

桩柱体与桩间土的刚度差异较大时，不能利用直接复合式计算，需用应力复合式计算且应满足

$$S_{sp}\leqslant S_p\leqslant S_s。$$

式中：S_s、S_p、S_{sp}——桩间土、桩体充分发挥承载力时的变形量和复合地基实际变形量。

2. 应力复合式

$$f_{sp,k}=mnf_{sk}+(1-m)f_{sk}=[1+m(n-1)]f_{sk}=f_{sk}/\mu_s \tag{4-3}$$

需满足 $f_{pk}\geqslant nf_{sk}$（或 $n\leqslant f_{pk}/f_{sk}$）

或者可以用式(4-4)计算：

$$f_{sp,k}=mf_{pk}+\frac{(1-m)}{n}f_{pk}=\frac{1+m(n-1)}{n}f_{pk} \tag{4-4}$$

需满足 $f_{sk}\geqslant f_{pk}/n$（或 $n\geqslant f_{pk}/f_{sk}$）

式中：μ_s——应力降低系数；

n——桩土应力比，利用应力复合式计算或进行单桩和桩间土的荷载试验时，建议按下式计算应力比：

$$n=\frac{E_{pw}}{E_{sw}}$$

式中：E_{pw}、E_{sw}——桩和桩间土在其各自的压力区间$[0,p_w]$内，按载荷试验 $s=f(p)$ 曲线计算的割线变形模量。w 为给定的同一沉降比(沉降量与压板宽度之比)；

其他符号意义同前。

复合地基桩土应力比取值也可参见表 4-4。

复合地基桩土应力比参考值 表 4-4

桩 类	桩间土类型	应力比 n
土 桩	黄土、素填土	1.5～2
砂桩	砂土、粉土	1.5～2
	黏性土素填土	2～3
	软塑黏性土	3～4
碎石桩	砂土、粉土	2～3
	填土	3～5
	软塑黏性土	3～6
灰土桩	黄土、素填土	8～15
挤密石灰桩	饱和软土	3～7
水泥土桩	饱和软土	≥3

3. 变形复合式

$$f_{sp,k} = mf_{pk} + \eta(1-m)f_{sk} \tag{4-5}$$

式中：η——桩间土承载力折减系数，$\eta = S_{sp}/S_s$，$\eta = \dfrac{f_{pk}}{f_{sk}}\dfrac{1}{n}$，变形复合式多用于水泥土桩复合地基，水泥土桩复合地基桩间土承载力折减系数 η 可参见表 4-5。

水泥土桩复合地基桩间土承载力折减系数 η 表 4-5

条件 桩类	桩端为软土	桩端为硬土	不考虑桩周软土作用
一般水泥土桩		<0.5	0
搅拌水泥土桩	0.5～1.0	0.1～0.4	
旋喷水泥土桩	0.2～0.6		

(二)稳定分析法

$$f_{sp,u} = m\xi c_u + (1-m)q \tag{4-6}$$

$$\xi = \frac{\lambda+1}{2}\left(\frac{q}{c_u} + \frac{\lambda-1}{2\sqrt{K_p}} + \frac{2\sqrt{K_p}}{\lambda-1}\right)K_p$$

$$\lambda = m^{-1/2}$$

$$q = (2 \sim 3)c_u$$

式中：ξ——满堂群桩桩体极限应力与土的不排水抗剪强度比；

$f_{sp,u}$——复合地基的极限承载力，kPa；

K_p——桩柱体的被动土压力系数。

(三)软下卧层的强度验算

当复合地基下有软弱土层时，除了复合地基的承载力应满足设计要求外，尚需进行软下卧层的强度验算。验算时，视复合地基与软下卧层为双层地基，桩与土能有效地结合为一体(桩体不应发生刺入破坏)以应力扩散法和端承力法验算。验算方法见表 4-6。

软下卧层的强度验算　　表 4-6

方　法	公　式	方　法	公　式
应力扩散法	$p_z + p_{cz} \leqslant f_z$ $p_z = \dfrac{b(p-p_c)}{b+2z\tan\theta}$	端承载力验算法	$\sigma_{p1} + \sigma_{pc1} \leqslant q_p$ $\sigma_{p1} = \mu_p p - \dfrac{\mu_p \sum q_{si} l_i}{A_p}$

表 4-6 中：p_z、p_{cz}、f_z——分别为软下卧层顶面处附加压力设计值、复合地基自重压力标准值和经深度修正后的地基承载力设计值，kPa；

p、p_c——分别为基础底面处平均压力设计值和土的自重压力标准值，kPa；

b——基础底面宽度，m；

z——基础底面至软下卧层顶面距离，m；

μ_p——桩周长，m；

θ——压力扩散角，°；

σ_{pl}、σ_{pcl}——作用于桩端土面上的附加应力和桩体自重压力，kPa；

q_p——桩端土的容许承载力；

A_p——桩柱体端横截面积，m^2；

l_i——按土层划分的各段桩长，m；

q_{si}——桩间土(基体)的摩擦力标准值，kPa。

按应力扩散法验算时，散体材料复合地基压力扩散角(θ)可以查表 4-7，对柔性桩复合地基可仿照摩擦群桩取 $\theta = \bar{\varphi}_s/4$（$\bar{\varphi}_s$ 为桩长范围内各土层内摩擦角的加权平均值）。

按端承载力法验算时，对于散体材料桩目前尚无成熟的桩底压力计算公式，土桩和砂桩一般不必考虑刺入问题，对碎石桩可通过载荷试验实测，或由有限元方法求解或按经验确定。

压力扩散角(θ)　　表 4-7

E_{sp}/E'_s	Z/b		备　注
	0.25	0.50	
3	6°	23°	E_{sp}—复合地基的变形模量或压缩模量 E'_s—软下卧层的变形模量或压缩模量 $Z<0.25b$ 时，一般取 $\theta=0$，必要时宜由试验确定；$Z>0.5b$ 时，θ 值不变
5	10°	25°	
10	20°	30°	

第三节　路基的沉降计算

客运专线路基沉降控制的主要目的是控制路基的工后沉降，以确保行车安全和尽量减少维修工作量。所谓路基的工后沉降是指，轨道工程铺设后在路基荷载和列车荷载作用下发生的剩余沉降，即最终形成的总沉降量与路基竣工铺轨开始时的沉降量之差。因而，路基的沉降计算包括总沉降计算、固结度计算或工前沉降估算(轨道工程铺设前，施工期发生的沉降)等。

路基修建必然引起地基内附加应力的产生，从而使地基土层变形引起路基下沉。理论上讲，地基内有附加应力就有变形产生，因而地基压缩层的深度应该很大，甚至无限深，但无论是科学研究还是工程设计，都是在一定的精度内进行的，对于工程设计尤其如此，合理的压缩层厚度的确定至关重要。另一方面，路基荷载和列车荷载在地基表面产生的附加应力，在计算中如何考虑也是需要着重说明或加以规定的。

一、压缩层厚度

压缩层厚度的确定方法常用的有以下三种做法：

(1)利用建筑物附加应力与地基自重应力之比作为判断压缩层厚度的标准，可以称为应力比法；

(2)通过一定厚度的土层的变形和地基计算深度范围内的总变形的比值作为判断压缩层厚度的标准，可以称为变形比法；

(3)采用观测数据回归形成经验公式法。

应力比法主要源于前苏联规范，国内各个部门在各自的使用过程中，根据各自的结构物特点和沉降控制标准的不同，在具体标准上是有差异的，有的还很大。公路部门，针对软土地基，把地基附加应力与自重应力之比等于0.15作为压缩层厚度的计算标准；铁路部门，主要也是针对软土地基，把地基附加应力与自重应力之比等于0.1作为压缩层厚度的计算标准。对于非软土的土质地基，地基的沉降变形一般都不大，所以无论是现行的公路规范还是铁路规范，对此目前都没有明确的规定。秦沈客运专线设计时，提出了松软土的概念，并规定采用地基附加应力与自重应力之比等于0.2作为压缩层厚度的计算标准，并进行了观测试验。

建筑行业早先也是采用应力比法来确定压缩层厚度，随着其沉降观测资料的积累，现行规范已开始采用变形比法或经验公式法来确定其压缩层厚度。

变形比法的具体内容是压缩层底深度应符合下述要求：

$$\Delta s'_n \leqslant 0.025\sum_{i=1}^{n}\Delta s'_i \tag{4-7}$$

式中：$\Delta s'_i$ ——在计算深度范围内，第 i 层土的计算变形值；

$\Delta s'_n$ ——在由计算深度向上取厚度为 Δz 的土层计算变形值；

$$\Delta z = 0.3(1+\ln b)$$

b——基底宽度。

同时，现行的《建筑地基基础设计规范》在对沉降实测资料进行回归分析的基础上，提出：当无相邻荷载影响时，基础宽度在1～30m范围内时，基础中点的地基变形计算深度也可按式(4-8)进行计算：

$$z_n = b(2.5-0.4\ln b) \tag{4-8}$$

客运专线的路基沉降控制标准，特别是设计速度为300km/h的客运专线的沉降控制标准比其他行业的沉降变形控制标准要严格得多，不仅是软土、松软土地基，对于可能发生较大沉降变形或不均匀沉降的其他土质地基也需进行沉降分析，合适的压缩层厚度的确定，实际上应建立在对更多深层沉降观测资料的分析回归基础上，目前设计中通常的作法仅是一种估算，即：对于软土地基，可以采用地基附加应力与自重应力之比等于 0.1 来计算压缩层厚度；对于非软土地基（包括松软土地基、部分需进行沉降分析的其他土质地基），可以采用地基附加应力与自重应力之比等于 0.15 或变形比法来计算压缩层厚度。

二、轨道与列车荷载

对行驶的列车荷载的考虑，在稳定验算与沉降计算方面是应该区别对待的。对于稳定验算来说，失稳是在外部荷载超过地基抗剪强度的某个位置某个时刻发生的，所以要选择最不利的荷载组合，对于客运专线来说，要考虑双线有车，即要考虑两个荷载换算土柱。

从沉降变形的角度来看列车荷载的影响，应考虑荷载作用的连续性，因为沉降变形的发生不是在某一荷载瞬间作用下完成的。公路部门在做路面设计时，对于行驶的汽车荷载，采用当量标准轴载的方式进行考虑，有一定的合理性。考虑到路基上轨道与列车荷载的特点，在进行客运专线的路基沉降计算时，并不宜直接套用公路部门的做法，也不能直接采用本书第一章介绍的荷载换算土柱。合理的做法应该是考虑双线的轨道荷载，对于列车荷载则可以考虑单个荷载。

三、路基地基沉降计算

（一）天然地基的总沉降计算

天然地基的总沉降量 S 一般情况下可由瞬时沉降 S_d 与主固结沉降 S_c 之和计算。此外，对于泥炭土、富含有机质土和高塑性黏土地层，可视情况考虑计算次固结沉降 S_S。

1. 主固结沉降的计算

天然地基主固结沉降的计算一般采用分层总和法。国内各行业根据其各自的特点和不同的试验资料，具体计算方法有所不同，一般有 $e—p$ 曲线法、$e—\log p$ 曲线法、压缩模量 E_s 法、压缩系数 a_v 法。铁路部门常用 $e—p$ 曲线法，$e—\log p$ 曲线法计算固结沉降。

（1）用 $e—p$ 曲线计算

$$S_C=\sum_{i=1}^{n}\frac{e_{0i}-e_{1i}}{1+e_{0i}}\Delta h_i \tag{4-9}$$

式中：n——地层分层层数；

Δh_i——第 i 层厚度；

e_{0i}——第 i 层中点自重应力对应的孔隙比；

e_{1i}——第 i 层中点自重应力及附加应力之和所对应的孔隙比。

（2）用 $e—\log p$ 曲线计算

正常固结、欠固结土层：

$$S_c=\sum_{i=1}^{n}\frac{\Delta h_i}{1+e_{0i}}\cdot C_{ci}\cdot \lg\left(\frac{p_{0i}+\Delta p_i}{p_{ci}}\right) \tag{4-10}$$

式中：C_{ci}——土层的压缩指数；

p_{0i}——各分层中点自重应力；

p_{ci}——前期固结压力，正常固结时 $p_{ci}=p_{oi}$；

Δp_i——填土荷重附加应力。

超固结土层：

$$S_c = S'_c + S''_c \tag{4-11}$$

对 $\Delta p > p_c - p_0$ 的土层

$$S'_c = \sum_{i=1}^{n}\frac{\Delta h_i}{1+e_{0i}}\cdot\left[C_{si}\cdot\lg\left(\frac{p_{ci}}{p_{0i}}\right)+C_{ci}\cdot\lg\left(\frac{p_{0i}+\Delta p_i}{p_{ci}}\right)\right] \tag{4-12}$$

对 $\Delta p \leqslant p_c - p_0$ 的土层

$$S''_c=\sum_{i=1}^{n}\frac{\Delta h_i}{1+e_{0i}}\left[C_{si}\cdot\lg\left(\frac{p_{0i}+\Delta p_i}{p_{0i}}\right)\right] \tag{4-13}$$

式中：C_s——回弹指数。

e—p 曲线法和 e—$\log p$ 曲线法这两种计算地基沉降的方法的主要区别在于 e—p 曲线较易获得，而 e—$\log p$ 曲线在小压力段表示的孔隙比和压力 p 之间的关系更清楚以及在大压力段关系接近线性。另外 e—$\log p$ 曲线方法可以考虑地基土的前期压力的影响。

2. 瞬时沉降 S_d

$$S_d = \frac{Pb}{E}(1-\mu^2)\omega \tag{4-14}$$

式中：P——路堤底面垂直荷载，kPa；

E——土的弹性模量(可由无侧限抗压试验得到，取分层厚度的加权平均值)；

b——路堤底面宽度，m；

ω——沉降影响系数；

μ——泊松比，当缺少试验资料时，可取 $\mu=0.4\sim0.5$。

3. 次固结沉降 S_S

采用次固结系数计算时，次固结沉降可按下式计算：

$$S_s=\sum_{i=1}^{n}\frac{C_{ai}}{1+e_{1i}}\lg\left(\frac{t_2}{t_1}\right)h_i \tag{4-15}$$

式中：C_{ai}——次固结系数，为 e—$\log p$ 曲线在主固结完成后直线段的斜率；

t_1——相当于主固结 100%的时间；

t_2——需要计算次固结的时间(可计算至主固结完成后的 20 年)。

C_a 无试验资料时，可参考表 4-8 的经验值，或按式(4-16)估算：

$$C_a = 0.018w \tag{4-16}$$

式中：w——土的天然含水率。

次固结系数 表 4-8

软土类型	泥炭土	富含有机质黏土	高塑性黏土	超固结黏土
特征	纤维结构手感如海棉	有机质含量大于 30%	塑性指数>25	起固结比 $OCR>2$
C_a	0.1～0.3	0.005～0.03	>0.03	<0.001

4. 天然地基的总沉降

天然地基的总沉降 S 即为瞬时沉降、主固结沉降、次固结沉降三部分之和，即：

$$S = S_d + S_c + S_S \tag{4-17}$$

也可以采用沉降系数 m 与主固结沉降 S_c 进行计算：

$$S = mS_c \tag{4-18}$$

沉降系数 m 为一经验系数，与地基条件、荷载强度、加荷速率等有关，其范围值对正常固结土，m 可以取 1.1～1.4。

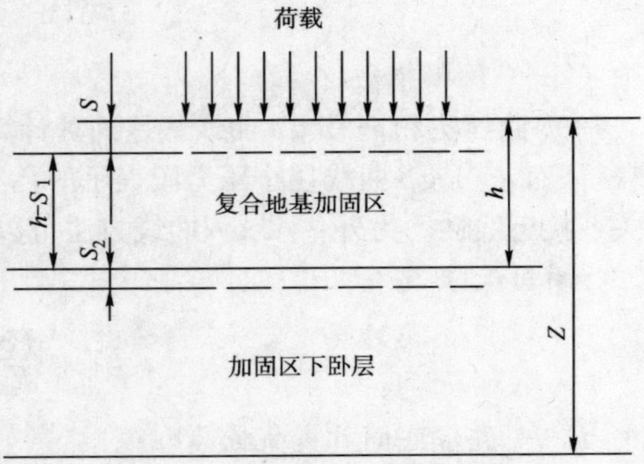

图 4-1 复合地基变形

(二)复合地基变形计算

复合地基的沉降变形由复合地基加固区的压缩变形 S_1 和下卧层天然地基的沉降变形 S_2 两部分组成(图 4-1)。

复合地基加固区的压缩变形 S_1 可以采用直接计算法、复合模量法或沉降折减法计算。

1. 复合地基加固区的压缩变形 S_1

(1)直接计算法

$$S = \psi \frac{\alpha_h p_0 h}{E_{sp}} \tag{4-19}$$

式中：S——复合地基最终沉降量，mm；

ψ——复合地基沉降折减系数；

p_0——对应于荷载标准值时的基础底面处附加压力，kPa；

α_h——基础底面至复合地基底面平均附加应力系数；

h——由基础底面算起的复合地基的厚度，m；

E_{sp}——复合地基变形模量，MPa，可由载荷试验直接测得。

(2)复合模量法

复合模量法是通过复合求和计算，由桩与土的模量求出复合地基的模量，再按直接计算法求复合地基变形：

$$E_{sp} = mE_p + (1-m)E_s \tag{4-20}$$

式中：E_p——桩的变形模量或压缩模量；

E_s——天然地基的变形模量或压缩模量；

E_{sp}——桩土复合体的模量，当 E_s 为变形模量时，复合后的 E_{sp} 亦为变形模量，当 E_s 为压缩模量时，复合后的 E_{sp} 亦为压缩模量；

m——置换率（以小数表示）。

(3)沉降折减法：

$$S = \beta \cdot S_0 \tag{4-21}$$

利用沉降折减法需先根据桩间土的变形参数，按天然地基计算其最终沉降量 S_0，折减系数可根据沉降观测资料对比确定，也可按上面的计算式求出。

$$\beta = \frac{1}{1 + m(n-1)} \text{ 或 } \beta = \frac{E_s}{E_{sp}}$$

式中：S_0——与桩间土同性质的天然地基最终沉降量；

n——桩土应力比，由试验测定，也可以参照当地或类似试验工程的试验资料确定。无资料时，对于粒料桩地基可取用 2～5，对于加固土桩地基可取用 3～6，当桩底土质好、桩间土质差时取高值，否则取低值；

β——沉降折减系数，$0<\beta<1$。

2. 下卧层天然地基的沉降变形 S_2

下卧层天然地基的沉降变形 S_2 的计算常采用前面介绍的分层总和法。在具体计算时，作用在下卧层上的荷载是比较难以精确计算的。目前在工程应用上，常采用下述几种方法计算。

(1)压力扩散法

若复合地基上作用荷载为 P，复合地基加固区压力扩散角为 β(图 4-2)，则作用在下卧土层上的荷载 P_b 可用式(4-22)计算。

$$P_b = \frac{BDp}{(B + 2h\tan\beta) \cdot (D + 2h\tan\beta)} \tag{4-22}$$

式中：B——复合地基上荷载作用宽度；

D——复合地基上荷载作用长度；

h——复合地基加固区厚度。

有研究表明：虽然式(4-22)同双层地基中压力扩散法计算第二层土上的附加荷载计算式形式相同，但复合地基中压力扩散角与双层地基中压力扩散角数值是不相同的。

(2)等效实体法

将复合地基加固区视为一等效实体，作用在下卧层上的荷载作用面与作用在复合地基上的相同，如图 4-3 所示。在等效实体四周作用有侧摩阻力，设侧摩阻力为 f，则复合地基加固区下卧层上荷载密度 P_b 可用式(4-23)计算：

$$P_b = \frac{BDp - (2B + 2D)hf}{BD} \tag{4-23}$$

式中：B、D——分别为荷载作用面宽度和长度；

h——加固区厚度。

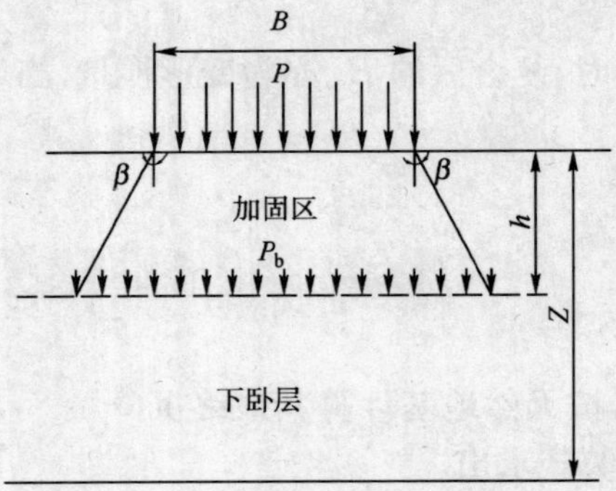

图 4-2 压力扩散法

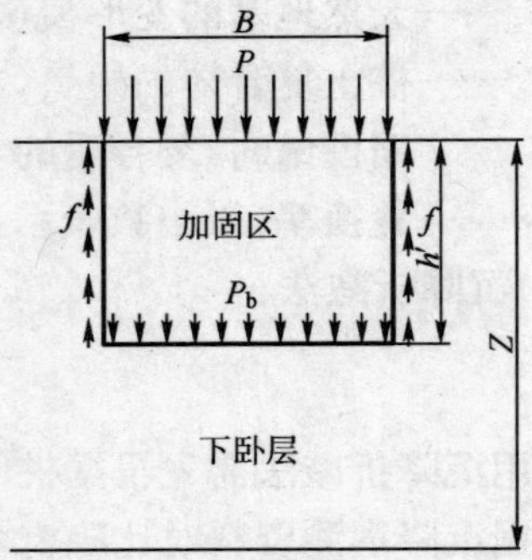

图 4-3 等效实体法

有研究表明：应用等效实体法的计算误差主要来自对侧摩阻力 f 值的合理选用。当桩土相对刚度较大时，选用误差可能较小。当桩土相对刚度较小时，f 值选用比较困难。桩土相对刚度较小时，侧摩阻力变化范围变化很大，很难合理估计。事实上，将加固体作为一分离体，两侧面上剪应力分布是非常复杂的。采用侧摩阻力的概念是一种近似，对该法适用性应加强研究。

(3)改进 Geddes 法

黄绍铭等(1991 年)建议采用下述方法计算复合地基土层中应力。复合地基总荷载为 P，桩体承担 P_p，桩间土承担 $P_s=P-P_p$。桩间土承担荷载 P_s 在地基中所产生的竖向应力 σ_{zs}，其计算方法和天然地基中应力计算方法相同，可采用布辛奈斯克解。桩体承担的荷载 P_p 在地基中所产生的竖向应力采用 Geddes 法计算。然后叠加两部分应力得到地基中总的竖向应力。再采用分层总和法计算复合地基加固区下卧层压缩量 S_2。

S. D. Geddes(1966 年)认为长度为 L 的单桩在荷载 Q 作用下对地基土产生的作用力，可近似视作如图 4-4 所示的桩端集中力 Q_p、桩侧均匀分布的摩阻力 Q_r 和桩侧随深度线性增长的分布摩阻力 Q_t 三种形式荷载的组合。S. D. Geddes 根据弹性理论半无限体中作用一集中力的 Mindlin 应力解积分，导出了单桩的上述三种形式荷载在地基中产生的应力计算公式。地基中的竖向应力 σ_{zp} 可按式(4-24)计算：

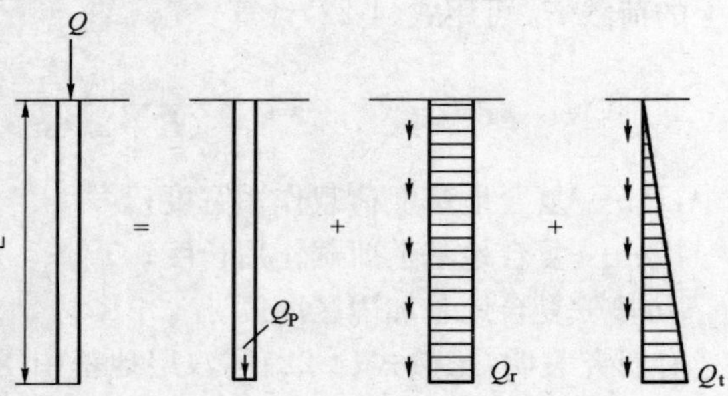

图 4-4 单桩荷载分解为三种形式荷载的组合

$$\sigma_{Zp}=\sigma_{z,Qp}+\sigma_{z,Qr}+\sigma_{z,Qt} \tag{4-24}$$

对于由 n 根桩组成的群桩，地基中竖向应力可对这 n 根桩逐根采用式(4-24)计算后叠加求得。

由桩荷载 P_p 和桩间土荷载 P_s 共同产生的地基中竖向应力表达式为：

$$\sigma_Z=\sum_{i=1}^{n}(\sigma_{Z,Qp^i}+\sigma_{Z,Qr^i}+\sigma_{Z,Qt^i})+\sigma_{ZS} \tag{4-25}$$

根据式(4-25)计算地基土中附加应力，采用分层总和法可计算复合地基下卧层的沉降变形。

采用改进 Geddes 法计算需要确定荷载分担比，另外需要假定桩侧摩阻力分布，上述两项估计将给计算带来误差。特别是后者，桩土相对刚度对其影响很大。

复合地基在荷载作用下沉降计算也可采用有限单元法计算。在几何模型处理上大致上可以分为两类：一类在单元划分上把单元分为两类，增强体单元和土体单元，增强体单元如桩体单元、土工织物单元等，并根据需要在增强体单元和土体单元之间设置或不设置界面单元。另一类是在单元划分上把单元分为加固区复合土体单元和非加固区土体单元，复合土体单元采用复合体材料参数。

四、地基固结度计算

软土及松软土路基的稳定性分析、工后沉降计算等都涉及到地基的固结作用，也就是说需要进行固结度的计算。

(一)瞬时加荷条件下砂井地基的固结度计算

砂井排水固结在地基加固处理中得到广泛应用，这里的砂井泛指普通砂井、袋装砂井和塑料排水板等竖向排水体。

根据太沙基固结理论，砂井地基的平均总固结度可以按式(4-26)计算。

$$U_{rz} = 1-(1-U_r)(1-U_z) \tag{4-26}$$

径向固结度：

$$U_r=1-e^{-\frac{8T_r}{F(n)}} \tag{4-27}$$

$$T_r=\frac{C_h \cdot t}{de^2}$$

$$F(n)=\frac{n^2}{n^2-1}\ln(n)-\frac{3n^2-1}{4n^2}$$

竖向固结度：

$$U_v=1-\frac{8}{\pi^2}\cdot e^{-\frac{\pi^2}{4}\cdot T_V} \tag{4-28}$$

$$T_v=\frac{C_v \cdot t}{H^2}$$

上述式中：C_h、C_v——分别为地基水平向、竖向固结系数；

n——井径比，$n=d_e/d_w$；

d_e——砂井有效影响范围的直径；

d_w——砂井直径。

(二)砂井未打穿整个压缩层的平均固结度计算

从加速土层的固结来看，砂井如能打穿整个受压土层当然是有利的，但如土层很厚，砂井要打穿整个压缩土层实际上是有困难的，而且也不一定需要。

当砂井未打穿整个压缩土层时，如图 4-5 所示。

整个压缩土层的平均固结度按式(4-29)计算：

$$\bar{U} = Q\bar{U}_{rz} + (1-Q)\bar{U}_z \tag{4-29}$$

式中：$\bar{U}_{rz}$——砂井部分土层的平均固结度，可按式(4-26)计算；

$\bar{U}_z$——砂井以下部分土层的平均固结度，在计算中可将砂井底平面作为排水面，可按式(4-28)计算。

$$Q = \frac{A_1}{A_1 + A_2} \tag{4-30}$$

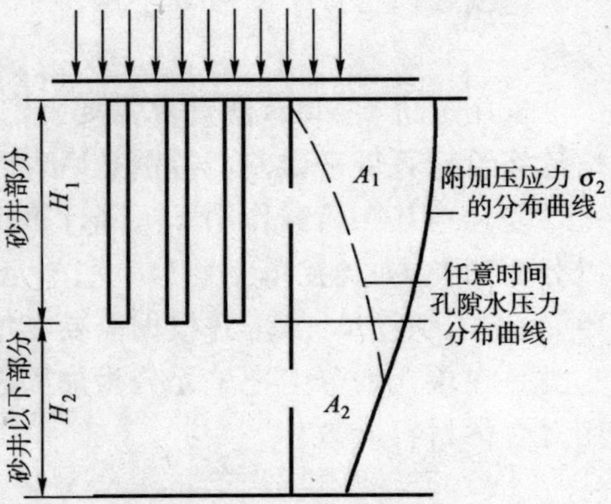

图 4-5　砂井未打穿压缩层

式中：A_1——砂井部分土层起始孔隙水压力分布曲线所包围的面积(取附加压力 σ_z 分布曲线包围的面积)；

A_2——砂井以下土层起始孔隙水压力分布曲线包围的面积(取 σ_z 分布曲线包围的面积)。

如果假设起始孔隙水压力不随深度而变化，则 Q 可简化为：

$$Q = \frac{H_1}{H_1 + H_2} \tag{4-31}$$

式中：H_1——砂井部分土层厚度；

H_2——砂井以下压缩层范围内土层厚度。

(三)逐级加荷条件下砂井地基的固结度计算

以上计算固结度的理论公式为假定瞬时加荷条件下地基平均固结度的计算公式，但在路堤施工中，路堤荷载不可能瞬间施加，有一个施工过程，是逐渐施加的，因此需对上述公式进行修正，下面介绍几种修正方法。

1. 改进的太沙基法

改进的太沙基法的基本假定是：每一级荷载增量所引起的固结过程是单独地进行的，和上一级或下一级荷载增量所引起的固结无关；每级荷载是在加荷起迄时间的中点一次瞬时加足的；在每级荷载 ΔP_n 加荷起讫时间 t_{n-1} 和 t_n 以内任意时间 t 时的固结状态与 t 时相应的荷载增量(如图 4-6 中 $\Delta P''$)瞬间作用下经过时间 $(t-t_{n-1})/2$ 的固结状态相同，时间 t 大于 t_n 时的固结状态与荷载 ΔP_n 在加荷期间 (t_n-t_{n-1}) 的中点瞬间施加的情况一样；某一时间 t 时的平均固结度等于该时各级荷载作用下固结度的叠加。

对于两级等速加荷的情况，如图 4-6 所示，每级荷载单独作用所产生的固结度与时间曲线为 C_1，C_2 根据上述假定按下式可计算出修正后的总固结度与时间的关系曲线 C。

当 $t_0 < t < t_1$　　$\bar{U}'_t = \bar{U}_{rz(t-\frac{t+t_0}{2})} \frac{\Delta p'}{\sum \Delta p}$

当 $t_1 < t < t_2$　　$\bar{U}'_t = \bar{U}_{rz(t-\frac{t_1+t_0}{2})} \frac{\Delta p_1}{\sum \Delta p}$

当 $t_2 < t < t_3$　　$\bar{U}'_t = \bar{U}_{rz(t-\frac{t_1+t_0}{2})} \frac{\Delta p_1}{\sum \Delta p} + \bar{U}_{rz(t-\frac{t+t_2}{2})} \frac{\Delta p''}{\sum \Delta p}$

当 $t>t_3$　　$\overline{U}'_t=\overline{U}_{rz(t-\frac{t_1+t_0}{2})}\frac{\Delta p_1}{\sum\Delta p}+\overline{U}_{rz(t-\frac{t_2+t_3}{2})}\frac{\Delta p_2}{\sum\Delta p}$

多级等速加荷可以依此类推，并归纳为以下通式：

$$\overline{U}'_t=\sum_1^n\overline{U}_{rz(t-\frac{t_n+t_{n-1}}{2})}\frac{\Delta p_n}{\sum\Delta p} \tag{4-32}$$

式中：$\overline{U}'_t$——多级等速加荷，t 时刻修正后的平均固结度；

$\overline{U}_{rz}$——瞬间加荷条件的平均固结度；

t_{n-1}，t_n——分别为每级等速加荷的起点和终点时间（从时间 0 点起算），当计算某一级荷载加荷期间 t 时刻的固结度时，则 t_n 改为 t；

Δp_n——第 n 级荷载增量，如计算加载过程中某一时刻 t 的固结度时，则用该时刻相对应的荷载增量。

2.改进的高木俊介法

日本高木俊介(1955)提出，对于任意变速加荷情况，如图 4-7，设 q_τ 为任意时刻 τ 时的加荷速率，$q_\tau d_\tau$ 即为时间间隔 d_τ 内的荷载增量 dp，t 时刻的固结度为 t 时以前各荷载增量 dp 对 t 时固结度之和除以 t 时的荷载 P（P 就是 t 时刻以前各荷载增量之和），即：

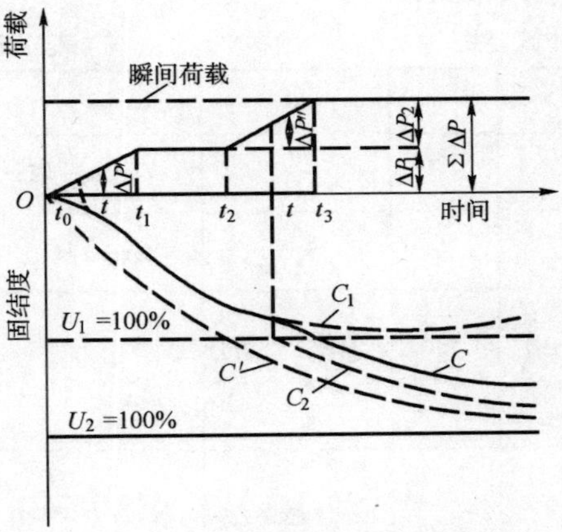

图 4-6　两级等速加荷固结度修正示意图

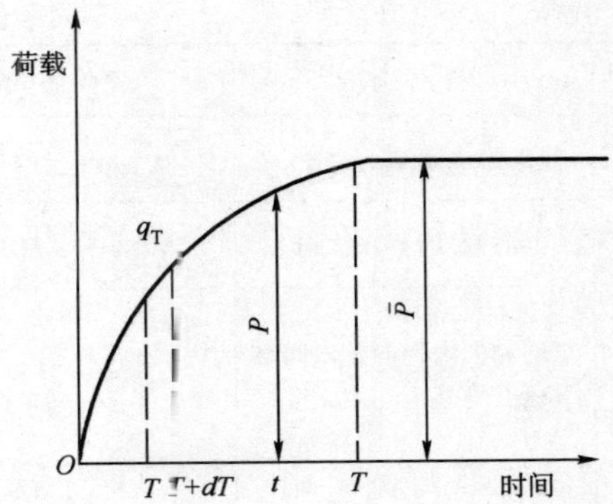

图 4-7　荷载—时间曲线

当 $0<t<T$ 时，对 P 而言的固结度为

$$\overline{U}'_t=\frac{1}{P}\int_0^t\overline{U}_{(t-\tau)}q_\tau d_\tau \tag{4-33}$$

当 $t>T$ 时，对 $\overline{P}$ 而言的固结度为

$$\overline{U}'_t=\frac{1}{\overline{P}}\int_0^T\overline{U}_{(t-\tau)}q_\tau d_\tau \tag{4-34}$$

式中：$\overline{U}_{(t-\tau)}$——瞬间加荷固结度理论解；

T——加荷终点时间。

以上两式实质上就是对一次瞬间加荷的固结度理论解作了变速加荷的修正。高木俊介的公式仅考虑砂井的径向排水固结，忽略了竖向排水固结。$\overline{U}_{(t-\tau)}$ 系引用 Barron 的“等应变”理论解 $\overline{U}_r$。曾国熙(1975)对高木俊介方法作了改进，考虑了竖向排水固结度 $\overline{U}_Z$，把 $\overline{U}_r$ 和 $\overline{U}_z$ 两

者联合起来得出 $\overline{U}_{rz}$，并且固结度理论用以下的普遍式来表示

$$\overline{U} = 1 - ae^{-\beta t} \tag{4-35}$$

改进的高木俊介法对于仅竖向排水固结或竖向排水与径向排水联合作用的固结都可以适用。对于不同的排水条件都可以用以上普遍式表达，所不同的在于 α 与 β 两个参数。把式(4-30)和式(4-31)中的$\overline{U}_{(t-\tau)}$用普遍式(4-32)代替，然后进行积分即可求得变速加荷条件下的固结度计算式。

多级等速加荷下修正后的对$\sum\triangle$P 而言的固结度可归纳为式(4-36)：

$$\overline{U}'_t = \sum_1^n \frac{q_n}{\sum\Delta p}\left[(T_n - T_{n-1}) - \frac{\alpha}{\beta}e^{-\beta t}(e^{\beta T_n} - e^{\beta T_{n-1}})\right] \tag{4-36}$$

式中：$\overline{U}'_t$——t 时刻多级等速加荷修正后的地基平均固结度；

q_n——第 n 级荷载的加荷速率；

$\sum\Delta P$——各级荷载的累加值；

T_{n-1}, T_n——分别为第 n 级荷载起始和终止的时间。当计算第 n 级荷载加速过程中时间 t 的固结度时，则 T_n 改用 t；

α、β——参数，对于不同排水固结条件，其含义不同，见表 4-9。

不同条件的固结度计算公式 表 4-9

序号	条　件	平均固结度计算公式	α	β	备　注
1	竖向排水固结$\overline{U}_Z > 30\%$	$\overline{U}_Z = 1 - \frac{8}{\pi^2}e^{-\frac{\pi^2}{4}\frac{c_v}{H^2}t}$	$\frac{8}{\pi^2}$	$\frac{\pi^2 C_v}{4H^2}$	Terzaghi 解
2	向内径向排水固结	$\overline{U}_r = 1 - e^{\frac{8}{-F(n)}\frac{C_h}{d_e^2}t}$	1	$\frac{8C_h}{F(n)d_e^2}$	Barron 解
3	竖向和向内径向排水固结（砂井地基平均固结度）	$\overline{U}_{rz} = 1 - (1 - \overline{U}_z)(1 - \overline{U}_r)$ $= 1 - \frac{8}{\pi^2}e^{-(\frac{8}{F(n)}\frac{C_h}{d_e^2} + \frac{\pi^2}{4}\frac{C_v}{H^2})t}$	$\frac{8}{\pi^2}$	$\frac{8C_h}{F(n)d_e^2} + \frac{\pi^2 C_v}{4H^2}$	
4	砂井未贯穿受压土层平均固结度	$\overline{U} = Q\overline{U}_{rz} + (1 - Q)\overline{U}_z$ $\approx 1 - \frac{8Q}{\pi^2}e^{-\frac{8}{F(n)}\frac{C_h}{d_e^2}t}$	$\frac{8}{\pi^2}Q$	$\frac{8C_h}{F(n)d_e^2}$	$Q = \frac{H_1}{H_1 + H_2}$ H_1，砂井长度；H_2，砂井以下压缩层厚度
5	向外径向排水固结 $\overline{U}r > 60\%$	$\overline{U}_r = 1 - 0.692e^{-\frac{5.78C_h}{R^2}t}$	0.692	$\frac{5.78C_h}{R^2}$	R，土柱体半径
6	普遍表达式	$\overline{U} = 1 - \alpha e^{-\beta t}$			

上式是对总荷载$\sum\Delta P$ 而言的固结度。此法的特点是，无须先计算瞬间加荷条件下的地基固结度，再根据逐渐加荷条件进行修正，而是两者合并计算出修正后的平均固结度。

3. 对改进太沙基法的修正

改进太沙基法考虑的是各级加荷对固结度的贡献，由于该关系的非线性而存在误差。从固结度的概念可知，固结度就是某一时刻沉降量占总沉降量的百分比。从这点出发，可对改进太沙基法按式(4-37)进行修正：

$$\overline{U}'_{t}=\sum_{1}^{n}\overline{U}_{rz\left(t-\frac{t_n+t_{n-1}}{2}\right)}\frac{S_n}{\sum S} \tag{4-37}$$

式中：S_n——第 n 级荷载作用下地基的最终沉降量，cm，当计算加荷期间的固结度时，上式中的分子 S_n 应改为 ΔS_t，ΔS_t 为对应于 t 时的荷载增量 $\Delta P''$ 作用下的最终沉降量。

(四)复合地基的平均固结度计算

如地基采用砂桩、碎石桩等散体桩处理时，其固结度的计算同砂井排水固结法。当采用搅拌桩等柔性桩处理时，复合地基沉降量由加固区桩土复合体的压缩变形和下卧层天然地基的沉降变形两部分组成：

$$S_{总}^{t}=S_{桩}^{t}+S_{土}^{t}$$

式中：$S_{总}^{t}$——t 时刻地基总的沉降量；

$S_{桩}^{t}$——t 时刻桩土复合体产生的沉降量；

$S_{土}^{t}$——t 时刻桩端以下天然地基产生的沉降量。

因为

$$S_{总}^{t}=U_{总}^{t}\,S_{总}$$
$$S_{桩}^{t}=U_{桩}^{t}\,S_{桩}$$
$$S_{土}^{t}=U_{土}^{t}\,S_{土}$$

则：

$$U_{总}^{t}=U_{桩}^{t}\,S_{桩}/S_{总}+U_{土}^{t}\,S_{土}/S_{总}$$
$$U_{总}^{t}=U_{桩}^{t}\times\beta+U_{土}^{t}(1-\beta) \tag{4-38}$$

式中：$U_{总}^{t}$——t 时刻地基总的固结度；

$U_{桩}^{t}$——t 时刻土复合体的固结度；

$U_{土}^{t}$——t 时刻桩端以下土层的固结度；

β——桩土复合体的总压缩量与地基总沉降量的比值。

β 一般为 10%～20%，由于桩土复合体的固结度较难计算，且占的比重较轻，若下卧层软土没有较好的排水条件，则桩土复合体及桩端以下土体均对总沉降产生影响，且桩端以下土体的固结度影响总体固结程度较大。只要求出桩端以下土的固结度即可；但如果下卧层地基具有良好的排水通道，这时地基总的沉降规律就主要受桩土复合体的制约。

从理论上讲，$U_{桩}^{t}$、$U_{土}^{t}$ 的计算必须通过有限元等数值计算方法求解，而实际设计可以根据具体的地质条件，通过某种关系转化为一维固结问题来考虑。下面举例子来说明地基总固结度的计算。

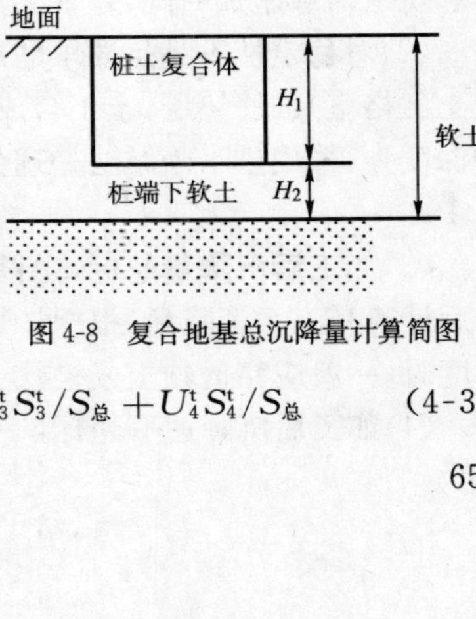

图 4-8 复合地基总沉降量计算简图

如图 4-8 桩端以下 H_2 厚度的底部为透水砂层，H_2 厚度软土的固结为单向往下固结排水，排水路径长度为 H_2，桩土复合体为单向往上的排水固结，排水路径长度为 H_1。再如图4-9所示，桩端以下软土分为 4 层，每层都有不同的排水边界，t 时刻地基总的固结度表示为如下形式：

$$U_{总}^{t}=U_{桩}^{t}\,S_{桩}^{t}/S_{总}+U_{1}^{t}S_{1}^{t}/S_{总}+U_{2}^{t}S_{2}^{t}/S_{总}+U_{3}^{t}S_{3}^{t}/S_{总}+U_{4}^{t}S_{4}^{t}/S_{总} \tag{4-39}$$

$$S_{总}=S_{桩}+S_1+S_2+S_3+S_4$$

式中：S_4——单向往上的一维排水固结，排水距离为 H_5；

S_3——双向(往上、往下)的一维固结，排水距离为 $H_4/2$；

S_2——单向往下的一维排水固结，排水距离为 H_3；

S_1——单向往上的一维排水固结，排水距离为 H_1+H_2。

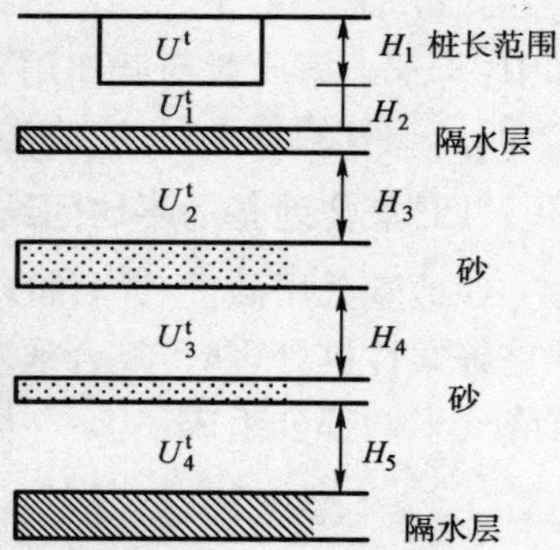

图 4-9　多层复合地基总沉降量计算

由于 U_1 的排水路径跨越 H_1、H_2。两种土层，渗透系数不同，因此无法按太沙基一维固结理论解直接套用。必须先将 H_1 段土层转化为固结度相同的 H_2 土层，设 t 时刻 H_1 土层的平均固结度为：

$$U_{桩}^t=1-\frac{8}{\pi^2}\cdot e^{-\frac{\pi^2}{4}T_{V桩}}$$

H_2 土层的平均固结度为：$U_1^t=1-\frac{8}{\pi^2}\cdot e^{-\frac{\pi^2}{4}T_V}$

由 $U_{桩}^t=U_1^t$ 整理得：

$$\frac{C_{v桩}}{H_1^2}=\frac{C_{v1}}{H'^2_1},H_1^2=\frac{C_{v1}}{C_{v桩}}\times H_1^2$$

求出等价的 H'_1 之后，利用 H'_1+H_2 等价的土层厚度按 H_2 土层的渗透指标来计算合成的固结度。

$$U_{合}^t=1-\frac{8}{\pi^2}\cdot e^{-\frac{\pi^2}{4}\cdot T_V}$$

其中：

$$T_v=\frac{C_v}{(H'_1+H_2)^2}\times t$$

t 时刻地基总的沉降量如下计算：

$$S_0^t=U_{合}^t(S_{桩}+S_1)+U_2^tS_2+U_3^tS_3+U_4^tS_4 \tag{4-40}$$

五、设计计算基本程序

(1)按一定的填土速率连续填筑(包括预压土)，填筑完成至铺轨为预压时间，铺轨时为列车和轨道荷载施加时间，计算天然地基的稳定性、工后沉降及沉降速率。

(2)对稳定性不满足要求的地段，首先可以考虑基底铺设土工合成材料(土工格栅、编织布或土工格室)加筋垫层，土工合成材料的铺设最多不超过两层，其次采用深层加固处理。加固的深度为：采用排水固结法处理为最不利滑动面以下 2m，采用复合地基处理为最不利滑动面下 1m。

(3)如工后沉降量超标，先根据天然地基的分层沉降计算结果，初步拟定处理深度及间距，然后计算其工后沉降量，根据计算结果重新调整处理深度及间距、桩径等设计参数。选择处理深度时，一般应穿透软土或松软土层，并达到相对硬底层。

(4)如工后沉降速率超标，一般考虑设置预压处理，预压土高度根据检算确定。

(5)填土速率的设计。

根据工期先假定一填土速率，计算、绘制填土—时间—沉降曲线，根据曲线判断沉降速率是否满足填土控制标准，并检算填土期间地基的滑动稳定性，如有不满足要求，可以调整填土过程重新设计。

(6)采用复合地基处理地段，还应检算复合地基承载力。

(7)根据计算结果，如施工期间的沉降量较大时，应设置路基抬高。

第四节 路基地基处理

为满足客运专线路基对稳定性、承载力与工后沉降的要求，对其地基应采取适当的处理措施。地基加固处理的方法很多，其设计计算方法可参考相关的手册或规范，本节只对客运专线地基加固处理常用措施的适用条件、布置或结构形式、施工要点等进行简单介绍。

一、浅层处理

1. 换填

开挖换填是指全部或部分挖除软土，换填以砂、砾、卵石、片石等渗水性材料或强度较高的黏性土、灰土等，对软土层厚度小于 3m 的情况，一般可采取全部挖除换填的方法；对厚度大于 3m 的情况，通常只采取部分挖除的换填方法。全部挖除换填从根本上改善了地基，不留后患，效果最佳，是最为彻底的措施。路基通过软弱土层位于地表、厚度很薄(小于 3m)且呈局部分布时，宜采用全部挖除换填处理。

2. 抛石挤淤

抛石挤淤是指在路基底部抛投一定数量的片石，将淤泥挤出基底范围，以提高地基的强度。

这种方法施工简单、迅速、方便。

适用范围：

(1)适用于常年积水的洼地，排水困难，泥炭呈流动状态，厚度较薄，表层无硬壳，片石能沉达底部的泥沼地段或厚度为 3～4m 的软土地段的地基处理。

(2)石料丰富，运距较近。

3. 砂垫层

砂垫层法是指在软土层顶面铺设排水砂层，以增加排水面，使软土地基在填土荷载的作用下加速排水固结，提高其强度，满足稳定性的需要。这种砂垫层对于基底应力的分布和沉降量的大小无显著的影响，但可加速沉降的发展，缩短固结的过程。

采用砂垫层法处理软土地基，施工简单，不需特殊机具设备，占地较少，但需砂料来源丰富且填土时间较长，施工中需严格控制填土速度。

(1)适用范围

1)路堤高度小于两倍临界高度，软土表面无透水性特低的硬壳。

2)软土层不很厚,或虽稍厚但表面无排水条件。

3)当地有砂,运距不太远。

4)施工期限不甚紧迫。

(2)设计及施工要点

1)砂垫层的厚度一般为0.6~1.0m,视路堤高度、软土层的厚度及压缩性而定。

2)路堤填筑的速度应合理,应使加荷的速率与地基承载力增加(即排水固结)的速率相适应,以保证地基在路堤填筑过程中不发生破坏。

3)砂垫层材料宜采用中砂及粗砂,不许掺有细砂及粉砂,含泥量不得过多。

4. 加筋垫层

加筋垫层法是以土工织物作为补强材料来加固地基,其作用类似柔性柴排,如图4-10所示。

路堤基底铺设土工织物时,端部要折铺一段,起锚固作用。埋设两层以上土工织物时,中间要夹0.1~0.2m的砂层。

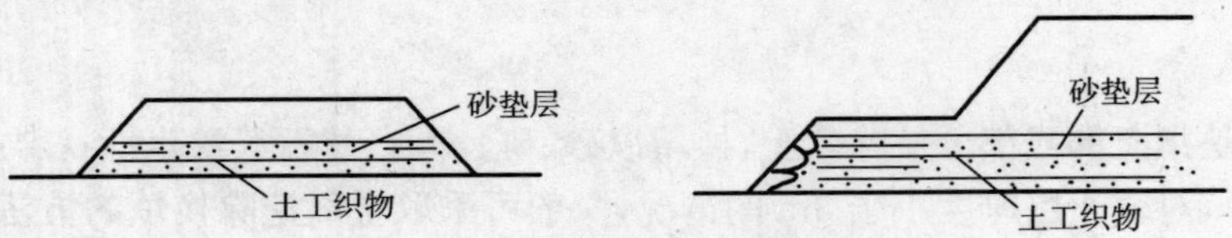

图4-10 土工织物加筋垫层

不铺土工织物时,地基的稳定分析常用圆弧法。加铺土工织物后,由于土工织物承受了拉力,在进行稳定分析时,可增加一个抗滑力矩。计算时可作两种假设(图4-11):

(1)假设在滑移处土工织物产生相应于滑弧的弯曲,即土工织物的拉力方向与滑弧相切,则所增加的抗滑力矩为$P \cdot R$;

(2)假设滑移时土工织物保持原来铺设的水平方向,则所增加的抗滑力矩为$P \cdot a$。

图4-11 土工织物拉力假设

除验算滑动圆弧穿过土工织物的稳定性外,还应验算滑动圆弧在土工织物铺设范围以外产生滑动的可能性,两种验算都满足要求时,路堤才被认为是稳定的。

二、排水固结

1. 砂井

在软土地基中,钻成一定直径的孔眼,灌以粗砂或中砂,利用上部荷载作用加速软土的排水固结,这种方法称为砂井排水法。

砂井顶部要用砂沟或砂垫层连通,构成排水系统,在路堤荷载的作用下加速排水固结,从而提高其强度,保证路堤的稳定性。

(1)适用范围

当软土层较厚、路堤较高时,常采用砂井排水法加速固结沉降。特别是当天然土层的水平排水性能较垂直向为大,或软土层中有薄层粉细砂夹层时,采用砂井的效果更好,但次固结占很大比例的土类,如泥炭类土、有机质黏土和高塑性黏土等,则不宜采用。

(2)设计及施工要点

砂井地基的设计,首先应考虑砂井的直径、间距、布置形式和固结速率之间的关系。通常砂井直径,间距和长度的选择,应满足在预压过程中,在不太长的时间内,地基能达80%以上的固结度。

1)砂井的布置

砂井的直径和间距主要取决于软土的固结特性和预压期限的要求。理论和实践都证明,缩小井距要比增大砂井直径效果好得多。工程上常用的砂井直径为20～30cm,视施工机具条件而定。直径过小,不便于施工,也难保证质量。

砂井的间距为两相邻砂井中心间的距离,它是影响固结速率的最主要的因素之一。井距愈小,固结愈快,反之则固结愈慢。因此,当填土高、地基土的固结系数小和施工期短时,应采用较小的井距,反之则应采用较大的井距。砂井在平面上可布置成等边三角形或正方形(图4-12),以三角形排列较紧凑、有效。

砂井的等效排水范围:

正方形排列时　　　$d_e=1.128\alpha$

三角形排列时　　　$d_e=1.050\alpha$

砂井的深度视软土层的情况和路堤高度而定。当软土层较薄,或底层为透水层时,砂井应贯穿整个软土层。当软土层的层厚很大时,可不打穿整个受压层。一般可先选定一砂井深、砂井的直径和间距,通过沉降和固结度计算,得到最佳组合。当用以控制路堤的稳定性时,砂井的深度以超过最危险滑动面的深度为好。

为了把砂井中的水分排到路堤坡脚外,在路堤底部应铺设砂垫层。若缺乏砂砾时,也可采用砂沟式垫层,即横向每排砂井顶部设置砂沟一条,再在纵向以数条砂沟连贯之。纵向砂沟采用中间密、两旁疏的布置方法。砂沟的宽度可为砂井直径的2倍,高度为0.4～0.5m。

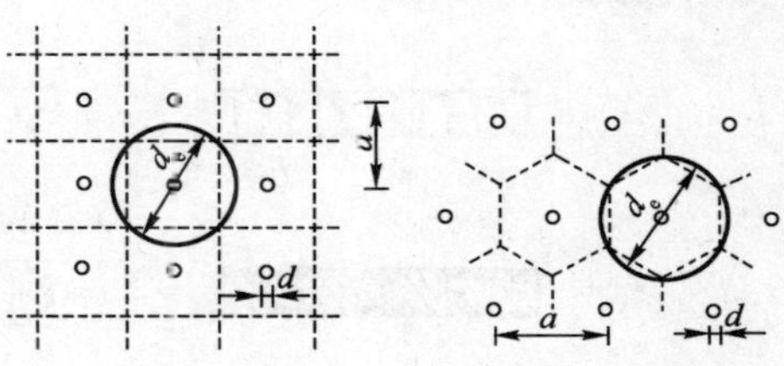

图4-12　砂井布置形式

2)砂井地基固结度

砂井地基的固结度与砂井的布置、固结时间、地基的固结系数、排水条件等因素有关。

根据计算所得砂井地基的固结度,验算软土地基上路堤的稳定性。若验算所得的最小稳定系数低于要求值,则应调整砂井的深度或井距;若施工期允许延长,则可放慢填土速度,以增加地基的固结度。采用砂井加固时,应首先用圆弧滑动稳定分析法验算固结度为90%时地基的稳定性。当验算所得的稳定系数K值大于或等于设计要求的稳定系数(K)时,可采用砂井加固;否则,应考虑砂井与反压护道综合加固措施或其他加固方法。

2.袋装砂井

袋装砂井是指事先把砂装入长条形透水性好的编织袋内,然后用专用的机具设备将其打入软土地基内，代替普通大直径砂井。袋装砂井既具有大直径砂井的作用，又可以保证砂井的连续性，避免缩颈现象。此外，袋装砂井的直径小，材料消耗低，工程造价低，施工速度快，设备轻，也适于在软土地基上施工。

(1)适用范围

袋装砂井排水法的适用范围与普通砂井相同。特别是当地基水平位移较大时，袋装砂井法更具优越性。

(2)设计及施工要点

1)设计理论

袋装砂井排水法的理论分析与普通砂井相同。

2)袋装砂井的直径

袋装砂井的直径根据所承担的排水量和施工工艺要求来决定，一般采用 7～12cm。井距 1～2m，井径比为 15～30。

3)袋装材料的选择

袋装砂井所用的编织袋应具有良好的透水性，能保证袋内砂料不漏失，并具有足够的抗拉强度，能承受袋内砂的重力以及弯曲时所产生的拉力作用；要有一定的抗老化性能和耐腐蚀性能；要便于加工，价格低廉。编织袋材料一般采用合成纤维、黄麻、塑料等材料编织物，目前我国多采用聚丙烯编织物。

3. 塑料排水板

塑料板排水法是在纸板排水法的基础上发展而来的。该法的特点是单孔过水断面大，排水畅通，质量轻，强度高，耐久性好。

塑料排水板由芯板和滤膜组成。芯板是由聚丙烯和聚乙烯塑料加工而成的两面有间隔沟槽的板条。土层中孔隙水通过滤膜渗入到沟槽内，并沿着沟槽竖向排入地面的砂垫层内。塑料排水板的结构如图 4-13 所示。

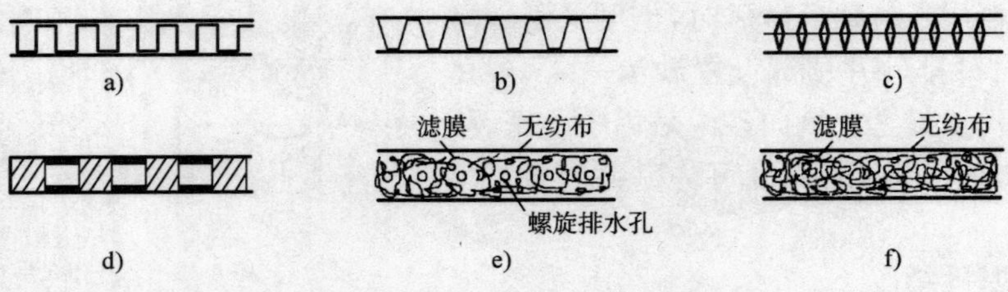

图 4-13 塑料排水板的结构

a)凹槽塑料板；b)梯形槽塑料板；c)三角槽塑料板；d)硬透水膜塑料板；e)无纺布螺旋孔排水板；f)无纺布柔性排水板

滤膜一般采用耐腐蚀的涤纶衬布。涤纶布标准不低于 60 号，含胶量不小于 35%。

(1)适用范围

塑料板排水法的适用范围与砂井相同。

(2)设计要点

塑料排水板的设计原理和设计方法与砂井排水法相同。设计时，把塑料板换算成相当直径的砂井。设塑料板宽度为 b，厚度为 δ，则换算直径为

$$D = \alpha \frac{2(b+\delta)}{\pi} \tag{4-41}$$

式中：α——换算系数，可通过实验求得。

从现场试验资料来看，施工长度在 10m 左右，挠度在 10%以下的排水板，其换算系数 α 为 0.6～0.9。

对标准型即宽 b=100mm，厚 δ=3～4mm 的塑料板，取 α=0.75，则换算直径 D=50mm，即相当于直径为 50mm 的砂井。塑料板排水法的井径比可参照袋装砂井排水法，采用 15～30。

4. 电渗法

电渗法是在软土地基中插入两根金属电极（阳极为金属棒，阴极为带有管眼的金属管），通以直流电，土中的水便由阳极向阴极渗流，并不断地在阴极附近抽水，以使软土产生固结，提高地基承载能力。

电渗法的固结速度快。有资料表明，在电压梯度为 0.3V/cm 的条件下，1d 即可完成电渗固结的 80%～90%。

电渗法处理软土成本较高，只在特定情况下才采用。

三、预压法

1. 堆载预压

采用路堤荷载预压法是以路堤荷载来增加作用于地基上的总应力，加速固结沉降，同时提高地基强度的方法。为保证路堤在填筑过程中不致失稳，一般采用慢速加载法。其经常与排水固结法并用。

根据预压荷载的不同，通常把超过最后设计荷载的预压叫作超载预压；把预先加载使地基固结沉降，然后卸除荷载，再修筑构造物的方法叫等载预压。

(1)适用范围

在压缩性大、透水性好的泥炭地基上，最适宜采用路堤荷载预压法。

在压缩性大、透水性差的软土地基上，单独采用路堤荷载预压法需要相当长的固结时间，故对于施工期长的工程比较适用；而对于施工期短的工程，则需与排水固结法并用，以加速固结沉降。

(2)设计及施工要点

堆载的原则是必须保证软土地基在各级荷载作用下地基的稳定性。计算的具体步骤如下：

1)根据地基的天然强度计算第一级允许施加的荷载 P_1。

$$P_1 = 5.52C_u/K \tag{4-42}$$

式中：C_u——软土的天然强度，由无侧限、三轴不排水剪试验或原位十字板剪切试验测定；

K——安全系数，建议采用 1.1～1.5。

2)计算第一级荷载作用下随时间增长的地基强度。

$$C_{u1} = C_u + \Delta C_u \tag{4-43}$$

式中：C_{u1}——提高后的地基强度；

ΔC_u——地基强度的增长量，$\Delta C_u = \Delta\sigma_c U \tan\varphi_{cu}$；

$\Delta\sigma_c$——总应力增量；

U——地基的固结度；

φ_{cu}——内摩擦角，由固结排水试验测定或为原位十字板剪切试验所得到的强度随深度变化的坡角。

3)根据随时间而变化的地基强度，用式(4-44)估算第二级荷载 P_2 的大小以及施加的时间。

$$P_2 = 5.52C_{u1}/K \tag{4-44}$$

施加时间由到达强度 C_{u1} 所需的固结度而定。

4)按上述步骤计算以后各级荷载的大小以及施加的时间。

5)当采用超载预压时，可缩短预压时间，如图 4-14 所示。为了消除超载卸除以后地基软土层的中部或离排水面较远处固结度偏低，而在永久荷载下继续发生主固结沉降的现象，应使荷载维持到在这些部位的固结度满足式(4-45)的要求：

$$U \geqslant \frac{P_f}{P_f + P_s} \tag{4-45}$$

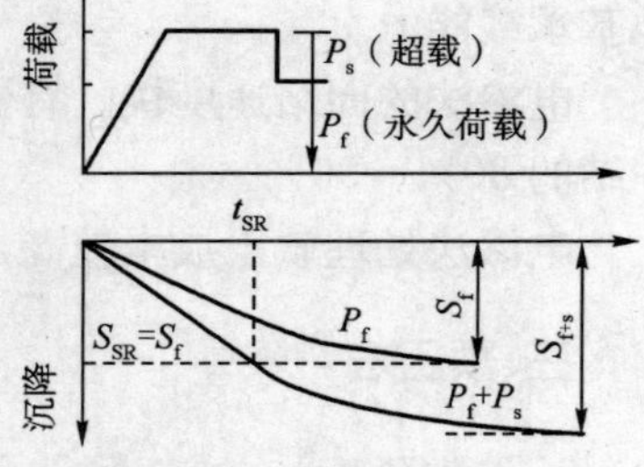

图 4-14　超载预压缩短预压时间

式中：P_f，P_s——分别为永久荷载和超载。

2.真空预压

真空预压法是在加固的软土地基内设置砂井或塑料排水板等竖向排水通道，在地面铺设排水砂层，其上覆盖不透气的密封膜与大气隔绝，通过埋设于砂垫层中的吸水管道用真空装置抽气，使膜的内外产生一个气压差 $-U_s$，即作用于地基上的预压荷载，如图 4-15 所示，与堆载预压不同的是，真空负压是一均匀等向应力，不会产生剪应力，因而不会造成地基的失稳破坏。

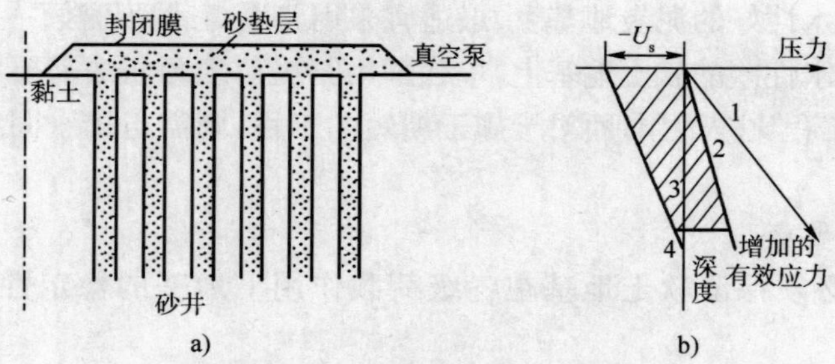

图 4-15　真空预压法的原理

1-总应力；2-原来的水压力；3-降水后的水压力；4-不考虑水头损失的水压力

(1)适用范围

真空预压法的效果与路堤荷载预压法基本相同，适用于一般软黏土地基，当地基天然含水量高或地下水具有侵蚀性时，效果更佳。真空预压法，工程投资相对较低但施工工艺较复杂。另外，当黏土层与有充足水源补给的透水层相间，有大量地下水流入时，或地质条件比较复杂时，应慎重选用。

(2)设计及施工要点

1)真空预压增加的有效应力如图 4-15b)所示。抽真空前,土中的有效应力等于土自重压力;抽真空后,土体完全固结时,真空压力完全转为有效应力。

2)真空预压的效果和密封膜内真空度大小有极大关系。一般要求膜内真空度维持在 600mmHg 左右,相当于 80kPa 的真空压力。

3)沉降计算。由真空预压引起的沉降,可根据所要求达到的固结度推算加固区所增加的平均有效应力,从试验的应力—应变关系曲线上查出相应的孔隙比进行计算。

四、散体桩复合地基

1.砂桩

砂桩是指用振动或冲击荷载在软弱地基中成孔后,再将砂料挤压入土中,形成大直径的密实柱体。砂桩适于松散砂土、人工填土和松软土地基的挤密加固。对加固饱和软弱土地基则应慎重。砂桩在软弱黏土地基中主要通过置换作用和排水作用加速土体排水固结,并形成复合地基,提高地基的承载力和整体稳定性。

冲击法或振动法成桩时,桩管下沉对其周围土体产生的横向挤压力,将等于桩管体积的砂土挤到桩管周围的土体中,使桩间土体密实度增大,孔隙比减小,其有效挤密范围约为 3~4 倍桩体直径。

振动法成桩时,桩管周围土体同时受到挤密作用,其有效振密范围比挤密作用更明显,可达 6 倍桩体直径。

砂桩设计包括桩体直径、布桩形式、桩距、桩长、砂桩复合地基稳定性验算、承载力与沉降计算。砂桩的布桩形式多为正方形、梅花形和三角形。砂桩直径可根据成桩方法、施工机械能力和置换率确定。我国多采用 30~80cm,国外所采用的桩径多为 60~80cm,最大至 200cm。软弱黏土中砂桩宜采用较大直径。砂桩长度主要取决于被加固土层的厚度。可根据建筑物的设计要求和地质条件通过计算确定。一般为超过 12m,其范围多在 8~20m 之间。

砂桩在松散砂土与软弱黏性土中作用机理不同,计算方法也不相同。在砂土和粉性土地基中,砂桩的桩距不宜大于砂桩直径的 4 倍;在黏性土地基中,砂桩桩距不宜大于砂桩直径的 3 倍。通常是通过现场试验确定,如无现场试验资料,亦可采用计算方法估算。

2.碎石桩

以碎石(或卵石)为主要材料制成的复合地基加固桩,按其制桩工艺分为振冲(湿法)碎石桩和干法碎石桩两大类。

碎石桩适用于砂土、粉土等可液化土层,黏性土、淤泥质土、有机质土、填土等地层的软基加固及消除湿陷性黄土的湿陷性。

碎石桩设计包括桩体直径、布桩形式、桩距、桩长、碎石桩复合地基稳定性验算、承载力与沉降计算。碎石桩的布桩形式多为正方形、梅花形和三角形。碎石桩直径可根据成桩方法、施工机械能力和置换率确定。其相邻桩净距不宜大于 4.0 倍桩径。

五、柔性桩复合地基

1.石灰桩

石灰桩法是利用生石灰在软土地基内形成桩柱,通过生石灰的消解和水化物的生成,以降低土中含水量，提高地基强度，减小沉降量。

除单独使用生石灰外，也可与砂并用，成为石灰砂桩。

(1)适用范围

该方法的优点是不需要上置荷载，能在较短时间内发挥作用。石灰桩法适用于含砂量低，没有滞水砂层的软土地基处理。

(2)设计及施工要点

1)原理

生石灰在消解时，能从软土中吸收1.08倍自身体积的水，并且体积膨胀可达1.99倍。不仅生石灰消解吸水，消解的石灰仍可吸收土中的孔隙水，直至达到平衡状态。

消石灰与黏土矿物反应生成水化物，可促进稠度的改善。

2)设计

桩径一般为0.3～0.5m，最大深度为30m左右，间距常用0.75～1.5m。

2. 水泥搅拌桩

水泥土搅拌法是利用水泥作为固化主剂，通过搅拌机械就地将软土和固化剂拌和，形成具有一定强度的水泥土加固体的方法。固化剂可采用水泥，掺入量一般为被加固土重的7%～20%，水泥浆的水灰比一般为0.45～0.5。

水泥土搅拌法适用于处理淤泥、淤泥质土、粉土、黏性土和素填土等地基。当地下水具有侵蚀性时，应通过试验确定其适用性。

设计前必须进行室内水泥土的抗压强度试验。水泥土试块龄期应取28d及90d。针对现场地基土的性质，选择合适的外加剂，为设计提供所需相应龄期的参数。

水泥搅拌桩的设计主要是确定桩体直径、布桩形式、桩距、桩长、选择水泥掺入比、复合地基稳定性验算、承载力与沉降计算。

水泥土搅拌桩复合地基承载力基本值，应通过单桩或多桩复合地基静载荷试验确定。

桩顶与基础之间应设置300～500mm厚垫层，垫层材料可选用土石屑、中粗砂、碎石、级配砂石等，粒径不宜大于30mm。

3. 粉喷桩

粉喷桩搅拌法是在软土地基中输入粉粒体加固材料，通过和原位地基土的强制性的搅拌混合，使地基土和加固材料发生化学反应，在稳定地基土的同时提高其强度的方法。粉喷桩使用的固化剂除石灰、水泥之外，还有石膏及矿渣等。也可使用粉煤灰等作为掺加料。

粉喷桩适用于处理淤泥、淤泥质土、粉土、黏性土和素填土等软弱及松软地基。当地下水具有侵蚀性时，应通过试验确定其适用性。

粉喷桩设计计算时，应选用合适的桩长、间距、桩径及喷灰量，使之满足地基的承载力与允许沉降量的要求。

计算理论基本同水泥搅拌桩。

4. 旋喷桩

高压喷射注浆法是把注浆管钻入(或置入)土层以后，使喷嘴喷出20～40MPa的高压射流破坏地基土体，形成预定形状的空间，注入的浆液将冲下的土置换或部分混合凝成固结体，以达到改造土体的目的的一种方法。

适用地层较广。目前，主要用于松散、软弱土层，如第四纪的冲(洪)积层、残积层、淤泥和人工填土等。在 $N<15$ 的砂类土、$N<10$ 的黏性土、粉土和黄土中易取得较好的效果。但坚硬土层、含大砾(块)石或砾(块)石量多的土层及含大量纤维质的腐殖土，处理效果变差，有时可能不如静压注浆；在有地下水径流的地层、永久冻土层和无填充物的岩溶地段，不宜采用。

旋喷桩的设计主要是确定桩体直径、布桩形式、桩距、桩长、选择水泥掺入比、复合地基稳定性验算、承载力与沉降计算。计算理论基本同水泥搅拌桩。

旋喷桩施工方法通常有单管法、二重管法、三重管法、以及多重管法四种。作为地基加固处理通常采用单管法即可，桩体直径 0.3～0.8m，间距 L 取(2～3)D(旋喷桩直径)。

六、CFG 刚性桩复合地基

刚性桩与柔性桩是相对的，两者间没有严格的界限，CFG 桩、素混凝土桩、钢筋混凝土桩复合地基一般情况下属于刚性桩复合地基。因其在沉降控制、废物利用等方面具有独特的优势，CFG 刚性桩复合地基已成为客运专线路基地基加固处理优先考虑的措施。

CFG 桩是水泥粉煤灰碎石桩的简称。它是由水泥、粉煤灰、碎石、石屑或砂加水拌和形成的高黏结强度桩，和桩间土、褥垫层一起形成复合地基。CFG 桩适用于处理黏性土、粉土、砂土、淤泥质土和已自重固结的素填土等地基。

(一)CFG 桩复合地基特性

由于褥垫层的存在，在垂直荷载的作用下，CFG 桩复合地基中桩、土的受力变形特征与桩基中的桩、土受力变形特征有着明显的不同。

1. 桩、土受力特性

对 CFG 桩复合地基，当基础承受垂直荷载时，桩和桩间土都要发生变形。桩的模量远比土的模量大，桩比土的变形小，由于基础下面设置了一定厚度的褥垫层，桩可以向上刺入，伴随这一变化过程，垫层材料不断调整补充到桩间土上，以保证在任一荷载下桩和桩间土始终参与工作。

荷载较小时，土承担的荷载大于桩承担的荷载。随着荷载的增加，桩间土承担的荷载占总荷载的百分比逐渐减少，桩承担的荷载占总荷载的百分比逐渐增大，最终，桩承担的荷载超过桩间土承担的荷载。

在复合地基中，CFG 桩的轴力传递具有如下特征：

与刚性桩桩基不同，在 CFG 桩复合地基中，任一荷载下桩顶沉降、桩间土表面的沉降以及基础的沉降均不相同。

在某一深度 Z_0 范围内，桩间土的位移大于桩的位移(图 4-16)，土对桩产生的摩擦力方向是与桩沉降方向一致的，即所谓的负摩阻力。Z_0 处桩的位移和土的位移相等，该断面所处位置为中性点。当 $Z>Z_0$ 时，桩的位移大于土的位移，土对桩产生的是正摩阻力。

在中性点以上，桩的轴向应力随着深度的增加而增大，中性点以下桩的轴向应力随着深度的增加而减小，桩的最大轴向应力就在中性点处。由于褥垫层的存在，无论桩端落在软土层还是硬土层上，从加荷一开始，CFG 桩就存在一个负摩擦区。

桩基中，在某些特殊情况下，比如桩穿越欠固结土层或由于土性的变化，也可以引起土对桩的负摩擦作用。对桩基，负摩擦对桩的承载能力产生不利的影响，而 CFG 桩复合地基土对桩的负摩擦作用，对复合地基并非有害，它对提高桩间土的承载力、减少复合土层的变形起着有益的作用。

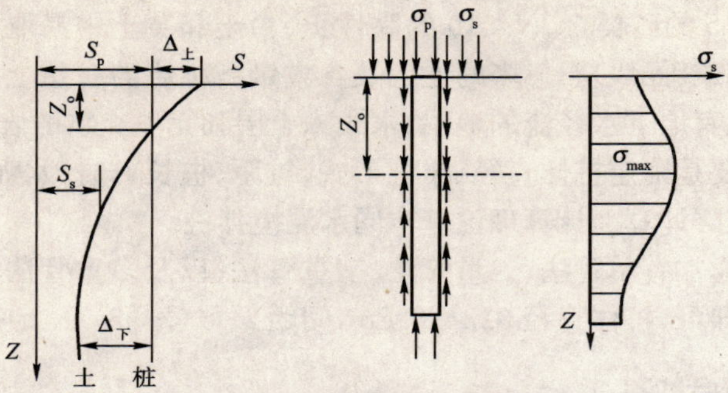

图 4-16　CFG 桩受力特性

2. CFG 桩复合地基变形特性

图 4-17 给出了 CFG 桩复合地基变形示意图。图 4-17a)代表荷载 $P=0$ 时的状态，加荷后($P>0$)桩顶发生沉降 S_P，桩间土表面发生沉降 S_S，桩端处桩的沉降为 S'_P。由于桩体的模量很大，在通常荷载水平下，轴向力引起桩的压缩变形很小，可以忽略不计。同样，桩任一断面处的位移可认为与桩顶的位移相等，便有 $S'_P=S_P$。桩端处土的位移用 S'_s 表示。

由于桩间土表面的沉降大于桩顶的沉降，桩顶的一部分进入到褥垫层中，称之为上刺入变形，以 $\Delta_上$ 表示：

$$\Delta_上 = S_S - S_P$$

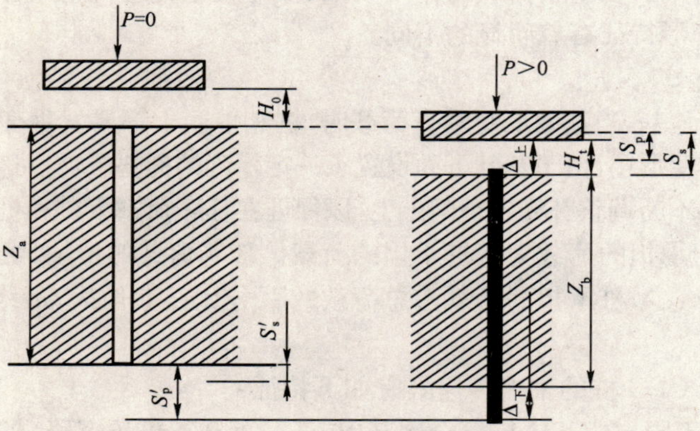

图 4-17　复合地基变形示意图

在桩端处，桩的沉降大于土的沉降，即产生下刺入变形，用 $\Delta_下$ 表示：

$$\Delta_下 = S'_P - S'$$

$$S_1 = S_S - S'$$

$$= \Delta_上 + \Delta_下$$

即 CFG 桩加固区(Z_a)范围内土的压缩量 S_1 等于桩的上刺入量与下刺入量之和。

(二)CFG 桩顶垫层结构

桩顶垫层结构是 CFG 桩复合地基的重要组成部分，传统的褥垫层是由粒状材料组成的散体垫层，为保证桩土更好的协同作用，客运专线 CFG 桩复合地基的垫层已开始采用多种材料的复合垫层结构形式。

1. 桩顶垫层的作用

若基础下面不设置褥垫层，基础直接与桩和桩间土接触，在垂直荷载作用下承载特性和桩基差不多。在给定荷载作用下，桩承受较多的荷载，随着时间的增加，桩发生一定的沉降，荷载逐渐向土体转移。其特点是：土承担的荷载随时间增加逐渐增加；桩承担的荷载随时间增加逐渐减少。

如果桩端落在坚硬土层或岩石上，桩的沉降很小，桩上的荷载向土上转移数量很小，桩间土承载力很少发挥。

在基础下设置一定厚度的褥垫层，情况就不同了，即使桩端落在好的土层上，也能保证一部分荷载通过褥垫作用在桩间土上，借助褥垫层的调整作用，使给定荷载作用下桩、土协同受力，充分发挥了桩间土的承载能力。

2. 桩顶垫层形式

客运专线 CFG 桩复合地基常用的复合垫层形式（图 4-18）大致可以归纳为三种：钢筋混凝土板＋碎石垫层结构、碎石垫层＋混凝土桩帽结构、碎石垫层＋土工合成材料结构。目前，国内外对路堤这种柔性荷载作用下，桩顶垫层结构的工作机理与作用特性研究尚少，尚处于以依据工程经验为主，并采用有限元分析进行辅助设计的阶段。

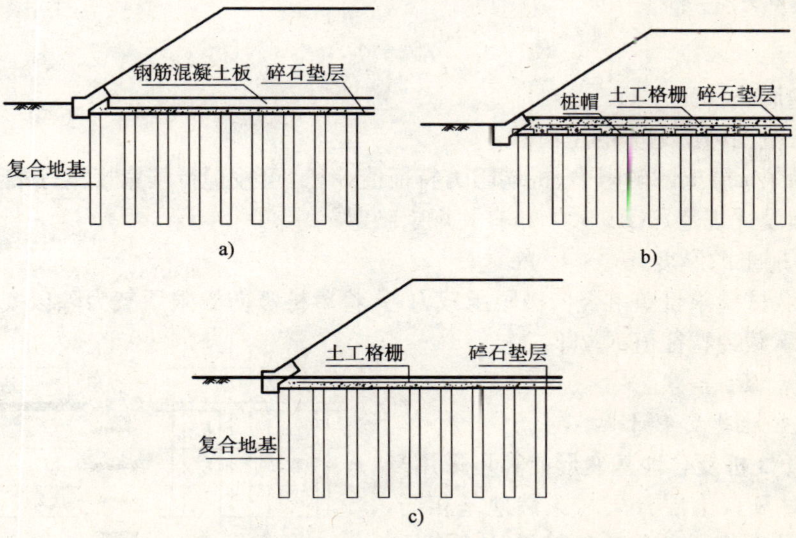

图 4-18 桩顶垫层结构形式

a）桩板结构；b）桩帽结构；c）桩网结构

（三）CFG 复合地基承载力和变形计算

1. CFG 桩复合地基承载力计算

复合地基承载力不是天然地基承载力和单桩承载力的简单叠加，而是由桩间土和增强体（桩）共同承担荷载，需要对如下的一些因素予以考虑：

（1）施工时对桩间土是否产生扰动或挤密，桩间土承载力有无降低或提高。

（2）桩对桩间土有约束作用，使土的变形减少；在垂直方向上荷载水平不大时，对土起阻碍变形的作用，使土沉降减少；荷载水平高时起有增大变形的作用。

(3)复合地基中桩的 Q—s 曲线呈加工硬化型，比自由单桩的承载力要高。

(4)桩和桩间土承载力的发挥都与变形有关，当变形小时，桩和桩间土承载力的发挥都不充分。

(5)复合地基桩间土的发挥与桩顶垫层结构有关。

综合考虑以上情况，结合工程实践经验，CFG 桩复合地基承载力可用下面的公式进行估算：

$$f_{sp}=m\frac{R_a}{A_P}+\beta(1-m)f_s \tag{4-46}$$

式中：f_{sp}——复合地基承载力，kPa；

f_s——处理后桩间土承载力，kPa，宜按当地经验取值，如无经验时，可取天然地基承载力特征值；

m——面积置换率；

A_P——CFG 单桩截面积，m^2；

β——桩间土承载力折减系数，宜按地区经验取值，如无经验时可取 0.75～0.95，天然地基承载力较高时取大值；

R_a——单桩竖向承载力特征值，kN。

R_a 可按下式计算：

$$R_a=u_p\sum_{i=1}^{n}q_{si}l_i+q_pA_p \tag{4-47}$$

式中：u_p——桩的周长，m；

n——桩长范围内所划分的土层数；

q_{si}、q_p——桩周第 i 层土的侧阻力、桩端阻力特征值，kPa，可按现行国家规范标准《建筑地基基础设计规范》(GB 50007)有关规定确定；

l_i——第 i 层土的厚度，m。

当用单桩静载试验求得单桩竖向极限承载力后，将单桩竖向极限承载力除以安全系数 2，可作为单桩竖向承载力特征值 R_a，即：

$$R_a=R_u/2$$

2. CFG 桩复合地基变形计算

在工程中，CFG 桩复合地基变形计算可采用复合模量法，计算时复合土层分层与天然地基相同，复合土层的模量等于该层天然地基模量的 ξ 倍(图 4-19)，加固区和下卧层土体内的应力分布采用各向同性均质的直线变形体理论，复合地基主固结沉降计算可按式(4-48)计算：

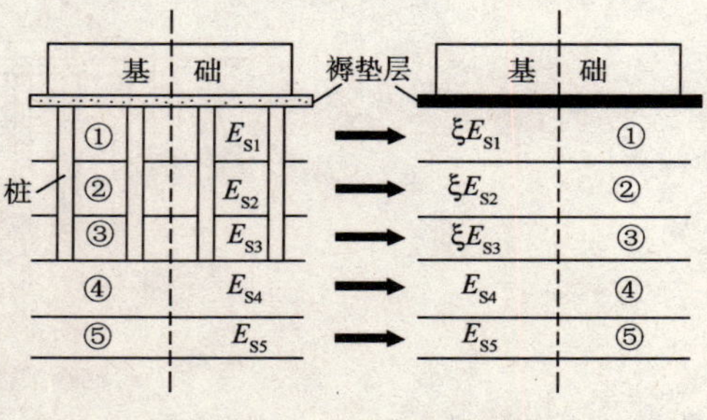

图 4-19 各土层复合模量示意图

$$s_c=\psi\left[\sum_{i=1}^{n_1}\frac{p_0}{\xi E_{si}}(z_i\bar{\alpha}_i-z_{i-1}\bar{\alpha}_{i-1})+\sum_{i=n+1}^{n_2}\frac{p_0}{E_{si}}(z_i\bar{\alpha}_i-z_{i-1}\bar{\alpha}_{i-1})\right] \tag{4-48}$$

式中：n_1——加固区范围内土层分层数；

n_2——沉降计算深度范围内土层总的分层数；

p_0——线路中心处的附加应力，kPa；

E_{si}——地面下第 i 层土的压缩模量，MPa；

z_i、z_{i-1}——地面至第 i 层土、第 $i-1$ 层土底面的距离，m；

$\overline{\alpha}_i$、$\overline{\alpha}_{i-1}$——地面计算点至第 i 层土、第 $i-1$ 层土底面范围内平均附加应力系数，用 Boussinesq 法计算；

ψ——沉降计算修正系数，可按表 4-10 取值。

沉降计算修正系数　　表 4-10

E_S(MPa)	2.5	4.0	7.0	15.0	20.0
ψ	1.1	1.0	0.7	0.4	0.2

表 4-10 中，E_S 为变形计算深度范围内压缩模量的当量值，应按式(4-49)计算：

$$\overline{E}_s=\frac{\sum A_i}{\sum\frac{A_i}{E_{si}}} \tag{4-49}$$

式中：A_i——第 i 层土附加应力沿土层厚度积分值；

E_{si}——第 i 层土压缩模量值，MPa，桩长范围内按复合土层的压缩模量取值。

(四)CFG 复合地基设计

设计时必须明确地基处理是为了解决地基承载力问题、变形问题还是液化问题，解决问题的目的不同，采用的工艺、设计方法、布桩形式则有所不同。CFG 桩复合地基设计主要确定 5 个设计参数，分别为桩长、桩径、桩间距、桩体强度、褥垫层厚度及材料。设计程序如图 4-20 所示。

(1)桩长 L

CFG 桩复合地基要求桩端落在好的持力土层上，这是 CFG 桩复合地基设计的一个重要原则。因此，桩长是 CFG 桩复合地基设计时首先要确定的参数，它取决于路堤对承载力和变形的要求、土质条件和设备能力等因素。设计时根据勘察报告，分析各土层，确定桩端持力土层和桩长。

(2)桩径 d

CFG 桩桩径的确定取决于所采用的成桩设备，一般设计桩径为 350～600mm。

(3)桩间距 s

一般桩间距 $s=(3\sim5)d$，桩间距的大小取决于设计要求的复合地基承载力和变形、土性与施工机具。一般设计要求的承载力大时 s 取小值，但必须考虑施工时相邻桩之间的影响，就施工而言希望采用大桩距大桩长，因此 s 大小应综合考虑。

(4)桩体强度

原则上，桩体配比按桩体强度控制，桩体试块抗压强度应满足式(4-50)要求：

$$f_{cu}\geqslant 3\frac{R_a}{A_P} \tag{4-50}$$

式中：f_{cu}——桩体混合料试块(边长 150mm 立方体)标准养护 28d 立方体抗压强度平均值；

R_a——单桩竖向承载力特征值，kN；

A_p——桩的截面积，m^2。

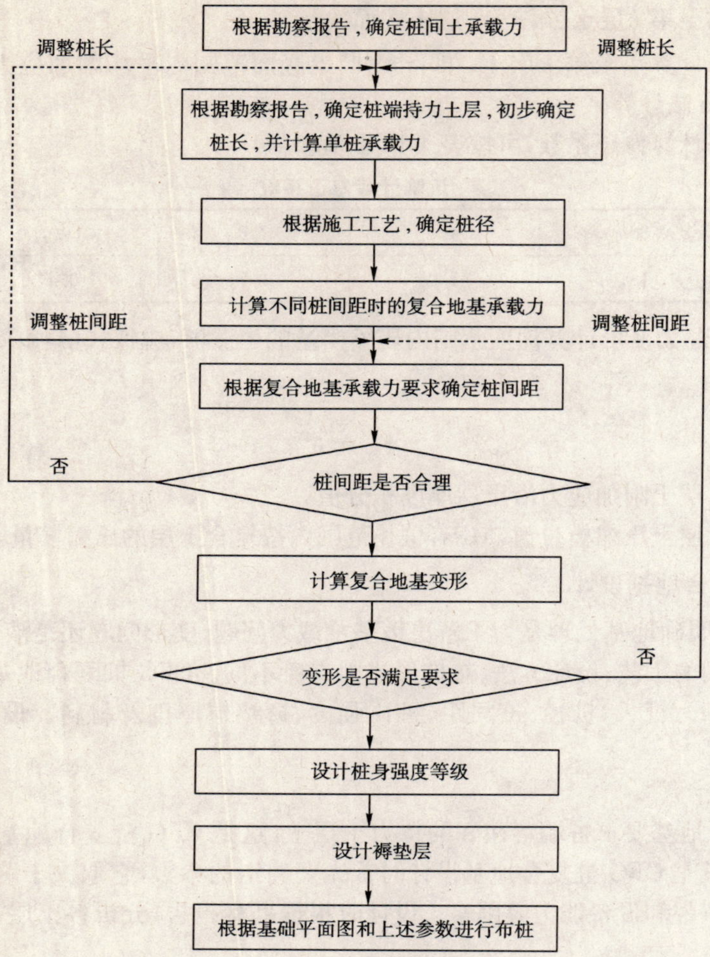

图 4-20　CFG 桩复合地基设计流程图

(5)褥垫层厚度及材料。褥垫层厚度一般取 30～60cm 为宜，当桩径和桩间距过大时并考虑土性，褥垫厚度还可适当加大。

褥垫层材料可用粗砂、中砂、碎石、级配砂石(最大粒径不大于 30mm)。

(五)CFG 复合地基施工

目前，CFG 桩常选用振动沉管灌注成桩或长螺旋钻孔、管内泵压混合料灌注成桩两种施工方法。

振动沉管 CFG 桩施工工艺属于非排土成桩工艺，主要适用于黏性土、粉土、淤泥质土、人工填土及松散砂土等地质条件、尤其适用于松散的粉土、粉砂地层的加固。它具有施工操作简便、施工费用较低、对桩间土的挤密效应显著等特点。采用振动沉管 CFG 桩施工工艺施工的 CFG 桩复合地基可以提高地基承载力、减少地基变形以及消除地基液化。

振动沉管打桩机成桩也有其缺点，施工时控制得不好，可能会发生缩颈和断桩。据统计，振动沉管施打的灌注桩事故率高达25%。

通过工程实践，发现用振动沉管打桩机成桩存在如下几个主要问题：

(1)难以穿透厚的硬土层如砂层、卵石层等。在基础底面以下的土层中，若存在承载力高的硬土层诸如砂层、卵石层，由于振动沉管打桩机难以穿过，不得不采用引孔等措施，或者采用其他成桩工艺。

(2)振动及噪声污染严重。

(3)在邻近已有建筑施工时，振动对建筑物可能产生不良影响。

(4)振动沉管打桩机成桩为非排土成桩工艺，在饱和黏性土中成桩，会造成地表隆起挤断已打桩，在高灵敏度土中施工可导致桩间土强度的降低。

鉴于振动沉管施工工艺存在的上述问题，中国建筑科学研究院等单位研究提出了长螺旋钻孔管内泵压CFG桩施工工艺，该施工工艺是由长螺旋钻孔机、混凝土泵和强制式混凝土搅拌机组成的完整的施工体系。其中长螺旋钻孔机是该工艺设备的核心部分，目前长螺旋钻机根据其成孔深度分为12m、16m、18m、25m和30m等机型，长螺旋钻管内泵压CFG桩复合地基施工流程见图4-21。

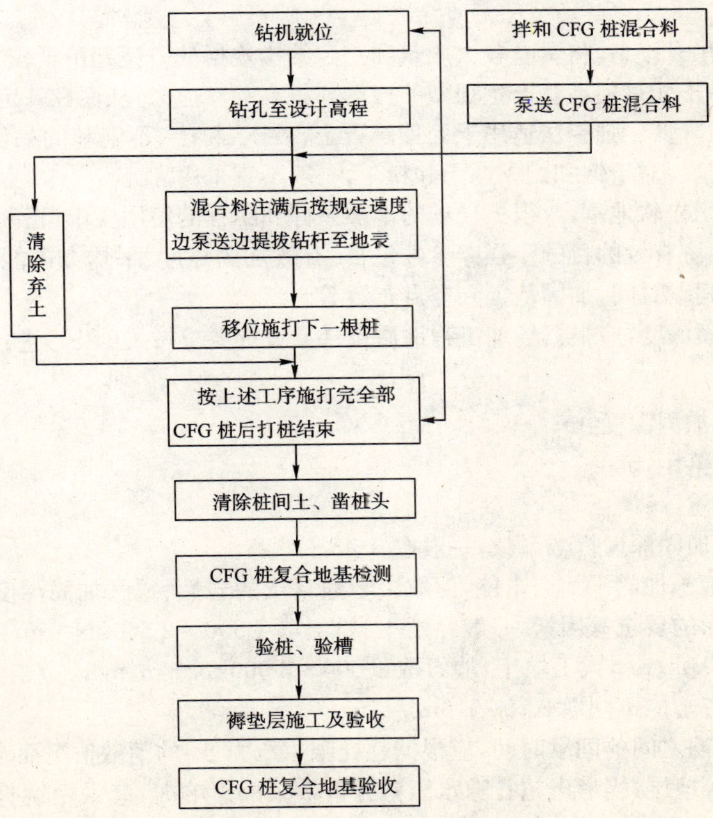

图4-21　长螺旋钻孔管内泵压CFG桩施工流程

长螺旋钻孔管内泵压 CFG 桩施工工艺具有以下优点：

(1)低噪声、无泥浆污染；

(2)成孔注浆时不产生振动、避免新打桩对已打桩产生的不良影响；

(3)成孔穿透能力强，可穿透硬土层诸如砂层、圆砾层和粒径不大于 60mm 的卵石层；

(4)施工效率高。

长螺旋钻孔管内泵压 CFG 桩施工工艺由于具有上述优点，已成为在城区或居民区内采用 CFG 桩复合地基施工的首选工艺。

除上述两种常用的 CFG 桩施工工艺外，CFG 桩施工还可根据土质情况、设备条件采用以下工艺：

(1)长螺旋钻孔灌注成桩，适用于地下水位以上的黏性土、粉土和填土地基。

(2)泥浆护壁钻孔灌注成桩，适用于黏性土、粉土、砂土、人工填土、砾(碎)石土及风化岩层分布的地基。

(3)人工或机械洛阳铲成孔灌注成桩，适用于处理深度不大，地下水位以上的黏性土、粉土和填土地基。

七、其他方法

1. 强夯法

强夯是使用吊升设备，将具有较大质量和一定结构规格的夯锤起吊至较大高度后，使其自由下落，强大的冲击能量使地基产生强烈的振动和很高的动应力，从而在一定范围内使土体的强度提高，压缩性降低。强夯法适用于处理碎石土、砂土、粉土、不饱和的黏性土，湿陷性黄土和人工填土等地基。对于饱和的黏性土和粉土，一般不宜采用。

用强夯法加固松软地基，应根据现场的地质条件和工程的使用要求，正确的选用各个强夯参数，才能达到经济有效的目的。强夯参数包括：有效加固深度、平均夯击能、夯击遍数、相邻两次夯击遍数的间歇时间，加固范围和夯点布置等。

强夯有效加固深度，应根据场地工程地质条件及设计要求按式(4-51)进行估算：

$$H = a\sqrt{hT} \tag{4-51}$$

式中：H——有效加固深度，m；

h——夯锤落距，m；

T——夯锤重，t；

a——有效加固深度折减系数，一般取 0.45～0.75。

强夯加固场地施加的平均夯击能，应取决于地基土的岩性特征、加固深度、建筑物的荷载与上部结构对变形的要求等因素，一般黏性土、粉土取 1 500～2 500kN·m/m²，砂土、碎石土取 800～1 500kN·m/m²，人工填土、块石取 2 000～3 000kN·m/m²。夯击点间距一般根据土的性质及单击夯击能不同取 3.0～5.0m。

夯击遍数、夯遍之间的间歇时间，应根据超孔隙水压力 Δ_u 的消散情况而定。对于黏性土、粉土、粉砂、细砂等地层，当考虑超孔隙水压对夯击效果的影响时，应采用跳打法，夯击遍数为 3～5 遍，夯遍间歇时间为 2～4 周；当含水量偏高时，夯遍间歇时间应当延长。

强夯加固范围：一般路基坡脚外边缘扩延 1/2H～2/3H。

2. 侧向约束法

侧向约束法是在路堤两侧坡脚附近打入加固土桩、钢筋混凝土桩或者设置片石齿墙等，以限制基底软土的挤动，保持基底的稳定。如图 4-22 所示。

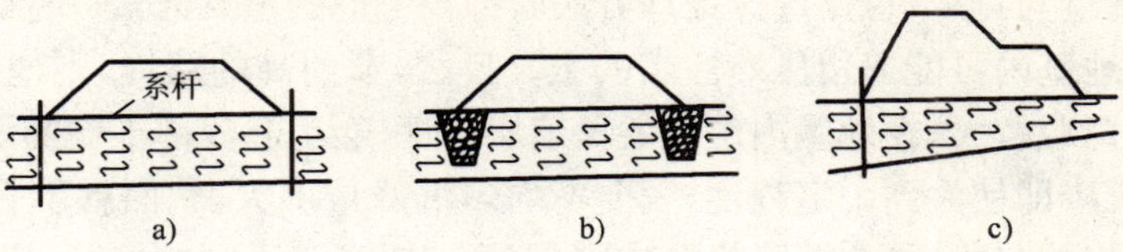

图 4-22　路堤坡脚侧向约束

地基在施行侧向约束后，路堤的填筑速度可不加控制。该法较反压护道法节省土方，少占耕地，但需耗费一定数量的三材，成本较高。

侧向约束法适用于软土层较薄，底部有坚硬土层和施工期紧迫的情况，下卧层面具横向坡度时尤其适合。

八、地基处理方法的选择原则

要取得良好的加固效果，关键在于根据工点的实际情况恰当地选择合适的处理方法。

1. 选择处理方法的步骤

选择处理方法时，首先必须充分研究进行处理的理由和目的，然后考虑地基条件、道路条件、施工条件、周围环境等因素，最后选择技术可行，而且经济适用的方法。其具体步骤如图 4-23 所示。

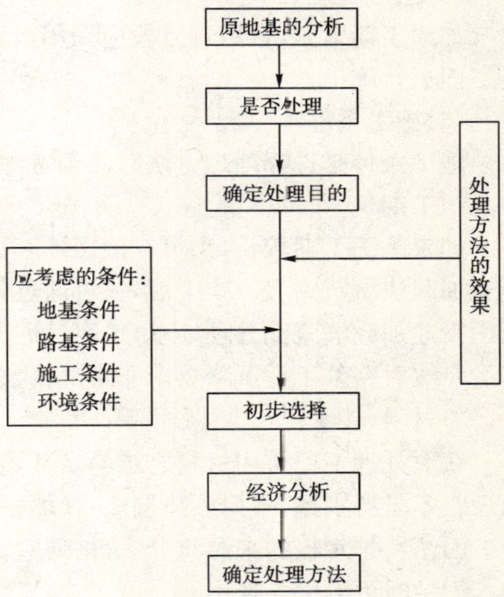

图 4-23　选择处理方法的步骤

2. 选择处理方法应考虑的条件

(1)地基条件

土质及地基构成不同，采用的方法也有所不同。

1)土质

对灵敏度高的软土，所采取的处理和施工方法对地基的扰动必须尽量小。

2)地基构成

软土层浅而薄时，固结沉降量小，而且沉降会在短时间内完成，滑动破坏的危险性也很小。因此，一般可选用较为简单的浅层处理法。软土层较厚时，则可按不同的目的与土质，使用排水固结或复合地基法。

当软土层间夹有砂层或其下卧层为排水砂层时，应优先选用排水固结法，必要时可以结合堆载预压或真空预压；当砂层为可液化层时，可以选用挤密砂桩或碎石桩等。

当地下水位较深或软土层埋深较大，固结排水路径过长时，应优先选用复合地基法。

修筑在倾斜基底上的路堤，软土层厚的一侧沉降量大，路堤往这个方向滑动的危险性也大。在这种地基上，不均匀沉降也会促进滑动，因此要尽量减小沉降量。通常可采用挤实砂桩、石灰桩或碎石桩法。在软土层厚的一侧,桩的间距可密一些,薄的一侧可稀一些,以使沉降量均匀。

(2)路基条件

路堤的设计高度与宽度,也是选择处理方法时需要考虑的重要因素。宽而低的路堤,采用挤出换填方法时,地基内可能遗留压缩性高的土。反之,窄而高的路堤,则地基较易换填。宽而高的路堤,由于荷载较大,在地基内产生的压缩层较深,会引起深部土层的沉降。

一般路段的沉降即使大到一定程度,只要不均匀沉降量不大,轨面就不会丧失其平顺性。但是,与构造物连接的路段,剩余沉降将造成错台,形成对行车不利的情况。不仅如此,如果路堤的稳定性不够,桥台将受到较大的土压力的作用,可能导致桥台侧向位移。因此,要特别重视与构造物连接路段的沉降及稳定处理措施。常用处理方法有如下几种。

1)二次开挖法

首先采用排水固结结合预压法,使侧向位移完成并加速沉降的进行,待地基强度提高后再挖去路基修筑桥台。在饱和软黏土地基修筑路基时,尤其应该注意这一点。

2)复合地基法

如果工期紧张,台后过渡段应采用水泥搅拌桩或旋喷桩等进行加固,并应安排在桥台地基施工前进行施工。

(3)施工条件

施工条件是选择处理方法时必须考虑的重要因素。

1)工期

如果施工工期较长,则可在确保地基稳定的条件下不采取专门的地基处理措施,而直接用慢速加载法填筑路堤。竣工后,还可通过长时间放置来减小剩余沉降量。即使工期不能长到只用慢速加载法就能处理地基,也有使砂井或排水板的间距加大、长度缩短等许多有利之处。客运专线对路基工后沉降要求非常严格,合理安排工期,可使地基处理更经济。

2)材料

获取处理工程所用材料之难易及其经济性,也是选择处理方法时必须考虑的。只要材料的运距不是特别远,采用砂垫层法、换填法、排水固结或预压法一般都比较经济。

因塑料排水板的来源充分,价格便宜,工厂化生产,质量容易保证,且施工方便、快速,采用排水固结时可以优先选用。

3)施工机械的性能及作业条件

在软土地基上施工,不管采取何种施工方法,都必须确保施工机械具备良好的作业条件,设计的处理深度需与施工机械的能力相匹配。

(4)周围环境

施工对周围环境的影响,如噪声、振动、地基的变化、地下水的变化、排除的泥水或使用的化学药剂对地下水的污染等,在选择处理、施工方法时必须全面考虑。

地基特别软弱、路堤高度较大时,周围地基常发生大的沉降或隆起。因此,在路堤坡脚有民房或重要构造物时,应考虑采用减小总沉降量并控制剪切变形的方法。

总之,当靠近城市、人口集中地区或民房以及现有构造物时,必须充分研究对它们造成的影响之后,再选择处理方法。

第五节　原 位 观 测

客运专线对路基工后沉降的要求非常严格，要精确控制路基的工后沉降，必须开展动态设计。所谓动态设计就是对预先埋设的原位观测设备按规定频率及精度进行观测，从而得到荷载—时间—地基沉降的变化曲线，通过对此曲线的分析推算并结合其他原位观测成果，来调整、修改设计，并以调整后的设计去指导施工，再利用施工过程中反馈回来的信息再次重新调整、修改设计，并指导施工，如此循环往复，直至竣工的设计过程，达到有效控制工后沉降及沉降速率的目的。

动态设计需要进行施工控制和未来沉降的预测，而这些都要依赖现场原位观测。现场原位观测包括沉降观测、水平位移观测、孔隙水压力观测等。

一、沉降观测

(一)沉降观测设备

沉降观测包括地面沉降观测和深层沉降观测。沉降观测设备通常有沉降板、沉降水杯、横剖面沉降管、螺旋式深层沉降仪、磁环式深层沉降仪等。

1. 沉降板

沉降板由钢板或钢筋混凝土板、测杆和保护套管组成，底板尺寸可以采用 50cm×50cm×3cm；测杆常用 ϕ40mm 钢管，与底板固定在垂直位置上，保护套管采用塑料套管，套管尺寸以能套住测杆并使标尺能进入为宜，随填土的增高，测杆和套管相应加高，每节不宜超过 50cm（图 4-24）。接管时应分别测出接管前高程和接管后高程，以此推导出接管长度。

a)　　　　　　　　　　b)

图 4-24　沉降板

a)焊制好的沉降板；b)埋设好的沉降板

设置时应稳固、竖直、底盘应放在原地面或预测的土层上，并应有防上被填土挤倒的保护措施，标杆顶端应高出填土高程。

所有沉降杆(板)，均应记录编号并测出初始高程，其高程用水准仪进行观测。

接管长度 L＝接管后高程－接管前高程，以使接管前后高程连续传递。

2. 沉降水杯

沉降水杯可以采用内径 100mm，厚 5mm 的钢管制成，高 150mm，一侧开上、下两孔，外接壁厚 10mm 的软塑料管，引出路基；底部用 200mm×200mm 的方形钢板与钢管焊接。

3. 横剖面沉降管

横剖面沉降管（图 4-25）主要用于观测路堤基底连续的沉降变形。

a)

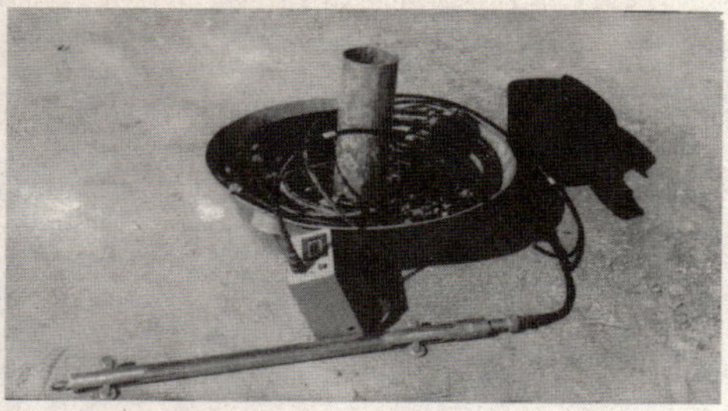

b)

图 4-25　埋设横剖面管

a)横剖面管；b)横剖仪

（1）埋设要点

开沟：一般宽 30cm，深约 40cm，力求在一条直线上，并在沟底铺设一层细砂 5～10cm 左右；预先在管道内放置细钢丝绳一根，用于测量时拉弦用；埋好后，再回填土、砂料压实，防止过往车辆压坏管道。

（2）观测

测量时，先做好仪器的率定工作，在孔口水平处设置水平点，使仪器在孔口处调零。一端缓慢地拉钢丝绳，另一端缓慢地放电缆，使测头在管道内行走平稳。拉绳放线二者动作要协调，最好配对讲机联络。

来回往复读数 2～3 次，在同一测点的数字力求准确，读数误差不得超过 3～5″。

每测量一次，在管道的两个出口处都需测水平高程。

4. 螺旋式沉降仪

螺旋式沉降仪，由竖管及与其相连的螺旋头组成，竖管的内管一般直径为 1.5cm 左右，外套管直径 5cm 左右，其螺旋部分长 20cm。

埋设方法：首先在设置点进行钻孔，钻到需要设置的标高，将沉降仪顺钻孔套管放到设置标高，然后将钻孔套管上拔 50cm，将沉降仪外套管送下；也可在填土前按需要设置的标高放好固定，随填土埋设在预定的位置。

不论怎样设置，重要的是沉降仪的竖管一定要保持竖直、牢固，尤其预先设置，更要注意填土过程中，不要碰撞，防止倾斜。

沉降仪设置后，即用水准仪反复观测竖管顶标高，当沉降稳定后记下初始标高，以备观测。

5. 磁环式沉降仪

磁环式沉降仪（图 4-26）包括磁铁环、导管及探头三部分。

其工作原理：将磁铁环固定到所需测定的土层中，在导管中放入探测头，当探测头进入磁环范围内时，由于电磁感应发出信号，就可以从标尺上测出磁环的位置，然后换算出相应各点的高程，其精度可达 1～2mm。

该仪器观测的可靠性，主要取决于埋设技术，因此埋设时要特别仔细。

(1)首先,在观测处钻孔,遇到土层松软的地层应下套管或用泥浆护壁。

(2)成孔后,将导管放入,导管可逐节连接,然后稍提套管,在导管与孔壁间用膨胀黏土球充填并捣实。

(3)用专用工具将磁环套在导管外,送至填充的黏土面上,用力压磁环,迫使磁环上的三角爪插入土层中。然后,将套管拔到上一需预埋磁环的深度,并用膨胀黏土球充填钻孔,按上述方法埋设第二个磁环,如此,在整个钻孔中完成磁环的埋设。

(4)磁环埋好后,应按时测量,待基本稳定后,取初始读数,用水准仪测出导管口高程,并用探头自上而下依次逐点测定管内磁环至管顶距离,换算出相应各点的高程。

以上沉降观测设备还要配备水准基桩才能正常工作。

6. 单(多)点沉降计

单点沉降计(图 4-27)由电测位移传感器、测杆、错头、锚板及金属软管和塑料波纹管等组成。采用钻探引孔埋设,可用于观测路堤本体变形及地基深层沉降变形等,可单个使用,也可多点串联使用。

图 4-26　磁环式沉降管

图 4-27　多点沉降计

7. 水准基桩

水准基桩是作为控制测点的基准桩,因此必须埋设在路基变形区以外。按一般水准测量要求,水准点应选在垂直于线路中心 50m 以外的距离,不受沉降影响且土质坚硬便于长期保存和使用的地方,并埋设混凝土水准标石,以便在路堤施工中方便进行沉降观测,在寒冷地区尚应埋到冻结线以下 0.5m。

随着路基填筑高度的增高,当桥台施工完毕后(若桥台基础为灌注桩)可以将路基外水准基桩转置于桥台上,转置时应提高观测精度,进行往返闭合测量,保证转置的水准点与原水准点保持一致,同时将转置的水准点形成闭合网。

(二) 沉降观测作用、测量方法、精度及频率

当加荷过快,荷载超过地基承载力时,地基将发生剪切破坏,即地基土产生侧向挤出,引起地面沉降过大。利用沉降观测资料可以及时掌握这些情况,采取措施,避免地基发生破坏。就堆载预压而言,一般控制原则是:最大沉降量不宜超过 10mm/d,对渗透系数较大,孔隙压力消散很快的地段可适当放宽限值。但应注意沉降速率作为加荷速率控制的手段并不比孔隙水压力和边桩位移更灵敏、更准确。因此,需结合其他两项资料共同分析。另一方面,可以根据沉降观测资料进行未来沉降预测,根据沉降发展趋势,沉降速率及剩余沉降量的情况,按照工期要求,进行动态设计。

沉降观测可以根据对沉降量精度的要求选择水准测量的等级。水准测量等级和测量精度见表 4-11。在实际测量过程中，根据现场情况，采用闭合水准路线或附和水准路线，允许闭合差控制标准为：

$$\Delta = \pm m \cdot \sqrt{L}\ \text{mm} \tag{4-52}$$

式中：L——水准路线长，km。

水准测量作业结束后，每条水准线路应以测段往返测高差不符值，计算每千米水准测量的偶然中误差：

$$M_{\Delta} = \pm\sqrt{\frac{1}{4n}\left[\frac{\Delta\Delta}{R}\right]} \tag{4-53}$$

式中：Δ——测段往返测高差不符值，mm；

R——测段长度，km；

n——测段数。

水准测量等级和测量精度(mm)　　表 4-11

水准测量等级	二	三	四
闭合差 Δ	$4\sqrt{L}$	$12\sqrt{L}$	$20\sqrt{L}$
每千米水准测量的偶然中误差 M_{Δ}	≤1.0	≤3.0	≤5.0

允许闭合差或往返测高差不符值计算的每千米水准测量的偶然中误差超限时，均应分析原因，重测有关段落。

在实际测量工作中，应该采用固定的水准仪、固定的水准尺，并保证专人施测。拉尺丈量前后视距，使其尽量相等，使测量误差降低到最低限度。

观测的频率，施工期间一般每填筑一层，应进行一次观测。如果两次填筑间隔较长时，每3d 至少观测一次，路堤经过分层填筑到预压高程后，在预压期的前 2～3 个月，每 5d 观测一次，三个月后 7～15d 观测一次，半年后，一个月观测一次。在沉降量急剧加大的情况下，每天观测次数不应少于 2～3 次。观测后应整理绘制填土高—时间—沉降量关系曲线。一般认为：日平均沉降量在 10mm 以内是安全的。

(三)观测数据的整理

完成外业工作后，应及时整理测量数据。对于准确的测量结果，绘出“填土高—时间—沉降量”曲线，以直观地反映随填土荷载变化的沉降变化规律。同时详细记录填土厚度及接管情况等记录。整理格式可如表 4-12、表 4-13。

沉降板观测数据记录表　　表 4-12

观测日期	累计日期 (d)	沉降板里程：DK+(处理措施)							
		沉降板底高程 (m)	管口高程 (m)	相对沉降量 (cm)	绝对沉降量 (cm)	填土顶面高程 (m)	填土厚度 (m)	填土高度 (m)	备注

磁环式分层沉降观测数据记录表 表 4-13

断面里程:DK+(处理措施) 观测日期 年 月 日

位置		分层沉降管编号					
		1	2	3			
孔口至磁环距离(mm)	1号						
	2号						
孔口高程							

二、水平位移的观测

水平位移观测包括地基表面水平位移和土体深层侧向位移的观测。

(一) 地基表面水平位移观测

通过土体表面水平位移的观测,以确定土体深层侧向位移在地表的反映,监视土体滑动。

一般布设位移桩作为观测点。位移桩一般由木桩或混凝土桩制成。

边桩设置在路堤坡脚外侧 2~10m 范围内,按顺线路方向布置 1~2 排(如仅布置一排则应在距路堤坡脚外侧 2~4m 范围),桩与桩间距以 10~20 m 为宜。

边桩的观测采用视准线观测法。观测时,在工作基点 A(或 B)上,架设经纬仪,后视工作点 B(或 A),设置准直线,测量各观测点相对于准直线的垂直偏移量。也可用经纬仪和测距仪直接观测点的坐标。

位移观测应用精度较高的经纬仪进行观测,观测精度应准确到±1mm(记录格式如表 4-14 所示)。

位移边桩观测记录表 表 4-14

断面编号:________ 测量日期:____ 年 ____ 月 ____ 日

埋设位置	高程(mm)	位移(mm)	备 注
左侧 2m			
左侧 12m			
右侧 2m			
右侧 12m			

一般填土低于临界高度时,每两天观测一次即可;接近或超过临界高度时,应每天观测并绘制"填土高—时间—位移量"关系曲线图,随时分析填筑期间的稳定情况,以利指导施工。通常每上、下班时各观测一次,两次观测值之差除以观测时间(h)再乘以 24(h)即可作为日平均位移量。一般认为,日平均水平位移量小于 5mm,是安全的。若连续数日平均位移量超过以上值,应停止填筑,加强观测。应特别注意路堤中裂缝出现及发展情况,必要时应立即采取措施。

水平位移观测是控制填土加荷速率的重要手段之一,加荷速度过快,荷重接近地基当时的极限承载力,地基塑性变形增大,地基土发生较大的侧向挤出,水平位移明显增大,这是地基即将发生剪切破坏的前兆。因此，在加荷过程中，必须严格控制坡脚边桩水平位移量。水平位移速率接近或达到限定值时，应立即停止加荷。

(二)土体深层侧向位移观测

通过观测土体深层侧向位移可以了解地基由于深层的侧向位移引起的沉降大小。观测土体深层侧向位移，通常采用测斜仪。测斜仪分为固定式和活动式两种，目前，普遍采用活动式测斜仪。

1. 测斜仪的组成

测斜仪主要有四部分组成，即测头、接收指示器、连接电缆和测斜导管。

其中电缆采用有距离标记的电缆线。用时在测头重力作用下不应有伸长现象；测斜导管的性能是影响精度的主要因素，要求导管的模量与土体的模量相近，又不会因土压力压扁导管，一般常采用塑料管。导管内导槽的成型精度是关键因素。

2. 测量的基本原理

活动式测斜仪用接收指示器读数，读数代表导管的倾斜度，将导管划分成几段，每个区间的变位为 δ_i，倾角为 θ_i，则：

$$\delta_i = L_i \cdot \sin\theta_i$$

整个管子的水平位移值即为：

$$\delta_n = \sum_{i=1}^{n} L_i \sin\theta_i$$

3. 埋设导管

图 4-28　埋设测斜管

首先在观测处钻孔，然后将导管放入孔内(图 4-28)。导管连接部分应防止污泥进入，导管与孔壁间用砂填充，在连接导管时，应将槽对准，使纵向的扭曲减小到最小程度。放入导管时，应注意十字形槽口对准所测的水平位移方向。为了消除土的变形对导管产生负摩擦的影响，除使导管接头处可相对移动外，还可在管外涂润滑剂。在可能的情况下，应尽量将导管底部埋入硬层，作为固定端，否则导管顶端应校正。导管埋好后，应停留一段时间，使钻孔中的填土密实，贴紧导管。

4. 观测

观测时，将测头的感应方向对准水平位移方向的导槽，放至导管的最底部，然后将电缆与接收指示器连接。指示器读数稳定后，提升电缆线至欲测的位置。一般从底部往上量测，间隔 0.5m。将测头提升至导管口处，旋转 180°，再按上述步骤进行量测，这样可消除测斜仪本身的固有误差(记录格式可如表 4-15)。

测斜管水平位移测试记录表　　表 4-15

断面编号：　　　　　　　　　　测量日期：　　年　　月　　日

管口高程　　(m)　　　　　　　　管口位移：　　　　(mm)

深度(m)	A+	A−	深度(m)	A+	A−
0.5					
1.0					

以底部固定端或管口校正值为零点，将各区段位移量累积起来，得出水平位移曲线。为了了解水平位移随时间和荷载变化情况，应将相应的观测值绘于同一图上，以便分析水平位移的趋势。

三、孔隙水压力观测

1. 孔隙水压力传感器的埋设

首先要根据埋设传感器的深度，孔隙水压力的变化幅度，以及大气降水可能会对孔隙水压力造成的影响等因素，确定埋设孔隙水压力传感器的量程，以免造成孔隙水压力超出量程的范围，或是量程选用过大，影响测量精度。将透水石洗净、排气，避免由于气体造成所测的孔隙水压力值错误。备足直径约为1～2cm的干燥黏土球，其黏土的塑性指数不得小于17，最好采用膨润土，以供封孔使用。备足纯净的砂，作为传感器周围的过滤层。计算所需的管长度和电缆长度。

在堆载预压工程中，一般需在场地中央，路堤顶部处及路堤坡脚处不同深度设置观测仪器，测孔中垂直测点布置距离为1～2m，不同土层也应设置测点，测孔的深度应大于待加固地基的深度。

孔径原则上要求大小应与传感器的直径相同，一般则采用 $\varphi91$ 或 $\varphi108$ 直径的钻具成孔。原则上不得采用泥浆护壁工艺成孔，如采用泥浆护壁的工艺，在钻孔完成之后，需用清水洗孔，直至泥浆全部清除方可。

图 4-29　安装埋设孔隙水压力探头

孔隙水压力传感器的安装与埋设(图4-29)均须在水中作业，透水石不得与大气接触，一旦与大气接触，透水石需重新排气。孔隙水压力传感器的埋设方法一般可分为三种。

(1)压入法

如果土质较软，可将传感器缓缓压入埋设深度。若有困难时，可先成孔至埋设深度以上1m处，再将传感器压入土中，上部用黏土球将孔封好。

(2)钻孔埋设法

在埋设处用钻机成孔，达到埋设深度之后，先在孔内填入少许纯净砂，将传感器送入埋设位置，再在周围填入部分纯净砂，然后上部用黏土球封孔。

(3)设置法

采用其他的方法将传感器设置于预定的深度，此方法主要用于在探井和填土内设置孔隙水压力传感器。

采用以上三种方法中的任何一种都不可避免地改变地基土中的孔隙水压力。为了减小对所测的孔隙水压力值的精度影响，最好在施工前较早地埋好传感器。

封孔要求使用干燥黏土球。封孔时应从传感器埋设处一直封至孔口；如在同一钻孔中埋设多个探头，则封至下一个传感器埋设的深度。需注意的是，每个传感器之间的间距不得小于1m，且一定要保证封孔质量，避免水压力的贯通；在地层的分界处也应注意封孔的质量，避免上下层水压力的贯通。

2. 孔隙水压力的观测

由于观测的目的不同，故观测周期也不相同，原则上应控制孔隙水压力的变化，当孔隙水压力变化较大时，应缩短观测周期；当孔隙水压力变化不大时，可以适当延长观测周期。

观测时应注意周围环境对孔隙水压力的影响，对于影响孔隙水压力变化的因素应记录在册，以备分析时使用。在测读观测值时，一定要注意观测值的变化情况，对于钢弦式孔隙水压力传感器和电感式孔隙水压力传感器，一般只有在测读时方通电使用，原则上应通电一定时间后待观测值稳定后方可读数，如果观测值十分稳定，即可立即读数（记录格式如表 4-16 所示）。

孔隙水压力测试记录表 表 4-16

断面编号：________ 测量日期：____年____月____日

探头编号	出厂编号	测定频率（F）	测定温度（℃）	探头编号	出厂编号	测定频率（F）	测定温度（℃）
1				2			
大气压				大气压			

可以根据孔隙水压力与荷载关系、观测时间等因素，绘制各种孔隙水压力曲线，判定孔隙水压力变化情况，如绘制孔隙水压力与荷载的关系曲线（以孔隙水压力为纵坐标，荷载为横坐标进行绘制）。根据此种曲线可判断施工期间土体中孔隙水压力的变化，以便控制施工加荷大小，孔隙水压力开始一般随土体上部荷载的增加而增大，当荷载达到某一限度时，孔隙水压力突然增加，曲线上形成突变点，此时表明土体产生了剪切破坏，荷载已超过土体强度；绘制孔隙水压力随时间的变化曲线（以孔隙水压力为纵坐标，时间为横坐标进行绘制）。根据此种曲线可以控制加荷速率，并可计算土的固结系数，推算土体在加荷过程中不同时间的固结度。也可以绘制孔隙水压力等值线图，判定孔隙水压力的分布状态。

利用孔隙水压力现场观测资料可以计算出场地不同时期的固结度增长值，分析地基稳定性，控制加荷速度，避免加荷过快而造成地基破坏。

3. 利用孔隙水压力资料计算固结度

$$U=\frac{u'}{u_0}=1-\frac{u_t}{u_0} \tag{4-54}$$

式中：u_0——自加荷后该点孔隙压力累计增加值（不考虑消散值），kPa；

u'——自加荷后该点孔隙压力累计消散值，kPa；

u_t——t 时实测超孔隙水压力，kPa。

4. 利用孔隙水压力资料验算地基强度

（1）正常固结饱和软土的抗剪强度值可用式（4-55）计算：

$$\tau_f=\tau_{f0}+\Delta\tau=c_q+\sigma_s\tan\varphi_q+(\Delta\sigma-\Delta u)\tan\varphi_{cq} \tag{4-55}$$

式中：c_q——快剪的黏聚力，kPa；

φ_q——摩擦角，°；

τ_{f0}——加荷前地基抗剪强度，kPa；

$\Delta\tau$——抗剪强度增大值，kPa；

φ_{cq}——$\sigma < p_c$ 段固结快剪的摩擦角，°；

Δu——孔隙水压力增加值，kPa；

p_c——先期固结压力，kPa；

$\Delta\sigma$——总应力增长值；

σ_s——自重应力。

(2)欠固结饱和软土的抗剪强度增值

许多欠固结饱和软土存在着初始孔隙水应力 u_0，在附加应力 $\triangle\sigma$ 作用下，其抗剪强度：

$$\tau_f = c_q + (\sigma_s - u_0)\tan\varphi_q + \left(1 - \frac{\Delta u}{\Delta\sigma}\right)(u_0 + \Delta\sigma)\tan\varphi_{cq} \tag{4-56}$$

式中：σ_s——土体自重应力，kPa；

u_0——初始孔隙水应力，kPa；

其他符号意义同上。

5. 用 u/p 值控制加荷速率

根据工程经验，为了控制加荷过快，造成孔隙水压力上升过高，导致地基失稳，须将 u 和 p 比值控制在一定范围，即：

$$u/p < 50\% \sim 60\% \tag{4-57}$$

式中：u——实测孔隙水压力值，kPa；

p——与 u 相对应的荷载值，kPa。

在加荷过程中，还应该及时把不同荷载产生的孔隙水压力整理成曲线，发现孔隙水压力出现陡变时，应立即停止加荷。

四、原位观测设备的布置

1. 一般观测断面

设置的标准可以为：每个路桥、路隧过渡段分别设置 2～3 个观测断面，一个距桥台 1.0m 处，一个在过渡段中部，一个在过渡段尾部；路涵过渡段每侧各布置 1～2 个观测断面；一般地段每隔 50～100m 设置一个观测断面。每个观测断面，在线路中心设一个沉降板（或沉降水杯），在两侧路肩各设一个观测桩，两侧路堤坡脚外 1～2m 及 10～12m 各设 1 个位移边桩（图 4-30）。

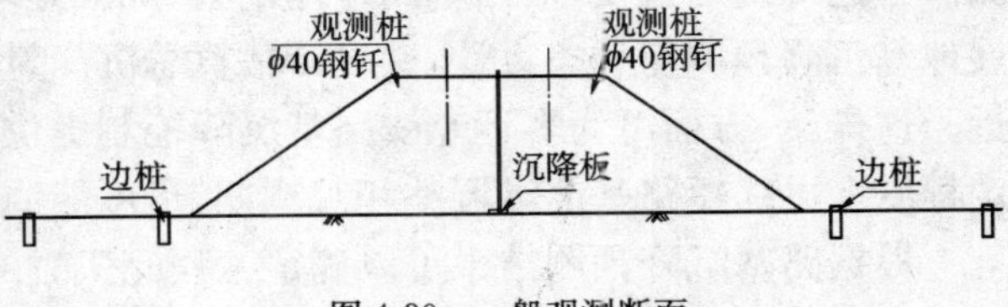

图 4-30 一般观测断面

2. 重点观测断面

试验地段或对原位观测有特殊要求的地段，按照需要设置重点观测断面。每个观测断面的元器件布置如图 4-31 所示。

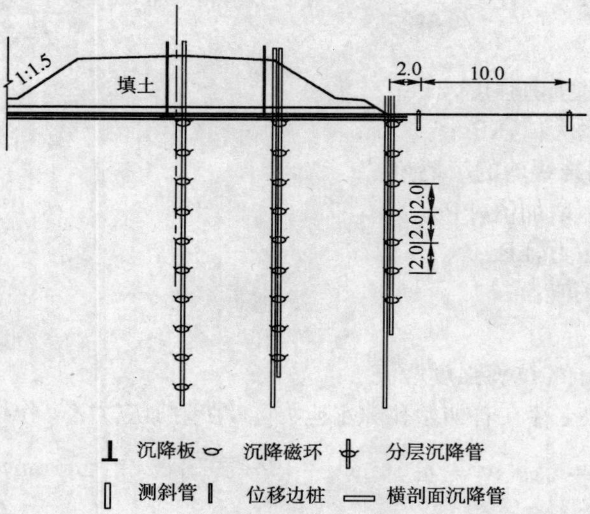

图 4-31　重点观测断面

(1)分层沉降管及测环(或多点沉降计):观测地表以下处理区与非处理区各点的沉降,了解加荷过程中地基的沉降量;测试部位,每个断面三个位置,路基中线、一侧路肩及坡脚,每 2m 深布置一个测环。

(2)横剖面沉降管:观测路堤基底地面连续沉降值;测试部位,横穿整个路基底面,分别于桩间土和桩顶位置各埋设一根,即每个断面 2 根。

(3)测斜管:测试地基土的侧向位移,判断地基的稳定性;测试部位,一侧路肩、坡脚地面。

(4)沉降板或沉降水杯:观测路堤基底地面沉降值;测试部位,路基中心、一侧路肩。

(5)位移边桩:观测路堤坡脚外地表横向及竖向位移;测试部位,两侧路堤坡脚外 2m、12m 各 1 个。

第六节　地基沉降预测与动态设计

地基在荷载作用下,其沉降将随时间而发展。地基的沉降变形一般通过前述的土体固结原理与计算方法进行分析,但沉降计算的精度受多种因素影响,其结果只能是一个估算值,因此国内外为得到较准确的沉降值,大都通过沉降观测的实测资料来进行最终沉降的分析与预测。客运专线的建设,对路基的地基勘察、加固处理、路基填筑质量均提出了高标准的要求,开展地基沉降预测与动态设计,使设计估算总沉降量与通过实测资料预测的总沉降量尽可能接近。这样,一方面可为客运专线路基沉降控制提供依据,确保路基的稳定安全;另一方面在一定程度上可缩短路基沉降调整和观测期,尽可能的缩短施工周期。

根据路基沉降预测结果可以确定工程完工时的工后沉降,工后沉降的评估应结合路基各观测断面以及相邻桥(涵)隧的沉降预测情况,从线路整体上进行评价。当预测的路基工后沉降值满足相应的沉降、沉降速率等标准时,方可进行上部轨道结构的铺设施工。

地基沉降变形的预测,需要一定的观测时间,根据经验与数据统计分析的需要,一般不少于 6 个月。当观测数据不足以预测评估或预测的工后沉降不能满足要求时,应继续观测或者采取必要的加速或控制沉降的措施，如超载预压等。

评估工作应根据下列资料综合分析：

(1)路基沉降观测资料。

(2)路基地段的线路设计纵断面图、工程地质纵横断面图、设计图纸和说明书、沉降计算报告(包括不同阶段的设计沉降值与时间的关系曲线)等相关设计资料。

(3)施工过程、施工核查以及填料级配、地基和压实检验情况等施工资料。

(4)施工质量控制过程和抽检情况等监理资料。

路基沉降预测一般采用曲线回归法，根据德国高速铁路的建设经验，曲线回归的相关系数不低于0.92，所确定的沉降变形趋势是可靠的；间隔不少于一定时间的两次预测最终沉降的差值不应大于8mm，说明预测是稳定的，但要达到准确的预测，还要求最终建立沉降预测的时间 t 应满足下列条件：

$$S(t)/S(t=\infty)\geqslant 75\%$$

式中：$S(t)$——预测时的沉降观测值；

$S(t=\infty)$——预测的最终沉降值(沉降和时间以路基填筑完成或堆载预压后为起始点)。

一、沉降预测方法

1.双曲线法

双曲线法是假定下沉平均速率以双曲线形式减少的经验推导法。从填土开始到任意时间 t 的沉降量 S_t 可用式(4-58)求得，最终沉降量 S_f 可用式(4-59)求得。

$$S_t = S_0 + \frac{t}{a+bt} \tag{4-58}$$

$$S_f = S_0 + \frac{1}{b} \tag{4-59}$$

式中：S_t——时间 t 时的沉降量；

S_f——最终沉降量($t=\infty$)；

S_0——初期沉降量($t=0$)；

a、b——将荷载不再变化后的实测数据经过回归求得的系数。

沉降计算的具体过程如下：

(1)确定起点时间($t=0$)，可取填方施工结束日为 $t=0$；

(2)就各实测值计算 $t/(S_t-S_0)$，见图4-32；

(3)绘制 t 与 $t/(S_t-S_0)$ 的关系图，并确定系数 a，b 见图4-33；

(4)计算 S_t，由双曲线关系推算出沉降 S—时间 t 曲线。

双曲线法要求恒载开始后的沉降实测时间至少6个月以上。

2.指数函数法

指数法方程为

$$S_t = (1-Ae^{-Bt})S_f \tag{4-60}$$

式中：S_f——最终沉降量($t=\infty$)；

A,B——常数。

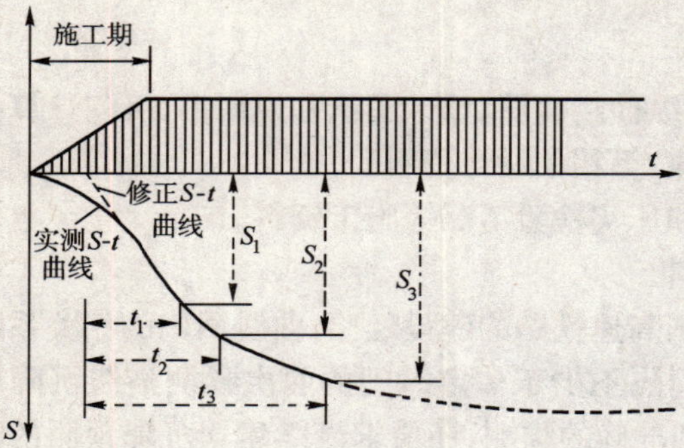

图 4-32　双曲线法示意图

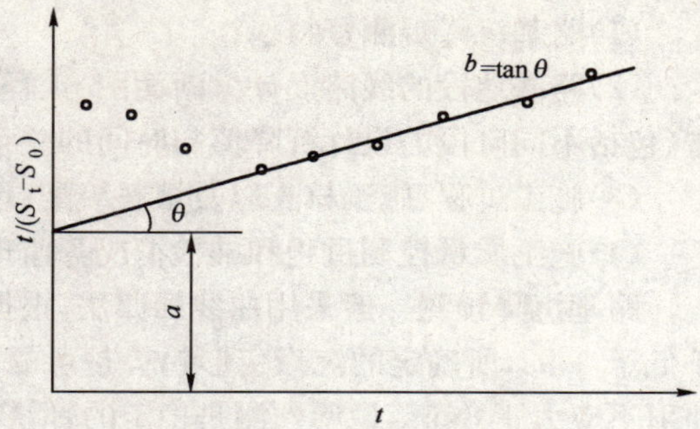

图 4-33　a、b 常数的意义

指数曲线法和双曲线法简单实用，但是前提是假定荷载是一次施加或者突然施加的，这与实际情况不符，因此其方法尚待改进，下面的修正双曲线法、修正指数函数法将路堤荷载分为若干个加载阶段，将各级荷载增量所引起的沉降叠加。

3. 修正双曲线法与修正指数函数法

对于多级加荷的、路堤沉降曲线台阶状发展的情况，可把常规的双曲线或指数函数模型拓展为：

$$S_t=\sum_{k=1}^{m}\left(S_{0k}+\frac{t}{a+bt}S_k\right) \tag{4-61}$$

$$S_t=\sum_{k=1}^{m}[1-Ae^{-Bt}]S_k \tag{4-62}$$

式中：　m——加荷的总级数；

t——沉降预测时刻 t_i 到第 k 级荷载施加时刻 t_k 的时间间隔（图 4-34）；

S_k——第 k 级荷载增量所引起的最终沉降量，当加荷速率与土层状况不变时，不考虑地基土的非线性特性，S_k 与荷载大小成正比，则有：

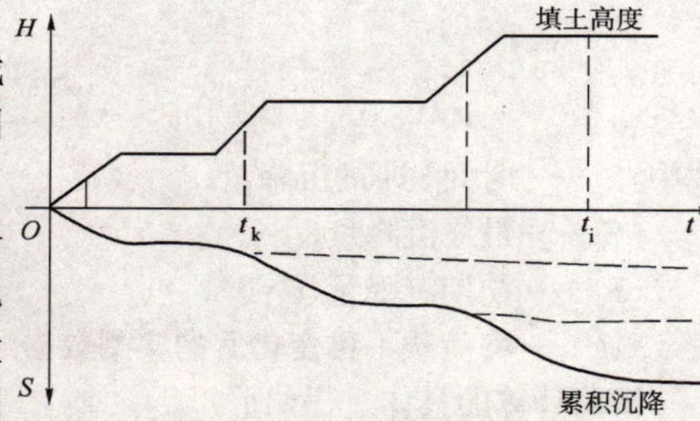

图 4-34　加荷与沉降发展曲线

$$S_k=C\Delta P_k$$

ΔP_k——第 k 级荷载增量；

a、b、A、C——反映土体固结性质的参数，其与荷载的施加无关，视为常量。

式(4-61)、式(4-62)就变为：

$$S_t=\sum_{k=1}^{m}\left(d+\frac{t}{a+bt}\right)C\Delta P_k \tag{4-63}$$

$$S_t=\sum_{k=1}^{m}[1-Ae^{-Bt}]C\Delta P_k \tag{4-64}$$

式中：

$$d=\frac{S_{0k}}{C\Delta P_k}$$

根据沉降实测值，采用试算法确定式(4-63)、式(4-64)中的参数；将已确定出的参数带回上述经验公式中，分别计算各级荷载在 t_i 时刻所引起的沉降量，将各级荷载在 t_i 时刻所引起沉降量进行叠加，即得 t_i 时刻总沉降量。

修正指数函数法与修正双曲线法，还可预测后期增加荷载(如对未设预压土地段，对后期增加的轨道及列车荷载)的沉降；设已有 m_1 级荷载有沉降观测资料，要预测 m_2 级荷载作用后的 t_i 时刻沉降，则先令 $m=m_1$，用实测资料拟合式(4-63)或式(4-64)中的相关参数。再令 $m=m_2$，将拟合的参数代入用上两式中的任何一式可求得 t_i 时的沉降。参数拟合用 0.618 优选法，使各观测时刻的计算沉降与实测沉降之差的平方和最小者，即为所要求的参数。

对路堤，填土荷载宽度随路堤的升高而变小。荷或增量在地基中应力扩散影响的深度也变小。考虑这一因素，参照分层总和法计算沉降的原理，认为与沉降直接相关的是地基中的附加应力。沉降与附加应力沿深度分布图的面积成正比，而不是与作用在地面的荷载强度成正比，因此对不同荷载宽度，按在地基中相应的附加应力沿深度分布图的面积比，将上部填土荷载打折来计算沉降。

4. 三点法

固结度的理论解普遍表达式为：

$$U = 1-\alpha \cdot e^{-\beta t} \tag{4-65}$$

式(4-64)不论竖向排水、向外或向内径向排水，或竖向和径向联合排水等情况均可使用，所不同的只是 α、β 值。

根据固结度定义有

$$U_t = \frac{S_t - S_c}{S_\infty - S_d} \tag{4-66}$$

式中：S_d——瞬时沉降量；

S_∞——最终沉降量。

由式(4-64)和式(4-65)联立可得

$$S_t = S_d \alpha e^{-\beta t} + S_\infty (1-\alpha e^{-\beta t}) \tag{4-67}$$

为求 t 时刻的沉降，上式右边有四个未知数，即 S_∞、S_d、α、β。在实测初期沉降—时间曲线(S—t)上任意选取三点：(t_1, S_1)，(t_2, S_2)，(t_3, S_3)，并使 $t_3-t_2=t_2-t_1$，将上述三点分别代入式(4-66)中，联立求解得参数和最终沉降量 S_∞ 以及 S_d 的表达式，其中 S_d 的表达式中还含有 α 这个变量。一般在求 S_d 时，α 可采用理论值或根据实测资料计算，将所求得的 β、S_∞、S_d 分别代入式(4-66)中便可取得任意时刻的沉降。

以下是具体求解过程：

$$S_1 = S_\infty (1-\alpha e^{-\beta t_1}) + S_d \alpha e^{-\beta t_1}$$
$$S_2 = S_\infty (1-\alpha e^{-\beta t_2}) + S_d \alpha e^{-\beta t_2}$$
$$S_3 = S_\infty (1-\alpha e^{-\beta t_3}) + S_d \alpha e^{-\beta t_3}$$

由此解得：

$$e^{\beta(t_1-t_2)} = \frac{S_2 - S_1}{S_3 - S_2}$$

$$\beta = \frac{1}{t_2 - t_1} \ln \frac{S_2 - S_1}{S_3 - S_2}$$

$$S_{\infty}=\frac{S_3(S_2-S_1)-S_2(S_3-S_2)}{(S_2-S_1)-(S_3-S_2)} \tag{4-68}$$

$$S_{\mathrm{d}}=\frac{S_t-S_{\infty}(1-\alpha e^{-\beta t})}{\alpha e^{-\beta t}} \tag{4-69}$$

这样，就可以根据式(4-66)、式(4-67)进行任意时刻的沉降和最终沉降。为了减少预测误差，连接 $S-t$ 曲线时，应对 $S-t$ 曲线进行光滑处理，即尽量使曲线光滑，使之成为规律性较好的曲线，然后再在曲线上选点；三点时间间隔尽可能大，因此要求预压时间长。另外，本法要求实测曲线基本处于收敛阶段才可进行。

5. 抛物线法

对于有些情况，沉降曲线在初期并不表现双曲线或指数曲线的形式，而在沉降一时间对数坐标系($S-\ln t$)中，沉降曲线可由两部分组成。第一部分可由抛物线来拟合，第二部分(即次固结部分)可由直线拟合；第一部分和第二部分发生的量级和时间取决于土层固结后达到的孔隙比所对应的当量固结应力，只要运营期的有效应力小于预压期末的固结应力，次固结可以忽略不计，否则，就应该考虑次固结的影响。

实践证明，除有机质含量很高的土外，沉降量主要集中在第一部分，沉降曲线的一般表达式为：

$$S=a(\lg t)^2+b\lg t+c \tag{4-70}$$

式中参数 a、b、c 可用优化方法求得。

6. 沉降速率法

假设：

$$S_{\infty}=mS_{\mathrm{c}} \tag{4-71}$$

$$S_{\mathrm{t}}=[(m-1)\frac{p_t}{p_0}+1-\alpha\cdot e^{-\beta\cdot t}]S_{\mathrm{c}} \tag{4-72}$$

式中：m——综合性修正系数；

S_{t}——t 时的沉降量；

β——回归计算得到的系数；

S_{∞}——最终沉降；

S_{c}——固结沉降；

t——经过时间；

α——用户交互参数；

p_{t}——t 时累计荷载；

p_0——总的累计荷载。

在恒载的条件下，

$$\begin{aligned}S_{\mathrm{t}}&=AS_{\mathrm{c}}e^{-\beta\cdot t}\\A&=\frac{8}{p_0\pi^2}\sum_1^n q_{\mathrm{n}}(e^{\beta\cdot t_{\mathrm{n}}}-e^{\beta\cdot t_{\mathrm{n}-1}})\end{aligned} \tag{4-73}$$

式中：q_{n}——第 n 级的加载速率；

A——常数；

t_{n}、$t_{\mathrm{n}-1}$——第 n 级的加载的终点和起点时间。

通过对 $\log(s_t)$ 和 t 的数据进行线性回归分析，求出 A、S_c、β，根据沉降量计算公式和用户交互的 α，反算各级荷载的 m，取平均值为 m 的最终值，即可求出任意时间的沉降。

7. 星野法

星野根据现场实测值证明了总沉降（包括剪切应变引起的沉降在内）与时间平方根成正比。沉降计算公式为：

$$S = S_0 + S_t = S_0 + \frac{AK\sqrt{t-t_0}}{\sqrt{1+K^2(t-t_0)}} \tag{4-74}$$

式中：S_0——假定的瞬时沉降；

S_t——随时间变化的沉降量；

t_0——假定瞬时沉降时的时间。

将上式改变为直线方程形式：

$$\frac{t-t_0}{(S-S_0)^2} = \frac{1}{A^2K^2} + \frac{1}{A^2}(t-t_0) \tag{4-75}$$

式中：$\frac{1}{A^2K^2}$——直线截距；

$\frac{1}{A^2}$——直线斜率。

式(4-73)适合于荷载瞬时施加情况下的沉降曲线，但在实际施工中，荷载是逐级增加的，因此必须加以修正。在加载方法规则的情况下，以加载期间的中点作为瞬时起点 t_0；在加载方法不规则的情况下，应根据实测沉降曲线的趋势在加载的初期适当假定一个瞬时加载的起点 t_0 和相应的沉降 S_0。

星野法推求最终沉降量的步骤如下：

(1) 假定几组 t_0 和 S_0，根据实测值点绘 $(t-t_0)/(S-S_0)-(t-t_0)$ 的关系曲线。

(2) 取最符合线性关系的直线，求出相应的系数 A,K；

(3) 将 A，K 值代入式(4-75)计算。A、K 示意图如图 4-35 所示。

要求恒载开始后的实测沉降时间至少半年以上。

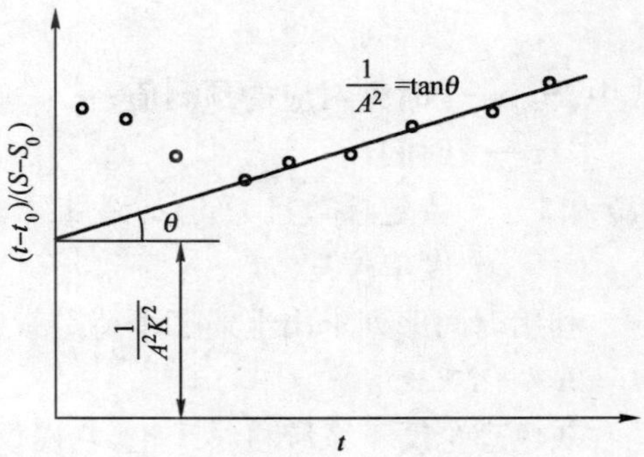

图 4-35 星野法 A、K 的示意图

8. 泊松曲线法

有观点认为，全过程的沉降量与时间的关系包括两个方面：一是 $S-t$ 曲线不通过原点；二是 $S-t$ 曲线呈“S”形。

(1)不通过原点的机理分析

对于饱和土来说，在荷载作用下会立即发生瞬时沉降（亦称初始沉降或不排水沉降）。其变形是在体积不变情况下由负载区域下的剪应变引起的。当黏土的渗透性很低时，则几乎不发生排水。在荷载中心线下，垂直压缩和侧向膨胀同时发生，Bjerrum 1972 年指出，这一沉降的组成部分更确切地说应是侧向的屈服。对非饱和土，荷载施加后，空隙中的气体可立即压缩，土骨架可变形，故开始荷载就由骨架、水和气三者来承担。随着水和气的排出，骨架进一步压缩，水和气的应力逐渐转移到骨架上。这表现到沉降过程线上存在一个瞬时的沉降，且饱和度愈小，初始沉降愈大。对工程上所涉及的土，通常都遭到扰动，在荷载的作用下也会存在瞬时沉降。综上所述，由于初始沉降的存在，故不通过原点。

(2)"S"形机理分析

成长曲线反映的实际上是事物的发生、发展、成熟并达到一定极限的过程。这一点和荷载逐步增加与测点逐步发生沉降的关系十分相似。加载过程中的沉降也可分为四个阶段：

Ⅰ——发生阶段

在刚加载时，测点的土体尚处于弹性状态。随着荷载的增加，测点的沉降量近乎线性增加。

Ⅱ——发展阶段

随着荷载的不断加大，测点土体所受的荷载也越来越大，并使其逐步进入到弹塑性状态。随着塑性区的不断开展，测点的沉降速率也在不断地增加，直到荷载不再增加为止。

Ⅲ——成熟阶段

当荷载不再增加时，由于固结尚未完成以及土体的流变，测点的沉降将随着时间的推移而继续，但沉降速率递减。

Ⅳ——到达极限

理论上讲，当时间为无穷大时，到达极限状态。事实上，取 t 足够大即可。如对公路，t 取为填筑完成后 15 年；而对于建筑物，t 取 5 年即可。

泊松曲线亦称推理曲线，也有人称之为饱和曲线。在时间序列预测中，泊松曲线的表达式为：

$$S_t = \frac{k}{1 + ae^{-bt}} \tag{4-76}$$

式中：S_t——t 时刻对应的预测值；

t——时间；

a、b 和 k——待定参数且为正(a 无量纲，b 的单位为时间的倒数，k 的单位为与 S_t 相对应的长度单位)。

利用时间序列求出上述三个待定参数，即可建立泊松曲线方程，从而可以对 S_t 进行预测。

9. 灰色理论

灰色理论属于系统科学理论，它提供了在贫信息情况下求解系统问题的新途径。它将一切随机变量看作是在一定范围内变化的灰色量，将随机过程看作是在一定范围内变化的、与时间有关的灰色过程。对灰色量用数据生成的方法，将杂乱无章的原始数据整理成规律性较强的生成序列，然后建立模型而进行预测。这样，就能在较高的层次上处理问题，从而较全面揭示系统的长期变化规律。

GM(1,1)模型白化微分方程为：

$$\frac{\mathrm{d}x_{(t)}^{(1)}}{\mathrm{d}t} + ax_{(t)}^{(1)} = b$$

式中，$x_{(t)}^{(1)}$ 为所建工程交付营运后的沉降量 $\{x_{(t)}^{(0)}\}$ 作 1-AGO 处理，即一次累加生成数列，

$x_{(k)}^{(1)}=\sum_{i=1}^{k}x_{(i)}^{(0)}$；

a、b 为待定参数。

参数向量 $B=[ab]^{\mathrm{T}}$ 依最小二乘法求解为：

$$B=[a\ b]^{\mathrm{T}}=(x^{\mathrm{T}}x)^{-1}x^{\mathrm{T}}y_{\mathrm{N}}$$

式中 x 为累加生成矩阵：

$$x=\begin{bmatrix}-\frac{1}{2}(x_{(2)}^{(1)}+x_{(1)}^{(1)}) & 1\\ -\frac{1}{2}(x_{(3)}^{(1)}+x_{(2)}^{(1)}) & 1\\ \vdots & \vdots\\ M & M\\ \vdots & \vdots\\ -\frac{1}{2}(x_{(n)}^{(1)}+x_{(n-1)}^{(1)}) & 1\end{bmatrix}$$

$$y_{\mathrm{N}}=[x_{(2)}^{(0)}\quad x_{(3)}^{(0)}\cdots x_{(n)}^{(0)}]$$

于是可得灰色预测模型 GM(1,1)的时间响应：

$$x_{(t)}^{(1)}=\left(x_{(1)}^{(1)}-\frac{b}{a}\right)e^{-at}+\frac{b}{a}$$

离散响应为：

$$x_{(k+1)}^{(1)}=\left(x_{(1)}^{(1)}-\frac{b}{a}\right)e^{-ak}+\frac{b}{a}$$

式中，$k=0,1,2,\cdots,n$。

10. 人工神经网络

神经网络模型就是采用物理可实现的系统来模仿人脑神经细胞的结构和功能的系统，它是由大量功能简单的神经元相联结而成的高度非线性动力系统，是并行的结构，并有较强的容错能力，少量的神经元和连接发生差错对整体功能影响较小，同时具有很强的自适应性能，可通过自身学习，以适应外部环境的变化。尤其在处理信息复杂、背景不清楚、规则不明确的问题，更有其独特的优越性。利用神经网络较强的非线性映射能力，根据实测沉降资料，通过神经网络的 BP 网络进行建模，具有很强的客观性和适应性。

地基沉陷受多种因素的影响和制约，其变化的自然规律很难用一个显式的数学公式予以表示。而人工神经网络是这一领域的一个突破，该方法视传统函数的自变量和应变量为输入和输出，将传统的函数关系转化为高维的非线性映射，而不是显式的数学表达式。该方法在处理非线性问题上，具有独特的优越性：在针对软土地基沉降预测时，就是利用实测资料对复杂的非线性的土工结构进行直接建模。具体做法是：先应用 ANN 建立沉降影响因素参数（如处理方式、软土层厚度、地基硬壳层厚度、软土的压缩模量、硬壳层的压缩模量、路堤宽高比、施工期和竣工时沉降量）与沉降之间的非线性关系，再将待测点的实测沉降影响因素参数输入到已训练好的网络中，即可得到预测的沉降量。

二、动态设计对设计及施工的指导作用

根据施工的进展情况，分时提出动态设计报告，可很好的指导全线土质地基地段的设计及

施工：

(1)路基填筑(包括预压土)完成至铺轨为预压期,设计预压期可根据理论计算的沉降量、允许工后沉降量及允许第一年沉降速率确定。此时,应满足：

$$S_{计\infty} - S_{计预} < S_{工后}$$

$$S_{(计预+1)} - S_{计预} < S_{速率}$$

式中:$S_{计\infty}$——理论计算最终沉降量；

$S_{计预}$——至设计预压期时的沉降量；

$S_{(计预+1)}$——至设计预压期一年后的沉降量；

$S_{工后}$——允许工后沉降量；

$S_{速率}$——允许工后第一年沉降速率。

施工时,根据工期安排,如实际预压期不能满足设计要求,可根据现场实测的沉降数据推算未来沉降,并据此调整预压土高度。调整预压土高度及卸载预压土时,应满足以下条件：

$$S_{推\infty} - S_{推预} < S_{工后}$$

$$S_{(推预+1)} - S_{推预} < S_{速率}$$

式中:$S_{推\infty}$——由实测资料推算的最终沉降量；

$S_{推预}$——由实测资料推算至设计预压期时的沉降量；

$S_{(推预+1)}$——由实测资料推算至设计预压期一年后的沉降量。

(2)在填筑级配碎石前,可对全线土质地基进行沉降分析,并根据沉降预测结果,调整基床底层顶面抬高值。抬高值的调整依据可由下式确定：

$$\Delta_1 = S_{验交} - S_1$$

式中:Δ_1——基床底层顶面抬高值；

$S_{验交}$——由实测资料推算至验交时的沉降量；

S_1——由实测资料推算至设置基床底层顶面抬高值时的沉降量。

(3)基床表层施工完和验交一般并不同时,为保证验交时路肩高程满足要求,可以设置路肩抬高值。抬高值的计算按下式进行：

$$\Delta_2 = S'_{验交} - S_2$$

式中:Δ_2——路肩抬高值；

$S'_{验交}$——由实测资料推算至验交时的沉降量；

S_2——由实测资料推算至设置路肩抬高值时的沉降量。

基床底层顶面高程和路肩高程验收标准为一范围值,实际确定基床底层顶面和路肩抬高值时,应将验交标准与计算抬高值进行比较,当计算抬高值超出验交标准的允许范围时,方设置抬高。具体设置时,既要保证满足验交标准、路基工后沉降和沉降速率的要求,又要考虑施工因素,综合分析确定。

(4)铺轨前路基评估

客运专线验交标准较高,对基床底层、表层、道碴厚度及路肩高程都有严格标准,对土质路基的工后沉降和沉降速率同样要求严格。因此,在铺轨前可以通过对路基沉降观测资料的综合分析,对基床底层、表层、道碴厚度,路肩高程以及工后沉降和沉降速率进行评估,保证路基的各项指标均能满足验交要求。

第五章　路基沉降控制设计的应用与试验

秦沈客运专线，起于秦皇岛站，终至沈阳，全长 404.65km，85%以路基通过，设计时速 200～250km，为我国第一条新建客运专线铁路。秦皇岛至沈阳铁路客运专线平面示意图如图 5-1 所示。高速、舒适、安全运送旅客是客运专线的主要特点，要达到这一目标，路基必须为轨道提供强度高、刚度大且均匀稳定的基础。秦沈客运专线技术标准高、设计难度大，路基工后沉降控制尤其严格。

秦沈客运专线 A10～A21 标段(DK190＋900～DK408＋000)，有近 93km 软土及松软土路基，占全线的比例较大。为了有效控制工后沉降及沉降速率，在设计及施工中，采用了软土及松软土路基工后沉降控制技术。沉降观测与动态设计是解决这一问题非常重要的手段。为此，在每个松软土、软土路基工点及桥台尾过渡段，均于路基中心、两侧路肩及边坡坡脚外设置了沉降和位移观测设备，全线共设置 720 个观测断面，确定了观测控制标准和随施工进程而要求的观测频次及观测精度，并及时绘制填土—时间—沉降曲线。一方面控制填土速率，保证了路基施工的安全与稳定，避免施工控制不当而产生过大的附加沉降。另一方面，根据沉降观测资料进行未来沉降预测，根据沉降发展趋势、沉降速率及剩余沉降量的情况，按施工工期要求，采取了相应的措施，如调整预压土高度，确定预压土卸荷时间，提出基床底层顶面抬高值，提出路肩高程抬高值，以及为铺轨前路基评估及合理确定铺设上建时间提供依据，确保了路基工后沉降量和沉降速率控制在允许范围内。秦沈客运专线的软土及松软土路基工后沉降控制工作由于得到各级领导的足够重视，达到了设计要求，确保了工程质量，也为今后修建类似铁路提供了宝贵的经验。

第一节　路基沉降控制设计

一、松软土及软土地基的岩性特征

秦沈客运专线的软土有软砂黏土、淤泥质土及淤泥，为海陆交互相沉积，厚度不均匀，一般厚为 1.5～5.7m，上覆厚 0～5.2m 的硬壳层。

黏性土松软层以砂黏土为主，局部为黏土，有极少量的黏砂土。松软层厚度 2.0～9.8m，大部分无硬壳层，直接出露于地表，少量有硬壳层，其硬壳层厚度多在 2.0m 左右。松软层底板埋深一般在 10m 以上，最大底板埋深为 18.9m。

根据地层情况，可把全线软土及松软土层划分为四个大的工程分区：

(1)DK232＋200 以前表层为砂黏土，厚 1.7～7.9m，其中松软砂黏土层小于 7.6m，硬壳层 0～2.6m，下为砂类土、碎石类土夹砂黏土透镜体硬底。

松软层的主要物理、力学指标：天然含水率 22.2%～35.9%，天然孔隙比 0.77～1.11，天然重度 18.0～19.8kN/m³，黏聚力 15～32kPa，内摩擦角 2.5°～14.0°。

(2)DK232＋200～DK274＋685 间，该段地层以黏性土为主，夹砂类土透镜体，黏性土厚度大于 45m，其中软土层厚小于 7.7m，多数直接出露于地表，局部有砂黏土硬壳层，硬壳层厚小于 4.5m，主要为灰色、灰黑色软砂黏土、淤泥质土；松软层厚小于 10.3m，主要为砂黏土，褐色、灰褐色、褐黄色，软塑～流塑。

软砂黏土的主要物理、力学指标：天然含水率 36.0%～46.4%，天然孔隙比 1.02～1.21，天然重度 18.4～19.0kN/m³，黏聚力 3.9～10.4kPa，内摩擦角 3.5°～7.6°；淤泥质土的主要物理、力学指标：天然含水率 35.7%～51.0%，天然孔隙比 1.16～1.4，天然重度 17.2～18.2kN/m³，黏聚力 5.0～8.0kPa，内摩擦角 10.1°～12.7°。松软层的主要物理、力学指标：天然含水率 23.3%～38.4%，天然孔隙比 0.74～1.18，天然重度 18.2～19.9kN/m³，黏聚力 15～32kPa，内摩擦角 2.5～14.0°。

(3)DK274＋685～DK385＋800 间，该段地层可近似地看为二元结构，表层黏性土，下部中、细砂层夹黏性土透镜体。黏性土厚度一般为 2～4m，最厚为 7.5m，砂层总厚度大于 30m。软土有零星分布，主要为淤泥质土，有少量淤泥。松软层主要为分布于表层的黏性土。

淤泥质土的主要物理、力学指标：天然含水率 36.9%～53.8%，天然孔隙比 1.01～1.50，天然重度 16.2～18.8kN/m³，黏聚力 8.0～21.0kPa，内摩擦角 1.0°～14.7°；淤泥的主要物理、力学指标：天然含水率 57.3%～63.1%，天然孔隙比 1.66～1.81，天然重度 16.1～16.3kN/m³，黏聚力 6.0kPa，内摩擦角 2.8°；黏土松软层的主要物理、力学指标：天然含水率 25.4%～38.0%，天然孔隙比 0.77～1.11，天然重度 18.5～20.0kN/m³，黏聚力 16.8～20.0kPa，内摩擦角 8.0°～14.0°；砂黏土松软层的主要物理、力学指标：天然含水率 24.0%～42.3%，天然孔隙比 0.78～1.10，天然重度 17.7～19.8kN/m³，黏聚力 3.0～20.0kPa，内摩擦角4.0°～17.0°。

(4)DK385＋800～DK407＋550 间，该段地层较为凌乱，黏性土与砂类土多呈互层状，松软层为分布于表层的砂黏土，DK402＋500 以后有黏土硬壳层。砂黏土松软层，灰褐色-黄褐色，软塑，厚度不大于 7.9m，其硬底为硬塑的黏性土及中密-密实的砂类土。松软砂黏土的主要物理、力学指标：天然含水率 22.4%～33.6%，天然孔隙比 0.72～1.23，天然重度 19.0～20.4kN/m³，黏聚力 3.1～37kPa，内摩擦角 3.0°～19.9°。

二、松软土及软土路基设计

1.计算荷载及相关参数

(1)路堤荷载

秦沈客运专线路基结构与压实标准和普通铁路相比有较大的差别，其基床表层为 0.6m 厚的级配碎石，而其下填料压实标准有较大的提高，对基床表层的级配碎石层，重度取 22kN/m³，基床表层以下部分根据实验段取样结果分析，重度取 20.3kN/m³，比普通铁路路基的填土重度(18kN/m³)大。路基各层填料的黏聚力和内摩擦角的取值分别为 25kPa 和 25°。

(2)列车荷载

轨道及列车荷载换算土柱高度和分布宽度，按表 5-1 和图 5-2。

轨道及列车荷载换算土柱高度和分布宽度　表 5-1

设计轴重(kN)	计算高度(m)		分布宽度(m)
	土的重度		
	18kN/m³	19kN/m³	
200	3.0	2.8	3.3

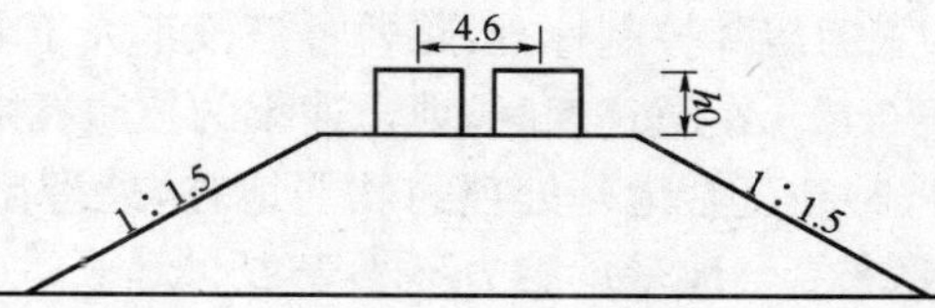

图 5-2　轨道及列车荷载换算土柱(尺寸单位:m)

(3)预压荷载(等载)的确定

秦沈客运专线大部分深厚层软弱地基,均采用了排水固结法结合预压处理,设计预压荷载的施加是从基床底层顶面开始的,预压土的重度取 18kN/m³,预压土底宽取 13.0m,边坡坡率 1∶1,则:

单土柱重:　　　　　　3×3.3×18=178.2kN/m

级配碎石重:　　　　　8.08×22=177.76kN/m

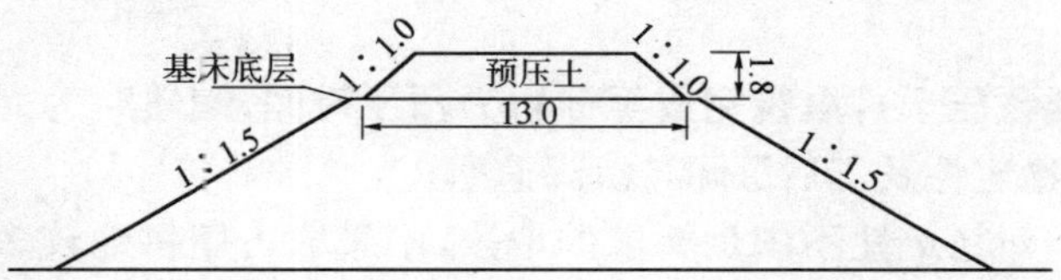

图 5-3　预压土填筑方式(尺寸单位:m)

由$(13+13-2h)\times h\times 18/2=178.2+177.76$,得等载预压土高度 h=1.8m。

预压土荷载设计见图 5-3。

设计预压土的施加是从基床底层顶面开始的,即填筑完基床底层后再填预压土,此种做法主要有以下原因:

1)填筑预压土时未填筑基床表层级配碎石,主要是考虑如果填筑完级配碎石后再施加预压土,虽然预压土由编织布隔离,但还是有可能污染级配碎石。

2)如旲填完表层级配碎石再填预压土,那么预压期间路基必然要产生沉降,可能引起基床表层级配碎石开裂,影响基床表层质量。

3)若填完表层级配碎石再填筑预压土,在预压期产生的沉降量只能以级配碎石填补,满足路肩高程要求,一方面增加工程造价,另一方面也不易施工。

2.计算及控制标准

(1)稳定计算

路堤稳定计算是按固结有效应力法,采用圆弧法检算,列车活载按单线荷载考虑。考虑列车荷载(包括上部建筑)时,对软土路基的稳定性是有影响的,对路基本体的应力水平影响比较大,有荷载以后路基的应力水平明显提高,因此,考虑列车荷载时路堤滑动稳定安全系数不小于 1.15,不考虑列车荷载时为 1.25。有预压土作用时,其稳定性系数同考虑列车荷载,取 1.15。

(2)沉降计算

在软弱地基上修筑路堤后,地基的总沉降量包括瞬时沉降、主固结沉降,对于富含有机质土、泥炭土或高塑性黏土尚应计算次固结沉降。秦沈客运专线软弱地基地层中没有富含有机质土和泥炭土,因此在地基的总沉降量计算中不计算次固结沉降。计算瞬时沉降时,采用了经验系数法,即对总沉降量采用了经验系数 m 乘以主固结沉降 S_c 进行计算。

经验系数 m 按不同土质分别取值如下:

如压缩层为黏砂土时,m=1.1;如压缩层为砂黏土时,m=1.2;如压缩层为黏土时,m=1.3。

主固结沉降的计算方法较多,秦沈客运专线主固结沉降采用分层总和法计算,压缩试验资

料利用 $e-p$ 曲线或 $e-\lg(p)$ 曲线，计算时活载按单线荷载考虑。

工后沉降控制标准：路桥过渡段不大于 8cm，区间不大于 15cm，工后第一年的沉降速率不大于 4cm。在填筑期间，填土速率的控制标准，路基中心地面的沉降不大于 10mm/d。

(3)按复合地基处理的软弱地基，处理后地基在满足滑动稳定性和工后沉降要求的条件下，要求复合地基承载力不小于 150kPa。

(4)计算规定

根据本线的地层特点，对压缩层厚度的确定规定如下：

1)软土地基，压缩层厚度为荷载附加应力与土层自重应力比为 0.1 倍的深度；松软土地基，压缩层厚度为荷载附加应力与土层自重应力比为 0.2 倍的深度。

2)松软土地基在压缩层范围内有 $I_L<0.5$(即硬塑状)土层时，则计算至该层为止，如硬塑土层下有厚度大于 3.0m 的软弱土层时，则应计算至软弱土层底。

3)对压缩层范围内的砂类土层，不计算沉降量。

3. 设计计算过程

(1)按一定的填土速率连续填筑(包括预压土)，填筑完成至铺轨为预压时间，铺轨时为列车和轨道荷载施加时间，计算天然地基的稳定性及工后沉降与沉降速率。

(2)由于秦沈客运专线沿线均为良田，对稳定性不满足要求的地段，不采取占用耕地较多的反压护道处理措施，首先考虑基底铺设土工合成材料(土工格栅或编织布)加筋垫层，土工合成材料的铺设最多不超过两层；其次采用深层加固处理，加固的深度为：采用排水固结法处理为最不利滑动面以下 2m，采用复合地基处理为最不利滑动面下 1m。

(3)如工后沉降量超标，先根据天然地基的分层沉降计算结果，初步拟定处理深度及间距，然后计算其工后沉降量，根据计算结果重新调整处理深度及间距、桩径等设计参数。选择处理深度时，一般应穿透软土或松软土层，并达到相对硬底层。

(4)如工后沉降速率超过 4cm/a，一般考虑采用预压处理，预压土高度根据检算确定，但最小预压荷载为等载。

(5)填土速率的设计。根据工期先假定一填土速率，计算、绘制填土—时间—沉降曲线，根据曲线判断沉降速率是否满足填土控制标准，并检算填土期间地基的滑动稳定性，如有不满足要求，可以调整填土过程重新设计。

(6)采用复合地基处理地段，还应检算复合地基承载力。

(7)计算结果如表 5-2(以 A14 标段为例)。

软土及松软土地基检算结果 表 5-2

序号	起 讫 里 程	工 点 名 称	总沉降量 (cm)	滑动稳定安全系数
1	DK263+400～DK263+600	软土地基路基	50.88	
2	DK263+600～DK265+700	软土地基路基	53.08	
3	DK265+700～DK266+030	软土地基路基	53.0	
4	DK266+030～DK266+107.78	软土地基路基	53.0	

续上表

序号	起 讫 里 程	工 点 名 称	总沉降量(cm)	滑动稳定安全系数
5	DK266+934.72～DK268+214.75	软土地基路基	22.2～65.2	1.12
6	DK268+885.67～DK269+630	松软地基路基	33.9～53.1	
7	DK269+630～DK269+700	松软地基路基	36.86	
8	DK269+700～DK270+550	松软地基路基	37.7～51.9	1.51
9	DK270+550～DK271+050	松软地基路基	40.4～48.5	
10	DK271+050～DK271+434.73	松软地基路基	23.4～61.8	
11	DK271+487.21～DK272+885.63	松软地基路基	20.4～59.9	1.34
12	DK274+248.25～DK274+638.76	松软地基路基	49.5～56.8	1.54
13	DK274+691.33～DK275+882.20	软土地基路基	7.68～42.74	1.42
14	DK275+960.41～DK276+750	软土地基路基	12.03～22.02	1.46
15	DK276+750～DK277+864.14	松软地基路基	9.36～45.59	1.23
16	DK278+015～DK278+600	松软地基路基	31.7	1.21
17	DK278+600～DK278+723	松软地基路基	9.1	1.46
18	DK278+723～DK279+021.15	松软地基路基	9.1	
19	DK279+061.69～DK280+100	松软地基路基	8.81～11.35	1.23
20	DK280+100～DK280+640	软土地基路基	3.8～26.59	1.19
21	DK280+640～DK281+276.43	松软地基路基	15.22	1.17
22	DK281+329.53～DK281+825	松软地基路基	10.78	1.37

4. 地基处理措施的选择

根据天然地基的稳定、总沉降等计算结果，结合沿线软弱地基的分布情况、路基条件、施工条件、周围环境，以及软弱地基工点在线路上的不同位置综合分析，对全线的软土及松软土工点分不同情况，采取了如下处理措施：

(1)对于地表薄层松软土总厚度小于 2m，且位于地表地段，路堤按一般路基设计，地下水位较高时，路堤基底铺设了 0.5m 厚的渗水土。

(2)对于地表薄层松软土总厚度小于 4m，为增加地基中孔隙水排出的通道，经稳定和沉降计算满足要求的地段，于路堤基底铺设 0.5m 的砂垫层。

(3)对有机物含量较高的薄层松软地段，采取换填渗水土处理。

(4)松软土、软土层较厚地段，以塑料排水板、袋装砂井处理，采用三角形布置，间距 1.1～1.4m，对处理深度较深的地段，结合了堆载预压。

(5)路桥过渡段工后沉降量要求严格，同时为使桥头路堤、涵洞群之间的填土与桥、涵刚度的平顺过渡，桥头过渡段及涵洞群之间采用了复合地基处理，处理的方法有碎石桩、砂桩、粉喷桩、旋喷桩、搅拌桩等。砂桩、碎石桩主要用于液化地基和松软土地基的处理，桩径一般为0.5m，多呈三角形布置；粉喷桩、搅拌桩主要用于软土地基处理，桩径0.5m，三角形布置，对处理深度较深或受周围地形地物限制施工不便的地段，采用了旋喷桩处理，桩径0.8m。

(6)为保证路堤稳定，并使路堤沉降均匀，于部分软弱地基砂、碎石垫层中铺了单向土工格栅、编织布以及土工格室等土工合成材料。

(7)预压方案是路堤填至基床底层顶面设计高程后，先铺一层起隔离作用的编织布，然后填筑预压土。

(8)排水固结法处理的路堤基床底层顶面设置抬高值，超填的高度为填完基床底层后至预压完成地基固结沉降量的一半。

(9)设置沉降与位移观测设备，在路堤填筑过程中严格控制填土速率，控制的标准为：路堤中心地面沉降速率≤10mm/d，坡脚水平位移速率≤5mm/d，并根据沉降观测情况进行综合分析，开展动态设计。

(10)软土及松软土地基地段主要加固处理措施如表5-3(以A 14标段为例)。

软土及松软土地基处理措施表 表5-3

序号	工点类型	起讫里程	地基加固措施及加固深度(m)	是否预压
1	软土地基路基	DK263+400～DK263+424	袋装砂井(长11m)	是
2		DK263+424～DK263+444	水泥搅拌桩(长11m)	是
3		DK263+444～DK263+600	袋装砂井(长11m)	是
4		DK263+600～DK265+200	袋装砂井(长8～11m)	是
5		DK265+200～DK265+300	水泥搅拌桩(长11m)	否
6		DK265+300～DK265+380	袋装砂井(长11m)	是
7		DK265+380～DK265+460	塑料排水板(长11m)	是
8		DK265+460～DK265+540	砂桩(长11m)	否
9		DK265+540～DK265+620	碎石桩(长11m)	否
10		DK265+620～DK265+700	粉喷桩(长11m)	否
11		DK265+700～DK265+790	碎石桩(长10.5m)	是
12		DK265+790～DK265+880	袋装砂井(长10m)	是
13		DK265+880～DK265+950	塑料排水板(长10m)	是
14		DK265+950～DK266+030	砂桩(长8m)	是
15		DK266+030～DK266+107.78	粉喷桩(长7m)	否
16		DK266+934.72～DK266+958	粉喷桩(长4m)	是
17		DK266+958～DK267+940	袋装砂井(长4～9.6m)	是
18		DK267+940～DK268+214.75	砂桩(长8～11m)	是

续上表

序号	工点类型	起讫里程	地基加固措施及加固深度(m)	是否预压
19	松软地基路基	DK268+885.67～DK268+950	粉喷桩(长 9m)	是
20		DK268+950～DK269+505	袋装砂井(长 6～8m)	是
21		DK269+505～DK269+515	水泥搅拌桩(长 6m)	是
22		DK269+515～DK269+630	袋装砂井(长 6m)	是
23		DK269+630～DK269+700	袋装砂井(长 6m)	是
24		DK269+700～DK269+950	塑料排水板(长 6～6.5m)	是
25		DK269+950～DK270+550	袋装砂井(长 8m)	是
26		DK270+550～DK270+922	砂垫层(厚 0.5m)	是
27		DK270+922～DK271+050	渗水土(厚 0.5m)	是
28		DK271+050～DK271+100	砂垫层(厚 0.5m)	是
29		DK271+100～DK271+400	塑料排水板(长 10～11m)	是
30		DK271+400～DK271+434.73	砂桩(长 15m)	是
31		DK271+487.21～DK271+520	碎石桩(长 15m)	是
32		DK271+520～DK271+950	袋装砂井(长 8m)	是
33		DK271+960～DK272+800	袋装砂井(长 9～10m)	是
34		DK272+800～DK272+885.63	粉喷桩(长 11m)	是
35		DK274+248.25～DK274+272	水泥搅拌桩(长 8.5m)	是
36	软土地基路基	DK274+272～DK274+615	袋装砂井(长 7～8m)	是
37		DK274+615～DK274+638.76	水泥搅拌桩(长 5m)	是
38		DK274+691.33～DK274+717	粉喷桩(长 5m)	否
39		DK274+717～DK275+857	袋装砂井(长 4～5m)	否
40		DK275+857～DK275+882.2	砂桩(长 6m)	否
41		DK275+960.41～DK275+985	砂桩(长 6m)	否
42		DK275+985～DK276+374	袋装砂井(长 6m)	否
43		DK276+374～DK274+400	水泥搅拌桩(长 6m)	否
44		DK276+400～DK276+750	袋装砂井(长 5～6m)	否
45	松软地基路基	DK276+750～DK277+864.14	塑料排水板(长 4～8m)	是
46		DK278+015～DK278+200	塑料排水板(长 5～6m)	否
47		DK278+200～DK278+400	砂垫层(厚 0.5m)+土工格栅	否
48		DK278+400～DK278+600	渗水土(厚 0.5m)	否
49		DK278+600～DK278+723	渗水土(厚 0.5m)	否
50		DK278+723～DK278+996	渗水土(厚 0.5m)	否
51		DK278+996～DK279+021.15	渗水土(厚 0.5m)+土工格栅	否
52		DK279+061.69～DK280+100	渗水土(厚 0.5m)+土工格栅	否

续上表

序号	工点类型	起讫里程	地基加固措施及加固深度(m)	是否预压
53	软土地基路基	DK280+100～DK280+290	袋装砂井(长 6m)	否
54		DK280+290～DK280+311.6	水泥搅拌桩(长 6m)	否
55		DK280+311.6～DK280+640	袋装砂井(长 6m)	否
56	松软地基路基	DK280+640～DK281+276.43	砂垫层(厚 0.5m)+土工格室	否
57		DK281+329.53～DK281+825	砂垫层(厚 0.5m)+土工格室	否

三、沉降观测

要严格控制路基的工后沉降及沉降速率，并对地基加固效果进行评价，单纯依靠常规的设计、施工程序是难以达到目的的。为此，对秦沈客运专线的软土及松软土路基进行了沉降观测，并在此基础上开展了未来沉降预测与动态设计。

1. 沉降设备的埋设

秦沈客运专线软土及松软土路基地段均设置了沉降观测设备(沉降板或沉降水杯)。设置的标准为：每个大、中、小桥台尾过渡段设置两个观测断面，一个距桥台 1.0m 处，一个在过渡段中部；软土地段每隔 100m 设置一个观测断面，松软地段工点长度在 500m 以内时，间距 100～200m设一个观测断面；工点长大于 500m 时，间距 200m 设一个观测断面。每个观测断面，在线路中心设一个沉降板(杯)，在两侧路肩各设一个观测桩(ϕ40mm，钢钎长 1.0m)，在两侧路堤坡脚 1.0～2.0m 及 10～12m 处各设一个位移观测边桩，各观测桩位于同一断面上。各标段观测断面数量如表 5-4。

各标段观测断面数量　　表 5-4

标段	A10	A11	A12	A13	A14	A15	A16	A17	A18	A19	A20	A21
设计观测断面	24	7	158	19	136	4	21	23	12	85	95	136

2. 测量方法及精度

沉降观测按 II 等水准要求，在动态设计中，采用的仪器为自动安平电子水准仪(瑞士，NA3003)，并配备专用的铟瓦水准尺。观测中误差为 1mm/km，在实际测量过程中，根据现场情况，采用闭合水准路线或附和水准路线，允许闭合差控制标准为：

$$\Delta = \pm 4\sqrt{L}(\mathrm{mm}) \tag{5-1}$$

式中：L——水准路线长，km。

水准测量作业结束后，每条水准线路应以测段往返测高差不符值，计算每千米水准测量的偶然中误差：

$$M_{\Delta} = \pm\sqrt{\frac{1}{4n}\left[\frac{\Delta\Delta}{R}\right]} \tag{5-2}$$

式中：Δ——测段往返测高差不符值，mm；

R——测段长度，km；

n——测段数。

无论是附和水准线路或闭合水准线路，允许闭合差或往返测高差不符值计算的每千米水准测量的偶然中误差超限时，均应分析原因，重测有关段落。

3. 观测时间、频率及控制标准

秦沈客运专线沉降观测自路基本体施工埋设沉降观测设备开始观测，至 2003 年 1 月试运营通车，历时近 3 年时间。

在施工期间，一般每填筑一层应观测一次，如果两次填筑时间间隔较长，应每 3d 至少观测一次。路堤经过分层填筑达到设计高程后，在预压期前 2～3 个月内，每 5d 观测一次，3 个月后 7～15d 观测一次，半年后一个月观测一次，如沉降变化较大的段落，适当调整观测频率。

对设置的沉降与位移观测设备，在路堤填筑过程中严格控制填土速率，控制的标准为：路堤中心地面沉降速率≤10mm/d，坡脚水平位移速率≤5mm/d，并根据沉降观测情况进行综合分析，开展动态设计。

四、动态设计对设计及施工的指导作用

根据施工的进展情况，通过对秦沈客运专线全线 720 个观测断面的沉降分析，分时提出动态设计分析报告，很好地指导了全线软土及松软土地基地段的设计及施工。

1. 沉降预测方法

由沉降实测成果曲线推算最终沉降量及工后沉降量的方法较多，常用的有修正双曲线法、修正指数函数法、双曲线法、沉降速率法、三点法和灰色预测法，还有日本常用的星野法和浅岗松尾法。本线采用了如下几种沉降推算方法：

(1)修正指数函数法和修正双曲线法

修正指数函数法和修正双曲线法是河海大学提出的两种预测工后沉降的方法。修正指数函数法和修正双曲线法虽然对土的本构关系作了线弹性的假设，这种假设对于预测以后尚有填土的情况下的未来沉降是会有一定误差的。但是对于推算已完成全部填土情况下的沉降误差较小。同时由于其利用了从开始填土到目前为止的所有观测资料，从实测资料中获得的信息较多，综合分析出来的地基固结参数会较准确，因而，修正指数函数法和修正双曲线法的分析结果是最为接近实际的。

(2)星野法

利用星野法推算沉降时，增加了人机交互的主动性，可以调整星野法中的假定瞬时沉降和瞬时沉降发生的时间，以使回归分析后的数据点较好地落在一条直线上。但是此种方法只利用填筑结束后恒载条件下的实测数据，故推算工后沉降必须在恒载条件下有足够长时间的实测数据，通常认为荷载稳定后的实测沉降时间至少应在半年以上。

(3)双曲线法

双曲线法是假定沉降速度以双曲线形式减小的经验推导法。此种方法也是利用填筑结束后恒载条件下的实测数据，利用此方法推算工后沉降也必须在恒载条件下有足够长时间的实

测数据。在双曲线法推算结果中，出现明显不合理情况的断面所占的比例要小一些，这说明双曲线法对于观测数据的不理想性的适应性要强一些。

经过对几种方法的试用和比较，发现修正指数函数法的推算结果与其他几种方法比较，其结果偏小；修正双曲线、双曲线和星野法的推算结果相互差别不大，但每种方法由于对实测资料的利用阶段不同，对各实测曲线的适用性也并不完全一样。最终是选择了以修正双曲线法为准，以修正指数函数法、双曲线法和星野法的推算结果为参考的预测方法。

A14 标段 DK267～DK268 段预测结果见表 5-5、表 5-6。

A14 标段观测资料修正双曲线法推算未来沉降成果表(cm)　　表 5-5

断面里程	处理措施	预测方法	02.12.31 总沉降量	03.08.15 总沉降量	03.12.31 总沉降量	04.8.15 总沉降量	最终沉降量	02.12.31 至 03.12.31 沉降量	02.12.31 起剩余沉降量	至 03.08.15 沉降量	03.08.15 至 04.8.15 沉降量	03.08.15 起剩余沉降量
DK267＋060	袋装砂井	修正双曲线法	30.15	30.28	30.28	30.33	30.55	0.13	0.40	0.13	0.05	0.27
DK267＋460	袋装砂井	修正双曲线法	31.03	31.11	31.12	31.14	31.27	0.09	0.24	0.08	0.03	0.16
DK267＋560	袋装砂井	修正双曲线法	31.87	31.98	32.03	32.09	32.35	0.16	0.48	0.11	0.11	0.37
DK267＋760	袋装砂井	修正双曲线法	32.04	32.2	32.2	32.26	32.53	0.16	0.49	0.16	0.06	0.33
DK267＋860	袋装砂井	修正双曲线法	29.38	29.46	29.49	29.53	29.7	0.11	0.32	0.08	0.07	0.24

A14 标段观测资料修正指数函数法、双曲线法、星野法推算未来沉降成果表(cm)　　表 5-6

断面里程	处理措施	预测方法	02.12.31 总沉降量	03.08.15 总沉降量	03.12.31 总沉降量	04.8.15 总沉降量	最终沉降量	02.12.31 至 03.12.31 沉降量	02.12.31 起剩余沉降量	至 03.08.15 沉降量	03.08.15 至 04.8.15 沉降量	03.08.15 起剩余沉降量
DK267＋060	袋装砂井	修正指数函数法	28.66	28.66	28.66	28.66	28.66	0.00	0.00	0.00	0.00	0.00
		双曲线法	30.16	30.41	30.52	30.66	31.46	0.36	1.30	0.25	0.25	1.05
		星野法	29.55	29.62	29.65	29.69	29.88	0.10	0.33	0.07	0.07	0.26
DK267＋460	袋装砂井	修正指数函数法	29.66	29.66	29.66	29.66	29.66	0.00	0.00	0.00	0.00	0.00
		双曲线法	30.47	30.55	30.59	30.63	30.86	0.12	0.39	0.08	0.08	0.31
		星野法	30.14	30.18	30.2	30.22	30.31	0.06	0.17	0.04	0.04	0.13

续上表

断面里程	处理措施	预测方法	02.12.31总沉降量	03.08.15总沉降量	03.12.31总沉降量	04.8.15总沉降量	最终沉降量	02.12.31至03.12.31沉降量	02.12.31起剩余沉降量	至03.08.15沉降量	03.08.15至04.8.15沉降量	03.08.15起剩余沉降量
DK267+560	袋装砂井	修正指数函数法	28.81	28.81	28.81	28.81	28.81	0.00	0.00	0.00	0.00	0.00
		双曲线法	30.66	31.07	31.25	31.48	32.8	0.59	2.14	0.41	0.41	1.73
		星野法	29.27	29.36	29.4	29.45	29.69	0.13	0.42	0.09	0.09	0.33
DK267+760	袋装砂井	修正指数函数法	28.16	28.16	28.16	28.16	28.16	0.00	0.00	0.00	0.00	0.00
		双曲线法	30.2	30.6	30.77	30.98	32.21	0.57	2.01	0.40	0.38	1.61
		星野法	29.42	29.6	29.68	29.78	30.28	0.26	0.86	0.18	0.18	0.68
DK267+860	袋装砂井	修正指数函数法	26.22	26.22	26.22	26.22	26.22	0.00	0.00	0.00	0.00	0.00
		双曲线法	27.79	28.11	28.24	28.42	29.4	0.45	1.61	0.32	0.31	1.29
		星野法	26.74	26.82	26.85	26.89	27.09	0.11	0.35	0.08	0.07	0.27

2. 动态设计主要成果

(1)为确定预压土卸载时间，对A10、A12、A13、A14、A19、A20、A21共计7个标段33km预压段落进行沉降预测分析，提供了沉降分析报告，确定了卸载时间。

对部分控制施工进度的段落，提前进行沉降、稳定分析，提出沉降预测分析报告，对工后沉降及工后一年沉降速率满足要求的段落，经与实测资料综合分析，将预压期进行了调整，缓解了控制工期的“瓶颈”段落。

如对A13标段月牙河特大桥秦端近200m段落，由于该段预压土的影响，对架梁工期耽误近一个月，故于2001年6月25日对此段路基进行评估，对观测断面实测资料进行推算沉降分析，工后沉降量和工后一年沉降速率已满足要求。但由于5月气候干旱，地下水位下降，引起月沉降量偏大，鉴于此种情况，分析结论认为：由于架梁工期安排紧张，建议先卸除预压土，超填0.05m，进行架梁；同时也对稳定性方面进行了分析试验，为保证在架梁阶段运梁车驮运梁安全通过，在运梁线上取两条相距15m的观测断面，在每一断面设置8个观测桩(4个沉降桩，4个位移桩)，分别设在运梁线中轴线两侧。运梁车驮梁(24m双线箱梁)静停于测试区内，在前两个小时每半小时测一次沉降和位移，后两个小时每1小时测试一次沉降和位移，待卸载后最后测量一次。经过静载试验，结果满足运架梁要求。故建议安排卸除预压土，开始运架梁，同时要求在运架梁期间加强了监测。通过成功运架梁的实践证明，对沉降和稳定性的分析及决策是正确的，为指导施工和争取工期提供了依据，起到了很好的作用。

对A14标段还调整了预压土段落及高度，详见表5-7，预压土卸载时间调整见表5-8。

预压土高度、预压土段落调整一览表

表 5-7

序号	起 讫 里 程	长度（m）	原预压土设计高度（m）	调整后预压土高度（m）	备　注
1	DK263＋400～DK263＋600	200	1.8	2.5	
2	DK263＋600～DK265＋200	1600	1.8	3.0	
3	DK265＋300～DK265＋460	160	1.8	3.0	
4	DK266＋934.72～DK268＋214.75	1280.3	1.0	2.0	原设计道碴预压
5	DK265＋885.67～DK269＋630	744.33	1.0	2.0	原设计道碴预压
6	DK269＋630～DK270＋550	920	1.0	1.2	原设计道碴预压
7	DK270＋550～DK271＋050	500	0	2.5	
8	DK271＋050～DK271＋434.73	384.73	1.0	2.0	原设计道碴预压
9	DK271＋487.21～DK271＋960	473.46	1.0	2.5	原设计道碴预压
10	DK271＋960～DK272＋885.63	925.63	1.8	3.0	
11	DK274＋248.25～DK274＋638.76	390.51	1.8	2.5	

预压土卸荷时间调整一览表

表 5-8

序号	起 讫 里 程	长度（m）	设计卸荷时间	调整后卸荷时间
1	DK263＋400～DK266＋103	2703	2001.8.15	2001.6.23
2	DK266＋958～DK268＋209	1251	2001.8.15	2001.6.17
3	DK268＋890～DK271＋050	2160	2001.7.15	2001.6.10
4	DK271＋050～DK271＋434.23	384	2001.7.15	2001.5.19
5	DK271＋486.7～DK272＋875	1389	2001.7.15	2001.5.18
6	DK274＋252～DK277＋864	3612	2001.7.15	2001.6.23

(2)填筑级配碎石前，对全线松软及软土路基进行沉降分析，并根据沉降预测结果，调整基床底层顶面抬高值。

设计时，采用排水固结法处理的路堤地段，考虑到施工期间的沉降量较大，基床底层顶面进行了抬高处理。在沉降观测和动态设计时，为了对路基的工后沉降进行精确控制并严格控制路基的基床表层、基床底层厚度，在填筑表层级配碎石前，需对基床底层顶面高程进行调整。

根据实测资料、理论计算及沉降预测结果，提出了合理的基床底层顶面抬高值。

基床底层验收标准见表 5-9。

基床底层允许偏差表

表 5-9

序　号	项　　目	允 许 偏 差	检 验 数 量	检 验 方 法
1	顶面高程	±50mm	每 100m 检查 5 点	水准仪测
2	中线至边缘距离	±50mm	每 100m 检查 5 点	尺量
3	宽度	设计值	每 100m 检查 3 点	尺量
4	横坡	±0.5%	每 100m 检查 2 个断面	坡度尺量
5	平整度	15mm，填石路堤 50mm	每 100m 检查 10 点	2.5m 长尺量测
6	厚度	±30mm	每 100m 检查 3 点	尺量，查施工记录

以A14标段基床底层顶面抬高值为例，抬高段落及抬高值见表5-10。

基床底层顶面抬高值调整　　表5-10

序　号	起 讫 里 程	长度 (m)	设计抬高值 (m)	调整后抬高值 (m)
1	DK268+950～DK271+400	2450	0.2	0.1
2	DK271+520～DK272+100	580	0.2	0.1
3	DK272+100～DK272+800	700	0.2	0.05
4	DK274+717～DK275+857	1140	0.1	0.05
5	DK275+985～DK276+750	765	0.1	0.05
6	DK278+015～DK278+200	185	0.15	0.05
7	DK280+100～DK280+640	540	0.1	0.05

注：其余地段基床底层顶面抬高值均调整为0。

(3)为了保证验交，对全线松软、软土路基进行推测沉降分析，提供了以2003年8月15日为工后起点的路基沉降状态分析报告，结合基床表层级配碎石验收标准，确定了路肩高程抬高值。

在铺轨前对软土及松软路基地段进行了评估，根据由实测沉降资料推算未来沉降量，在满足基床表层路肩高程和厚度的基础上，综合推算至验交期间的未来沉降量，给部分未预压段落提供了路肩高程抬高值。

基床表层级配碎石验收标准见表5-11。

基床表层允许偏差表　　表5-11

序　号	项　目	允 许 限 差	检 验 数 量	检 验 方 法
1	路肩高程	+20mm，−30mm	每100m检查5点	水准仪测
2	中线至路肩边缘距离	±30mm	每100m检查5点	尺量
3	宽度	≮设计值	每100m检查5点	尺量
4	横坡	±0.5%	每100m检查5个断面	坡度尺量
5	平整度	15mm	每100m检查10点	2.5m长尺量测
6	厚度	−30mm	每100m检查3点	尺量，查施工记录

以A14标段路肩抬高值为例，抬高段落及抬高值见表5-12。

路 肩 抬 高 值　　表5-12

序　号	起 讫 里 程	长度 (m)	抬高值 (m)
1	DK270+550～DK271+100	550	0.02
2	DK274+800～DK275+857	1057	0.03
3	DK275+985～DK276+374	389	0.03
4	DK280+100～DK280+290	190	0.05
5	DK280+311.6～DK280+640	328.4	0.05

注：设计无路肩高程抬高值。

(4)为了进行铺轨前路基评估,对全线松软、软土路基进行推算沉降分析,提供了以铺碴之日为工后起点的沉降分析报告。

在各标段铺轨前,分段提出沉降分析报告,工后以各段铺轨之日起,预测未来工后沉降量和工后第一年沉降速率,在铺轨前现状荷载下,一般断面工后沉降都满足要求;在考虑上建部分荷载和列车活载情况下,有少数断面工后第一年沉降速率超标,但综合地层情况和超标相邻断面情况,结论认为秦沈客运专线路基工后沉降及沉降速率满足要求,可以铺轨,并对铺轨日期给出了合理化建议,保证了铺轨工作的顺利进行。

第二节　软土路基的工程试验

秦沈客运专线沿线地质条件变化较大,部分路基处于软土地区,当时迫切需要通过现场试验和长期沉降观测来对软土路基工后沉降控制进行深入的研究,从而使软土路基的工后沉降处于可控制范围。

一、软土路基试验工点概况

试验工点位于盘锦北站,线路以填方通过冲积平原,地形平坦开阔。根据秦沈线的设计和施工情况,选择软基较均匀的 DK265＋200～DK265＋700 区段为软基处理试验段,全长 500m。部分路基经过苇塘、水塘地段,需要围堰抽水,挖除淤泥,换填至反压护道平台顶面高程以下的 0.8m 处。

在 500m 的试验区段采用了三类六种地基处理措施。第一类是柔性桩复合地基,为水泥搅拌桩和水泥粉喷桩;第二类是散体桩复合地基,为砂桩和碎石桩;第三类是排水固结地基处理措施,为袋装砂井和塑料排水板。具体软基处理方法及区段见表 5-13。

软基处理方法及试验区段　　表 5-13

序号	里程	处理方法	桩长	桩径	桩间距	垫层	土工格栅
1	DK265＋200～＋250	水泥搅拌桩	11m	0.5m	1.0m	碎石垫层	无
2	DK265＋250～＋300	水泥搅拌桩	11m	0.5m	1.0m	碎石垫层	有
3	DK265＋300～＋340	袋装砂井	11m	0.07m	1.3m	砂垫层	有
4	DK265＋340～＋380	袋装砂井	11m	0.07m	1.3m	砂垫层	无
5	DK265＋380～＋420	塑料排水板	11m		1.3m	砂垫层	无
6	DK265＋420～＋460	塑料排水板	11m		1.3m	砂垫层	有
7	DK265＋460～＋500	砂桩	11m	0.5m	1.1m	砂垫层	无
8	DK265＋500～＋540	砂桩	11m	0.5m	1.1m	砂垫层	有
9	DK265＋540～＋580	碎石桩	11m	0.5m	1.1m	碎石垫层	无
10	DK265＋580～＋620	碎石桩	11m	0.5m	1.1m	碎石垫层	有
11	DK265＋620～＋660	水泥粉喷桩	11m	0.5m	1.0m	碎石垫层	有
12	DK265＋660～＋700	水泥粉喷桩	11m	0.5m	1.0m	碎石垫层	无

二、观测断面与元器件布设

1.观测断面与主要观测内容

本试验工点对六种处理软基地段共布置12个观测断面，主要观测内容见表5-14。

观测断面里程及观测内容　　表5-14

序号	里　程	处理方法	沉降板（个）	剖面沉降管	分层沉降（管m/环个）	测斜管（m）	孔压计（个）	土压盒（个）
1	DK265+230	搅拌桩	1	2根	53/27	40		8
2	DK265+270	搅拌桩	1	2根	53/27	40		8
3	DK265+345	袋装砂井	1	40m	53/26	20	6	
4	DK265+360	袋装砂井	1	40m	53/26	20	6	
5	DK265+400	塑料板	1	40m	53/26	20	6	
6	DK265+440	塑料板	1	40m	53/26	20	6	
7	DK265+480	砂桩	1	40m	53/26	20	6	
8	DK265+520	砂桩	1	40m	53/26	20	6	3
9	DK265+560	碎石桩	1	40m	53/26	20	6	3
10	DK265+600	碎石桩	1	40m	53/26	20	6	3
11	DK265+640	粉喷桩	1	2根	53/27	40		8
12	DK265+680	粉喷桩	1	2根	53/27	40		8

2.测试传感器布置

沉降板：观测路堤基底地面沉降值，在各测试断面的路基中心处设置1个，共12个。

横剖面沉降管：观测路堤基底地面横剖面沉降变化形状，在各测试断面处横穿整个路基底面设置。水泥搅拌桩和水泥粉喷桩的断面分别在桩间土和桩顶位置各埋设1根，共2根；其余断面埋设1根。

分层沉降管及测环：观测地表以下不同深度土层的分层压缩变形，了解加荷过程中地基沉降量沿深度的分布变化。各测试断面设置3个位置，路基中线处深20m，路肩处深18m，坡脚处深15m，每2m布置一个测环。

测斜管：测试地基土的侧向位移，估算地基的瞬时沉降，在各测试断面的一侧路肩（坡脚）处设置，深度20m。

孔压传感器：测试地基土在不同深度处的孔隙水压变化情况，在测试断面沿深度的2m、4m、6m处设置2组孔压传感器。

土压力盒：测试复合地基基底土压力分布情况。在搅拌桩和粉喷桩测试断面的路基中心及右侧路肩以下的原地面附近，桩头、桩间土上布置两组，每组4个，每个断面共8个。在砂桩和碎石桩测试断面的路基中心处，桩头、桩间土上布置1组，每组3个。

柔性位移传感器：测量土工格栅的应变。在测试断面的线路中心、路肩和坡脚的位置上安装了柔性位移传感器。

位移边桩：观测路堤坡脚外地表横向及竖向位移，在各测试断面的两侧路堤坡脚外 2m、12m 各 1 个，每断面 4 个。

各种埋设元件(传感器)及布置见图 5-4 所示。

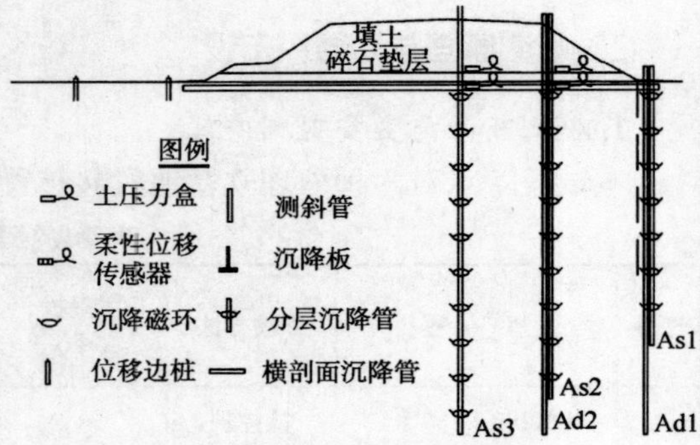

图 5-4 观测元器件布置示意图

三、观测数据分析

1. 地面中心沉降

代表性断面的沉降观测曲线如图 5-5～图 5-8。

沉降板观测结果表明：水泥搅拌桩和水泥粉喷桩的沉降相对较小约 8cm；砂桩和碎石桩的沉降相对大些约 9cm；袋装砂井和塑料排水板沉降较大约 14cm。

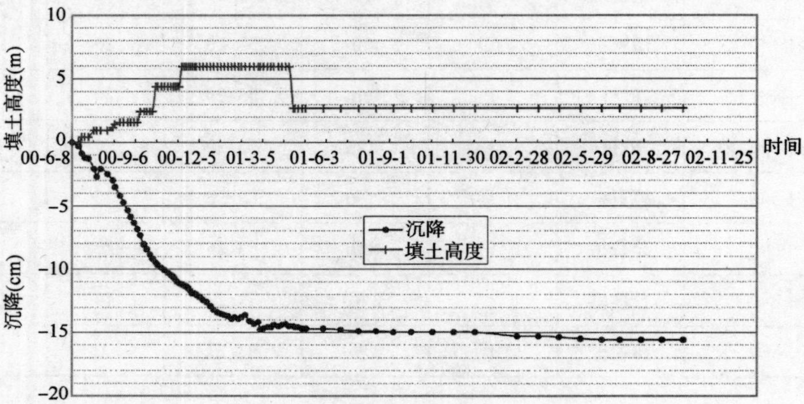

图 5-5 DK265＋400(排水板)时间—填土—沉降曲线

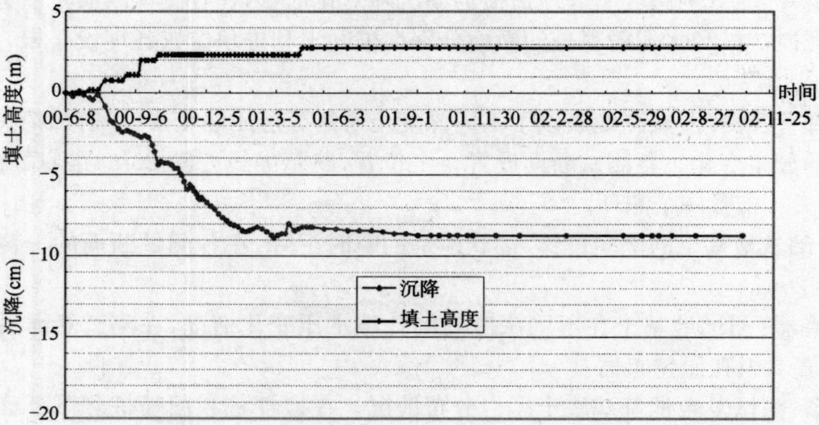

图 5-6 DK265＋560(碎石桩)时间—填土—沉降曲线

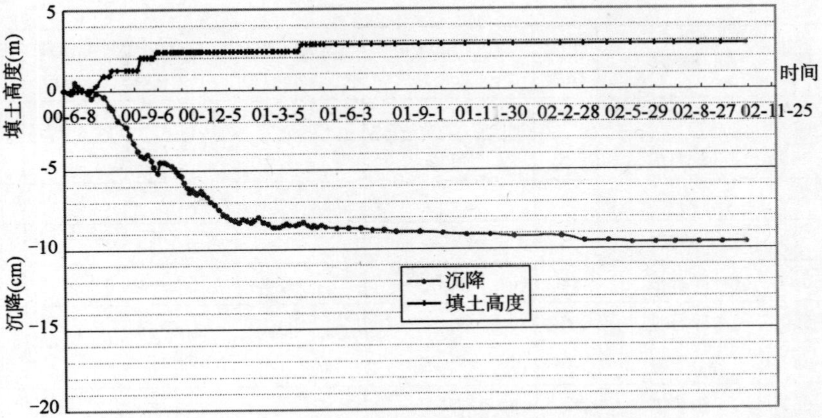

图 5-7　DK265＋600(碎石桩＋格栅)时间—填土—沉降曲线

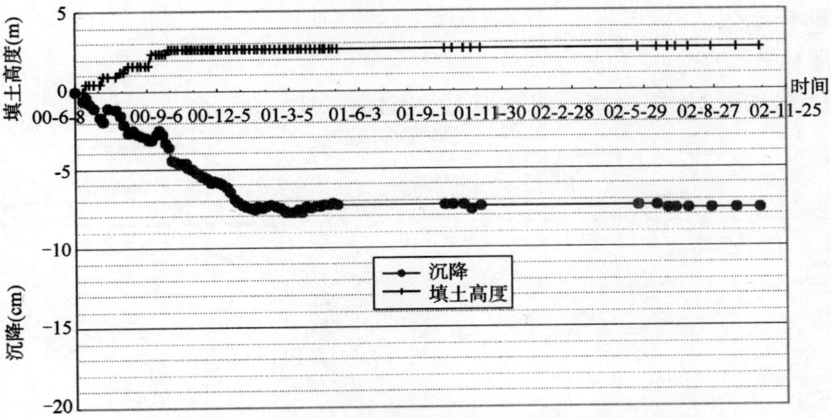

图 5-8　DK265＋680(粉喷桩)时间—填土—沉降曲线

施工填筑期间最大沉降速率小于 10mm/d,从最大沉降速率来看路基填筑期间是稳定安全的。

从 29 个月的长期沉降观测曲线来看,这 6 种地基处理方法在施工荷载完成填土达到标高后约 5 个月,其沉降趋于稳定,再以后 18 个月的沉降变化较小约为 1 cm。取级配碎石验收完成作为路基施工的结束时刻,也即工后沉降的起始点。根据沉降观测资料的分析结果(表 5-15)可以看出,这 6 种地基处理方法第一年的沉降速率远小于秦沈标准 4 cm/a,第二年沉降速率更小。

各断面施工期间的沉降值和工后沉降速率　　表 5-15

序号	里　程	处 理 方 法	土工格栅	施工期沉降(cm)	最大沉降速率(mm/d)	工后第一年沉降速率(cm/a)	工后第二年沉降速率(cm/a)
1	DK265＋230	搅拌桩	无	8.4		0	0.018
2	DK265＋270	搅拌桩	有	8.7		0.6	0.013
3	DK265＋345	袋装砂井	有	15.4	1.5	0.3	0.025
4	DK265＋360	袋装砂井	无	11.7	2.0	0.6	0.020

续上表

序号	里　程	处理方法	土工格栅	施工期沉降(cm)	最大沉降速率(mm/d)	工后第一年沉降速率(cm/a)	工后第二年沉降速率(cm/a)
5	DK265+400	塑料板	无	15.0	1.67	0.6	0.025
6	DK265+440	塑料板	有	11.2	1.4	0.1	0.018
7	DK265+480	砂桩	无				−0.003
8	DK265+520	砂桩	有				−0.005
9	DK265+560	碎石桩	无	8.7	1.6	0	0.008
10	DK265+600	碎石桩	有	9.0	1.33	0.6	0.013
11	DK265+640	粉喷桩	有	7.6		0.4	0.005
12	DK265+680	粉喷桩	无	7.3		0.3	0.020

从沉降曲线来看，在 50cm 砂(或碎石)垫层中加一层土工格栅，对这 6 种地基处理方法的沉降差异影响不大。

2. *地表横剖面沉降*

代表性断面的横剖面沉降观测曲线如图 5-9、图 5-10。

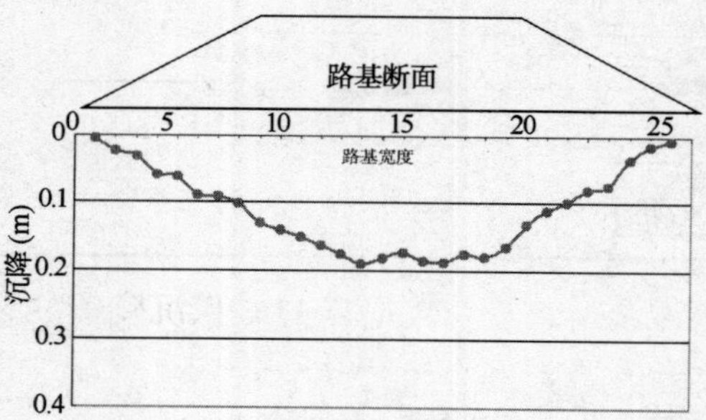

图 5-9　塑料排水板(袋装砂井)典型横剖面沉降曲线

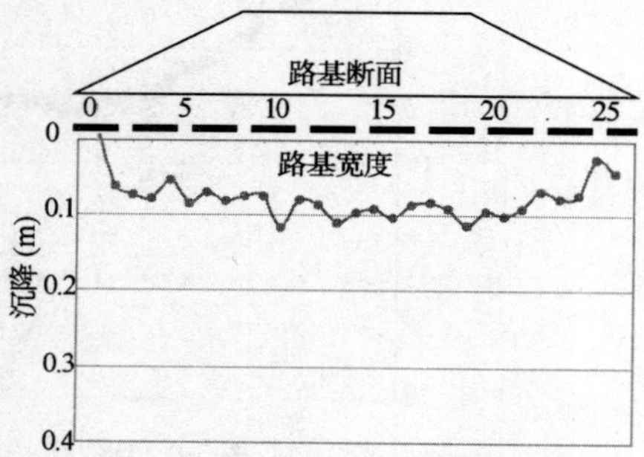

图 5-10　碎石桩(砂桩)典型横剖面沉降曲线

全剖面沉降观测结果表明：水泥搅拌桩和水泥粉喷桩的沉降相对较小约 4～7cm；砂桩和碎石桩的沉降相对柔性桩大些，约 10 cm，在路基横断面范围内沉降相对较均匀；袋装砂井和塑料排水板沉降较大，在路基横断面范围内呈现出锅底形沉降，中间沉降较大，最大达 20 cm 多。

在 50cm 砂(碎石)垫层中加一层土工格栅，对这三类地基处理措施的沉降变化，从全剖面沉降观测结果来看影响不大。

3. *地基分层沉降*

分层沉降观测数据表明：水泥搅拌桩和水泥粉喷桩，在 0～11m 的加固范围内，其压缩变形较小，累积沉降量小；砂桩和碎石桩，在 0～6m 的范围内压缩变形较大；6～12m 范围内的压缩变形相对较小；12m 以下还有较小的压缩变形，累积沉降量大；袋装砂井和塑料排水板，在加固范围内(0～11m)压缩变形较大；11m 以下还有较小的压缩变形，累积沉降量较大。

通过分层沉降观测资料整理出加固深度范围内的沉降量 S_1 与未加固下部的沉降量 S_2 对比结果见表 5-16。

分层沉降量对比　　表 5-16

里程及位置		加固区沉降量 S_1(cm)	未加固区沉降量 S_2(cm)	总沉降量 S(cm)	备　注
DK265+270	中线	1.4	0.5	1.9	搅拌桩
	路肩	0.9	0.45	1.35	
	坡脚	2.15	0	2.15	
DK265+360	中线	13.3	1.0	14.3	袋装砂井
	路肩	6.9	1.6	8.5	
	坡脚	1.9	−0.1	1.8	
DK265+440	中线	23.1	3.1	26.2	塑料排水板
	路肩	20.7	5.0	25.7	
	坡脚	4.8	—	4.8	
DK265+480	中线	4.2	—	4.2	砂桩
	坡脚	1.3	—	1.3	
DK265+600	中线	3.9	5.0	8.9	碎石桩
	路肩	3.1	—	3.1	
	坡脚	4.2	0.1	4.3	
DK265+680	中线	1.8	0.6	2.4	粉喷桩
	路肩	1.9	0.8	2.7	
	坡脚	2.45	0	2.45	

在 50cm 砂垫层中加一层土工格栅，对砂桩和碎石桩地基处理措施的累积沉降值的差异几乎没有影响。

4. 地基深层位移

各断面的最大侧向位移和最大侧向位移速率见表 5-17。数据分析表明：水泥搅拌桩和水泥粉喷桩，土层的侧向变形较小，最大侧向位移 8～12mm；砂桩和碎石桩，土层的侧向变形较大，最大侧向位移 64～136mm；袋装砂井和塑料排水板，土层的侧向变形也较大，最大侧向位移 78～137mm。

最大侧向位移和最大侧向位移速率　　表 5-17

序号	里　程	处 理 方 法	土 工 格 栅	最大侧向位移(mm)	最大侧向位移速率(mm/d)
1	DK265+230	搅拌桩	无	9.38	<0.1
2	DK265+270	搅拌桩	有	8.09	<0.1
3	DK265+345	袋装砂井	有	87.6	1.71
4	DK265+360	袋装砂井	无	137.3	2.51
5	DK265+400	塑料板	无	78.2	0.97
6	DK265+440	塑料板	有	125.2	2.25
7	DK265+480	砂桩	无	136.7	1.83

续上表

序号	里　程	处 理 方 法	土 工 格 栅	最大侧向位移 (mm)	最大侧向位移速率 (mm/d)
8	DK265+520	砂桩	有	64.8	1.75
9	DK265+560	碎石桩	无	120.0	0.9
10	DK265+600	碎石桩	有	68.8	0.28
11	DK265+640	粉喷桩	有	9.36	<0.1
12	DK265+680	粉喷桩	无	12.11	<0.1

从侧向位移曲线的变化形状来看，距地面 2～4m 处变形出现峰值，深度 20m 处侧向位移趋于零。各断面的侧向位移曲线形状与静力触探曲线有较好的对应性，土层端阻大的侧向位移小，土层端阻小的侧向位移大。

水泥搅拌桩和水泥粉喷桩，在施工过程中对软土结构扰动破坏作用很小，且桩身刚度较大，则在路基填土荷载作用下，地基土侧向位移较小。填筑施工期间最大侧向位移速率<0.1 mm/d；砂桩和碎石桩，在施工过程中对软土结构有挤密扰动作用，且桩身刚度小，则在路基填土荷载作用下，地基土侧向位移较大。填筑施工期间最大侧向位移速率为 0.28～1.83 mm/d；袋装砂井和塑料排水板，在施工过程中地基土的沉降较大，则侧向位移也较大，填筑施工期间最大侧向位移速率为 0.97～2.51 mm/d。

5. 孔隙水压力

对孔隙水压变化进行了长期观测。由观测曲线（图 5-11、图 5-12）表明，填土初期随着填土荷载的增加，土中孔隙水压增加；填土间歇期间孔隙水压消散减小；再填土，孔隙水压再增加；当填土到设计标高时，孔隙水压逐渐消散减小。这种变化在排水固结处理段（袋装砂井和塑料排水板）较明显，在挤密砂（石）桩处理段不明显。

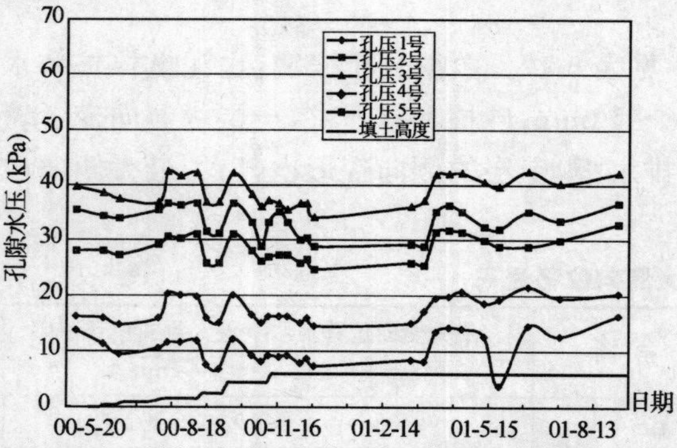

图 5-11　典型的塑料排水板孔隙水压变化曲线

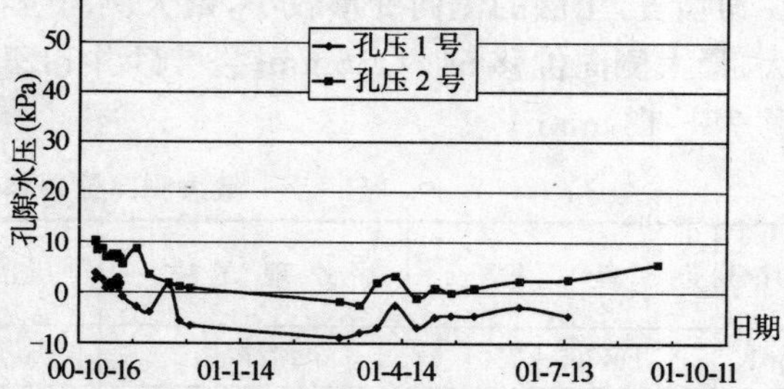

图 5-12　典型的砂桩孔隙水压变化曲线

路基填土加荷的速率应保证路基的沉降速率小于 10mm/d，侧向位移速率小于 5mm/d。从沉降和测斜观测表明，试验段的加荷速率是满足路基稳定性要求的。

值得说明的是，经 2000 年冬季后，所有孔压传感器都出现增加和衰减变化。这可能是由于地下水位随时间季节性的变化产生的。从孔隙水压变化曲线中可观察到不同深度处的孔隙水压是随时间同步变化的，其孔隙水压变化差值在 7.5～12.5kPa 之内。冬季 12 月份地下水位较低，夏季8月份地下水位较高，期间由于附近水田的灌排水作业，也会使地基内部随之变化。从长期沉降观测曲线表明，路基沉降于2001年已趋于稳定，2001年观测到的孔隙水压变化不是由于路基填土造成的超孔隙水压变化，是地下水位变化引起的。

6. 基底土压力

对柔性桩、散体桩复合地基处理地段，在基底垫层中的7个断面埋设了土压力传感器，并进行了土压力变化的观测，其各断面中心处垫层下的桩/土应力值见表5-18，典型的土压力变化观测曲线见图5-13～图5-16。

各断面中心处垫层下的桩/土应力值　　表5-18

序号	里　程	处理方法	土工格栅	中心垫层下土压力(kPa)		桩/土应力比
				桩头	桩间	
1	DK265+230	搅拌桩	无	116	52	2.23
2	DK265+270	搅拌桩	有	(51)	68	—
3	DK265+520	砂桩	有	131.9	55.5	2.38
4	DK265+560	碎石桩	无	158.7	97.3	1.63
5	DK265+600	碎石桩	有	129.1	75.8	1.70
6	DK265+640	粉喷桩	有	172	60	2.87
7	DK265+680	粉喷桩	无	164	72	2.28

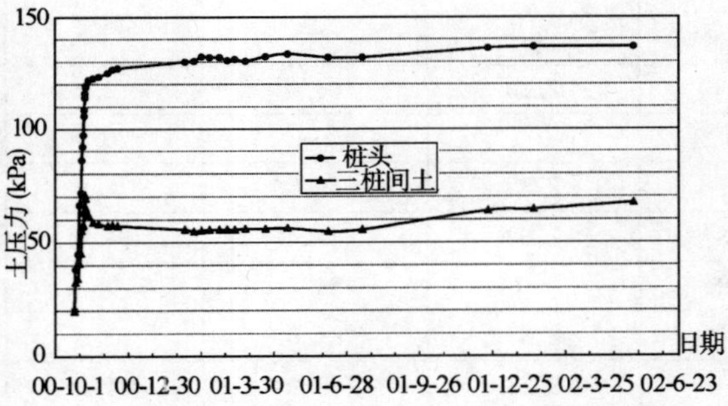

图5-13　砂桩土压力变化曲线

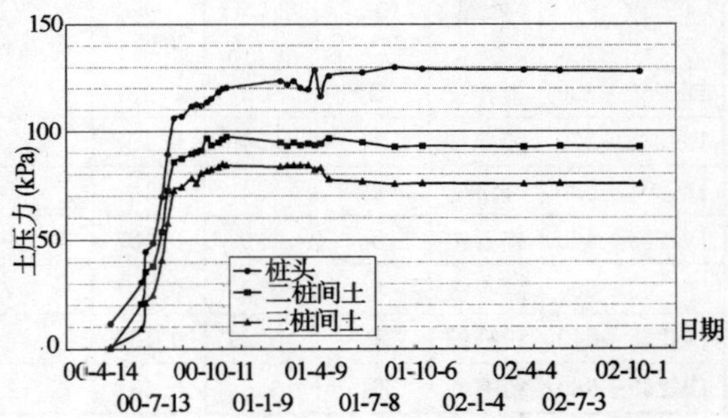

图5-14　碎石桩土压力变化曲线

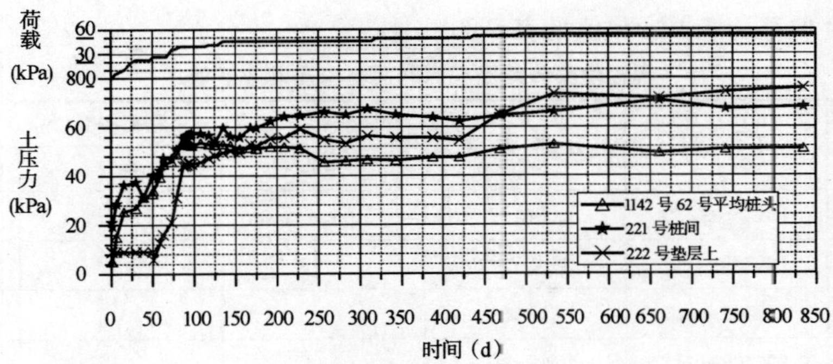

图5-15　搅拌桩土压力变化曲线

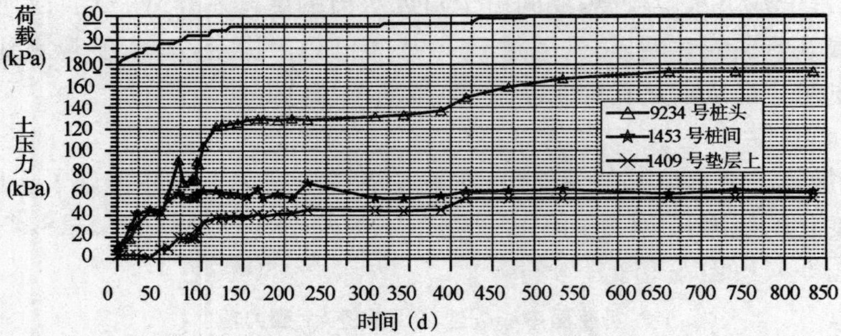

图 5-16　粉喷桩土压力变化曲线

土压力观测曲线表明，随着填土荷载的增加土压力随之增大，当填土到设计标高时，土压力趋于稳定。根据桩土应力比实测的垫层下的总应力与填土高度估算的总应力，见表 5-19。只有 DK265＋560 断面的实测土压力偏大，其他断面实测值与计算值基本一致。从实测结果来看，桩土应力比是随着荷载的增大而逐渐增大的。对于搅拌桩、粉喷桩的桩土应力比比砂桩、碎石桩的桩土应力比大。桩土应力比的大小与加固桩的桩身刚度有关，即桩土刚度差越大，则桩土应力比越大，反之则越小。

实测路基总应力与估算总应力对比　　表 5-19

里　程	地基处理	土工格栅	填土高度(m)	置换率 m	桩间土应力 σ_s (kPa)	桩/土应力比 n	实测总应力 $\sigma=[1+m(n-1)]\sigma_s$ (kPa)	估算总应力 $\sigma=\sum\gamma h$ (kPa)
DK265＋230	搅拌桩	无	3.5	0.187	52	2.23	64.0	72.9
DK265＋270	搅拌桩	有	3.4	0.187	68	—	—	70.9
DK265＋520	砂桩	有	3.4	0.187	55.5	2.38	69.8	70.9
DK265＋560	碎石桩	无	3.9	0.187	97.3	1.63	108.8	81.0
DK265＋600	碎石桩	有	3.7	0.187	75.8	1.7	85.7	77.0
DK265＋640	粉喷桩	有	3.8	0.187	60	2.87	81.0	81.0
DK265＋680	粉喷桩	无	3.8	0.187	72	2.28	89.2	81.0

7. 基底土工格栅的受力

在有土工格栅的 5 个断面上安装了柔性位移传感器，测定土工格栅受力后的变形情况，断面里程及柔性位移传感器变化值见表 5-20。

柔性位移传感器观测断面里程及其应变值　　表 5-20

序　号	里　程	处理方法	土工格栅应变(%)		
			中心	路肩	坡中
1	DK265＋270	搅拌桩	1.1	1.15	1.65
2	DK265＋345	袋装砂井	2.43	2.67	—
3	DK265＋440	塑料板	1.32	3.11	—
4	DK265＋600	碎石桩	1.8	—	—
5	DK265＋640	粉喷桩	0.7	1.5	1.8

柔性位移传感器的实测应变数据表明，土工格栅应力变形随荷载的增大逐渐增大。土工格栅的应力应变在路基中心、路肩、坡中是不同的，实测应变表明路基中心相对小些、路肩大些、坡中最大。土工格栅受力变形的大小与土工格栅在垫层中的相对沉降(或位移)变化差有关，路基中心处土工格栅的相对沉降差小，路肩大些，坡中由于紧靠土工格栅的回折锚固端相对位移变化差最大。则土工格栅沿路基横剖面的受力变形依次为路基中心小，路肩大些，坡中最大。

对于这三类地基处理方法来说，第一类由于整体沉降小，则土工格栅的最大应变为1.8%；第三类由于整体沉降大，则土工格栅的最大应变为3.1%。而试验用土工格栅的最大屈服应变为8.2%，试验断面的土工格栅应变都较小，没有充分发挥其最大作用。

对于不同的地基处理方法，当地基相对地沉降小时，在垫层中加一层土工格栅作用不大；当地基相对地沉降大时，在垫层中加一层土工格栅可起一定作用。

第三节 松软土路基的工程试验

松软土是介于软土和一般土之间，物理力学性质好于软土而沉降变形仍较大的一种土。由于客运专线铁路对于路基沉降变形的要求很严格，在普通铁路当中并不重要的松软土地基沉降控制问题现在成为一个必须要解决的问题。松软土与软土地基的沉降变形计算采用的都是基于太沙基一维固结理论基础上的分层总和法。但是此法理论上依然存在许多缺陷，使得计算结果与实测值相差较大。典型的比如对成层土的变形、固结特性考虑就很欠缺。

目前松软土地基处理的方法很多，但是却缺乏针对客运专线铁路条件下的松软土地基处理的适宜方法、标准。

工后沉降是高速客运专线铁路的重要指标，但目前预测松软土工后沉降的方法尚需要改进。秦沈客运专线松软土地基路基试验在这一方面进行了一些有益的工作。

一、松软土路基试验工点概况

试验工点位于DK268+870～DK272+880和DK276+750～DK278+600段，共设置了8个综合观测断面，按照里程从小到大的顺序依次编号为A (DK268+920)、B (DK269+032)、C (DK269+400)、D (DK269+870)、E (DK270+120)、F (DK271+040)、G (DK271+500)、H (DK277+800)。观测断面及整个试验段的地基加固处理情况见表5-21。

试验段的地基加固处理情况一览表 表5-21

顺序	起 讫 里 程	长度(m)	处 理 措 施	深度(m)	设计预压高度(m)	加高高度(m)	观测断面
1	DK268+885.07～+950	79.37	粉喷桩	9.0	1.0	1.0	A
2	DK268+950～DK269+000	50.00	袋装砂井	8.0	1.0	1.0	—
3	DK269+000～+700	700.00	袋装砂井	6.0	1.0	1.0	BC

续上表

顺序	起 讫 里 程	长度(m)	处 理 措 施	深度(m)	设计预压高度(m)	加高高度(m)	观测断面
4	DK269+700～+850	150.00	塑料排水板	6.0	1.0	0.2	—
5	DK269+850～+950	100.00	塑料排水板	8.0	1.0	0.2	D
6	DK269+950～DK270+550	600.00	袋装砂井	8.0	1.0	0.2	E
7	DK270+550～DK271+100	550.00	砂垫层	0.5	0	2.5	F
8	DK271+100～+300	200.00	塑料排水板	8.0	1.0	1.0	—
9	DK271+300～+400	100.00	塑料排水板	9.0	1.0	1.0	—
10	DK271+400～+438.23	38.23	砂桩	15.0	1.0	1.0	—
11	DK271+482.77～+520	37.23	碎石桩	15	1.0	1.0	G
12	DK271+520～+950	430.00	袋装砂井	8	1.0	1.5	—
13	DK271+950～DK272+300	350.00	袋装砂井	9	1.8	1.2	—
14	DK272+300～+550	250.00	袋装砂井	8	1.8	1.2	—
15	DK272+550～+650	100.00	袋装砂井	9	1.8	1.2	—
16	DK272+650～+800	150.00	袋装砂井	10	1.8	1.2	—
17	DK272+800～+886.23	86.23	粉喷桩	11	1.8	1.2	—
18	DK277+800～+864.74	64.74	塑料排水板	5.5	1.0	0.8	H

二、试验段试验元件的埋设情况

试验段处理措施及试验断面的平面布置情况见图5-17，各横断面的元器件布置形式与软土地基试验段情况类似，各具体数量见表5-22。

仪标及传感器数量汇总　　表5-22

断面代号	分层沉降管(孔)	沉降环(个)	沉降板(个)	测斜管(孔)	位移边桩(个)	孔压探头(个)	土压力盒(个)
A	1	9	1	2	2	—	9
B	1	9	1	2	2	9	—
C	1	10	1	2	2	9	—
D	1	12	1	2	2	7	—
E	1	10	1	2	2	8	—
F	1	10	1	2	2	9	—
G	1	10	1	1	2	8	9
H	1	11	1	1	2	4	—
合计	8孔320延米	81个	8个	14孔560延米	16个	54个	18个

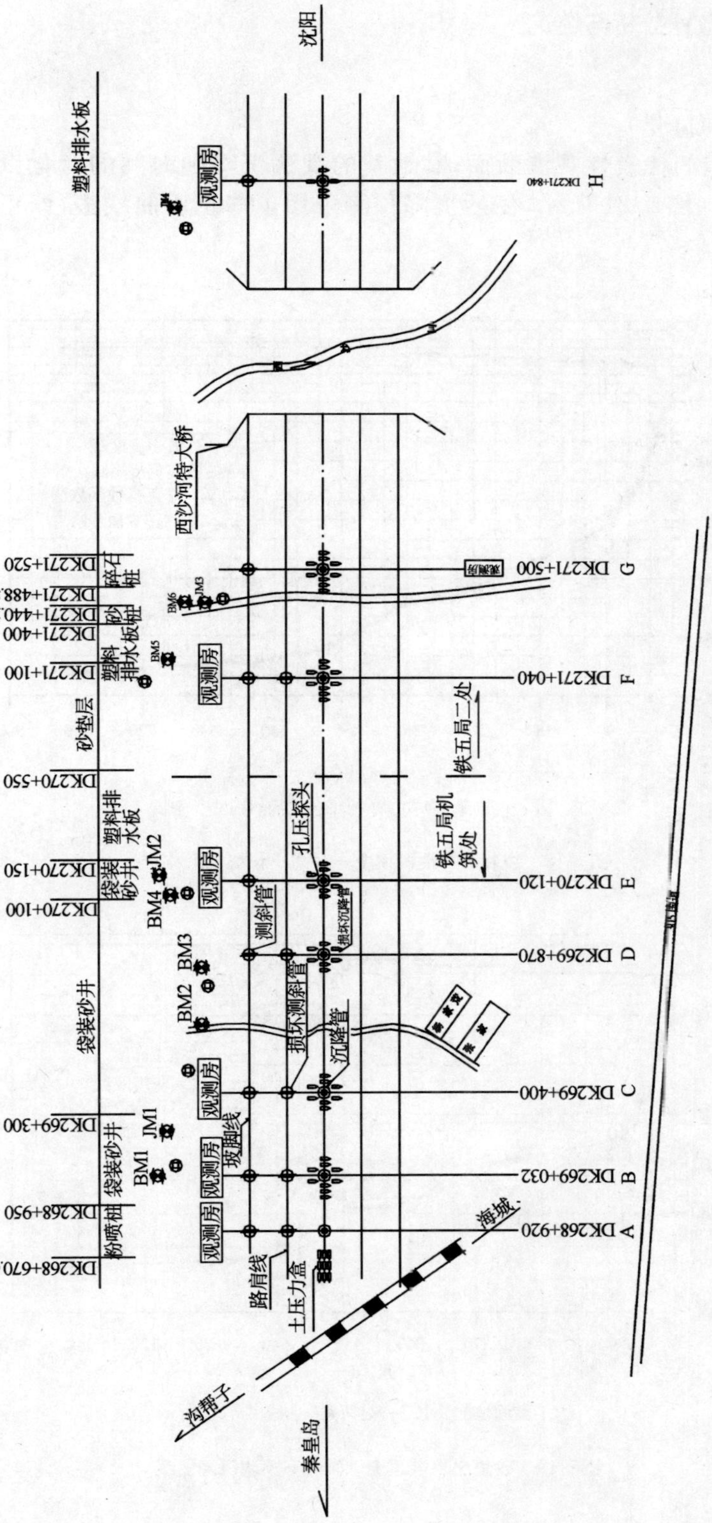

图 5-17　秦沈客运专线松软地基试验段观测元件平面示意图

三、试验测试数据分析与结论

1. 沉降变形

(1)地基的总沉降量

各种处理措施的代表性观测断面，其地基的观测沉降随时间的变化以及工后沉降预测曲线如图 5-18～图 5-21 所示，工后沉降预测采用了修正双曲线法、修正指数函数法等方法。

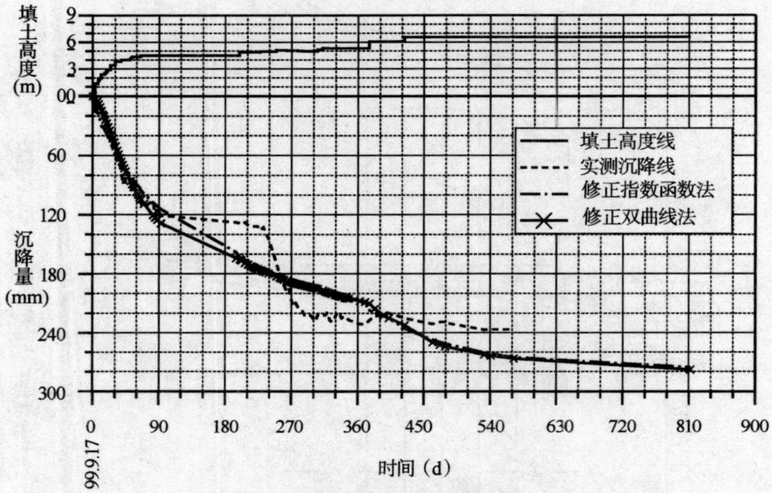

C 断面填土—沉降—时间关系曲线

图 5-18　袋装砂井地段填土—时间—预测沉降曲线

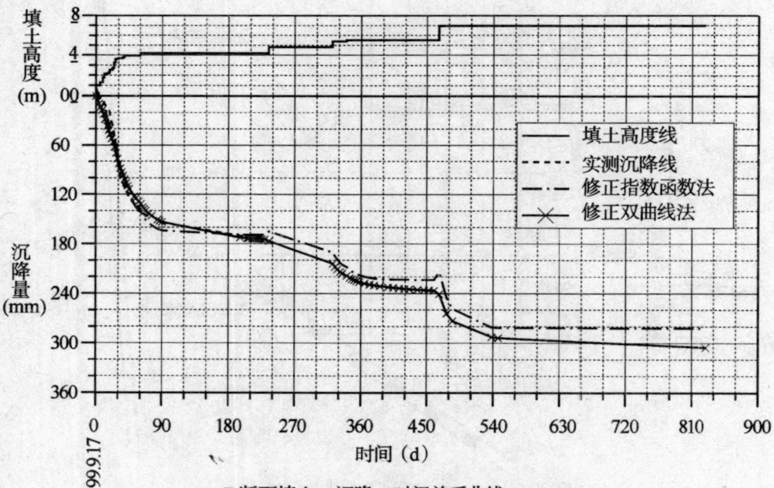

F 断面填土—沉降—时间关系曲线

图 5-19　砂垫层地段填土—时间—预测沉降曲线

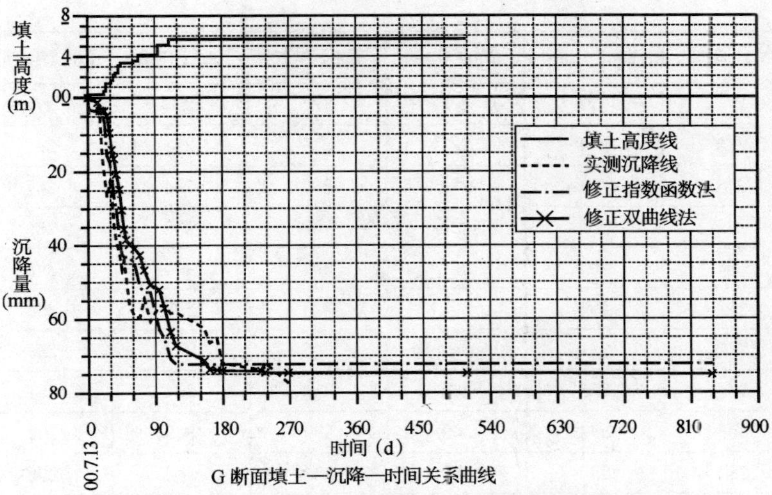

图 5-20　碎石桩地段填土—时间—预测沉降曲线

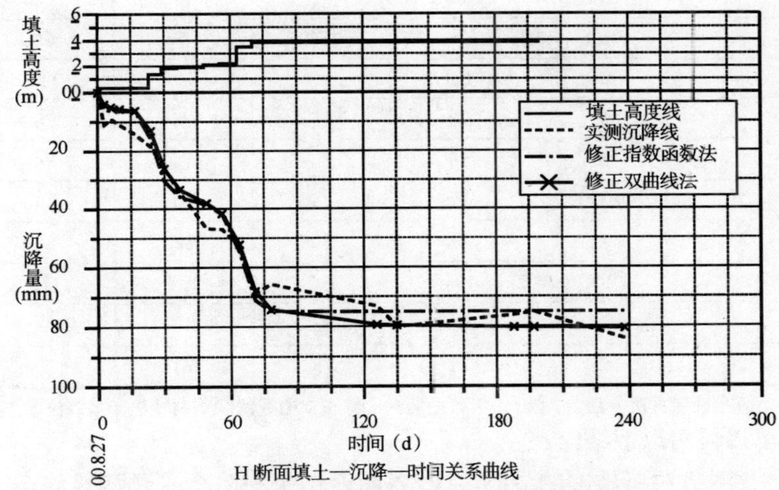

图 5-21　塑料排水板地段填土—时间—预测沉降曲线

为了对比不同方法的预测结果，除了修正双曲线法、修正指数函数法之外还利用双曲线法、星野法、三点法三种方法对各断面的地基沉降进行了预测，预测结果汇于表 5-23。表 5-23 中同时列出了当初的理论计算的最终沉降，以便对比。

各断面运用不同方法预测沉降（mm）　　表 5-23

断面编号		2001 年底	2002 年底	2003 年底	2004 年底	2012 年底	预测最终沉降	计算最终沉降
B	①	238	238	238	238	238	238	611
	②	257	262	264	266	269	271	
	③	201	201	201	202	202	202	
	④	209	209	209	209	209	209	
	⑤	209	209	209	209	209	209	

续上表

断面编号		2001 年底	2002 年底	2003 年底	2004 年底	2012 年底	预测最终沉降	计算最终沉降
C	①	276	277	277	277	277	277	342
	②	278	284	287	289	293	295	
	③	248	254	257	259	264	267	
	⑤	239	239	239	239	239	239	
E	①	294	294	294	294	294	294	448
	②	293	294	295	295	296	296	
	③	222	237	240	242	244	245	
	④	271	275	278	280	294	361	
	⑤	308	309	309	309	309	309	
F	①	282	282	282	282	282	282	397
	②	305	308	310	310	312	313	
G	①	72	72	72	72	72	72	428
	②	75	75	75	75	75	75	
	③	88	97	101	104	110	114	
	④	77	77	78	78	78	78	
	⑤	85	86	86	86	86	86	
H	①	75	75	75	75	75	75	123
	②	81	81	81	82	82	82	
	③	93	101	104	107	112	116	
	④	86	88	88	88	89	89	
	⑤	78	78	78	78	78	78	

注:表中各编号对应的预测方法分别为:①修正指数函数法②修正双曲线法③双曲线法④星野法⑤三点法。

由表 5-23 可以得出以下结论:

1)采用五种预测方法所推测的最终沉降,各断面结果中除个别预测最终沉降方法有异常表现外,预测结果基本上是一致的。但参考秦沈线其他科研成果,修正双曲线法和修正指数函数法两种方法的结果比较可靠,尤其以修正双曲线法的结果更为实用。

2)采用实测数据推测的最终沉降普遍小于理论计算的沉降。

3)如果除去断面中预测最终沉降有异常表现的方法的结果,到 2002 年底,各断面均可满足工后沉降小于 15cm 的要求。

4)除 C 断面外,其余断面的预压土可提前到 2001 年底卸掉。如果考虑架桥机走行和铺轨过程对路堤下沉的影响,则卸掉预压土的时间还可略向前提。

(2)地基的压缩层厚度

为了分析地基各深度处的沉降量的大小,或者说由于地基沉降引起的竖向应变在深度方向上的分布,作出了各断面不同历时下的分层平均竖向应变沿深度的变化曲线。图 5-22、图 5-23 所示为两个代表性断面的情况。

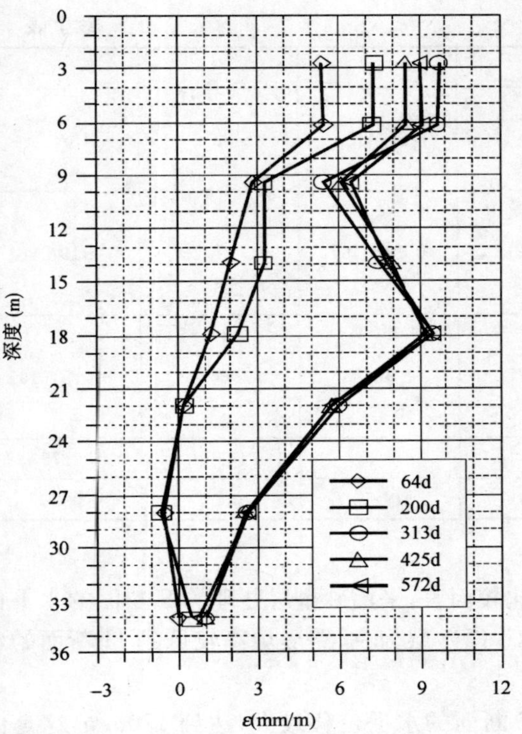

图 5-22　B 断面分层平均竖向应变

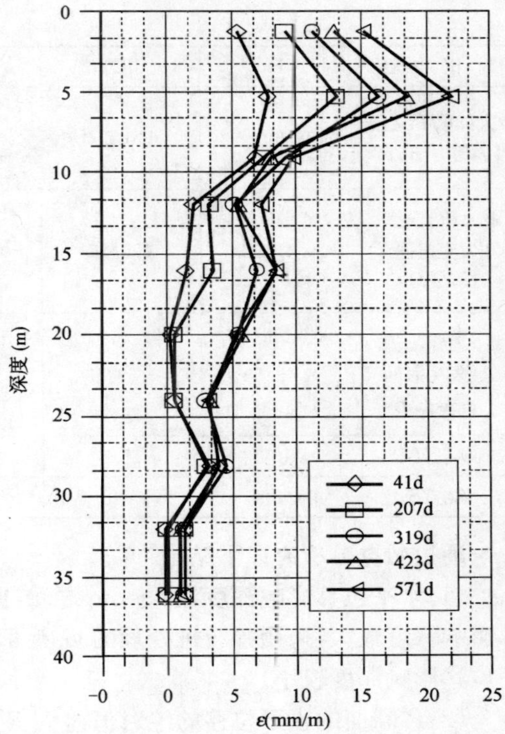

图 5-23　E 断面分层平均竖向应变

通过数据分析发现，B、C、E 断面压缩层厚度为 32～34m，F 断面压缩层厚度为 24m，G 断面压缩层厚度为 27m，而 H 断面压缩层厚度仅为 8m。可见，路堤填高越高，则压缩层厚度越大。没有进行深层处理的断面，压缩层较薄，进行排水固结深层处理的断面，则压缩层较厚。

2. 水平位移

路堤的水平位移不仅与地基的地质条件、地基加固方法、路堤高度关系密切，而且与填土速率密切相关。各观测断面的水平位移的表现大体相同的同时，也有一些差别。为便于综合比较，将各观测断面的水平位移数据列于表 5-24。

各观测断面水平位移特征及影响因素对照表　　表 5-24

对比项目	B	C	E	F	G	H
地基概况	松软土 6.0m 以下土砂互层	松软土 5.6m，细砂 3.6m，以下砂黏土	松软 2.6m，软土 5.5m，砂 4.0m，以下砂黏土	松软 4.2m，淤泥质土 6.4m，以下土砂互层	砂黏土 2.3m，软砂黏土 4.8m，下砂土互层	松软 3m，以下主要为砂
处理方法深度	袋装砂井 6.0m	袋装砂井 6.0m	袋装砂井 8.0m	砂垫层 0.5m	碎石桩 15.0m	塑料排水板 5.5m
路堤填高＋预压土 H_f	7.84＋2.0＝9.84m	5.96＋2.0＝7.96m	5.91＋1.2＝7.11m	6.09＋2.5＝8.59m	6.16＋2.0＝8.16m	5.03＋1.8＝6.83m
发生沉降 S	213mm	239mm	307mm	157mm	75mm	76mm
位移影响深度	6m	6m	6m	8m	4m	4m

续上表

对比项目	B	C	E	F	G	H
最大位移 D_{max}/发生深度(mm/m)	90/0.0	110/2.0	120/1.0	55/4.0	4/2.0	15/0.0
最大填土速率 V_f/发生时间 T_f (m/d,d)	0.4/192	0.3/25	0.35/218	0.386/467	0.27/25	0.19/136
最大位移速率 V_{max}/发生时间 T (mm/d,d)	3.48/50	3.59/13	2.28/7	4.46/33	0.686/48	−0.51/161
D_{max}/H	15	18.3	20	6.88	1.0	3.75
D_{max}/S	0.423	0.46	0.39	0.35	0.05	0.20

通过数据分析有以下结论：

(1)水平位移影响深度在4～8m之间，但相比较而言，采用砂垫层处理的F断面的水平位移影响深度最大，采用碎石桩处理的G断面和地基以砂层为主、路堤填高较低的H断面的水平位移影响深度较小。

(2)各断面的水平位移的绝对值差别很大：E断面的水平位移最大，达到120mm，这是由于E断面的地基表层为2.6m松软土，下为5.5m的软土，总的软土、松软地基厚度达到了8.1m；而同样含有4.8m软土层的G断面的水平位移却只有4mm，这是由于碎石桩在施工期间已经使地基发生了较大的挤密作用，后来因为碎石桩上部碎石压实达不到要求，又进行了灌注水泥浆处理，地基得到了很大的加强，当填土开始后，地基强度足以承受填土荷载，在填土荷载作用下发生的水平位移已相当有限。

(3)地基的水平位移与地基的沉降密切相关，沉降大的断面，水平位移也相对较大。B、C、E、F断面的最大水平位移与地基沉降的比值 D_{max}/S 在0.35～0.46之间；G断面由于碎石桩的作用水平位移与地基沉降的比值 D_{max}/S 非常小；H断面则由于地基中以砂层为主，最大水平位移与地基沉降的比值 D_{max}/S 比B、C、E、F断面小一半。

(4)最大水平位移发生深度以F断面为最深，在地面以下4.0m，主要是由于F断面只采用基底铺砂垫层的处理措施。

(5)地基水平位移对初期的填土反应敏感，而后期预压土填筑时的反应则与预压土和路堤填筑时间间隔长短有关。当B、C、E、F断面开始预压填土时，填土已经开始了近一年，地基强度及变形模量已有了较大幅度的增长，填筑预压土时，这四个断面发生的水平位移都极其微小；G、H断面的预压土与填土连续填筑，填筑时间短，地基的水平位移与填土过程同步增长，由于填土速度较快，当填土结束后，仍继续发生一段时间的水平位移，然后开始回弹。回弹现象在B、E、F断面的第一次填土过程之后也表现明显，究其原因，是这一段的填土速度较快。

(6)水平位移与填土速率密切相关。通常填土速率大水平位移速率就大，但是最大水平位移速度的发生时间要滞后于最大填土速率发生后一定的时间。

四、关于松软土地基计算有关问题的探讨

1. 压缩层厚度的计算

为了分析不同填土施工阶段的地基压缩层厚度的变化，将各个断面各阶段地基压缩层厚度及其对应的附加应力和自重应力的比值列于表 5-25 当中。同时表 5-25 中还列出了计算压缩层厚度，以便对照分析。

各断面压缩层厚度　　表 5-25

断面	1999～2000 年填土阶段			2000～2001 年预压阶段			计算压缩层厚度(m)
	填高 h (m)	压缩层厚 H (m)	附加/自重	填高 h(m)	压缩层厚 H(m)	附加/自重	
B	5.12	19.9	0.40	9.92	32	0.285	38.8
C	4.96	15.76	0.45	8.11	27.0	0.30	35.1
E	4.04	18.02	0.33	7.74	30.0	0.183	29.05
F	4.63	22.2	0.26	—			37.4
G	—			8.16	25.3	0.251	37.2
H	—			7.40	5.5	—	29.9

经过比较发现：

(1)除个别情况，实测地基的压缩层厚度比按附加应力等于 0.2 倍自重应力的标准计算的压缩层厚度要小。

(2)压缩层厚度随填土荷载增加而加深。

(3)各断面压缩层底部附加应力与自重应力的比值在 0.183～0.30 之间，除 E 断面后期压缩层底部附加应力与自重应力的比值小于 0.2 外，其他断面和填土阶段都大于 0.2。

(4)填土的前期地基压缩层底部附加应力与自重应力的比值大于填土后期的比值，即填土前期的平均比值为 0.34，填土后期的平均比值为 0.256，这说明地基土层在附加应力达到一定数值时才产生压缩，也同时说明用附加应力与自重应力的比值这个指标难以准确确定压缩层厚度。

(5)根据实际观测到的压缩层厚度，得到压缩层厚度与地基上覆荷载、地基的自重应力和路堤填高的关系，归纳之后，可以得到这样的经验公式：

$$\sum(\gamma_i h_i)=(2.50-0.106h)\gamma h \qquad (5\text{-}3)$$

$$H=\sum h_i$$

式中：H——压缩层厚度，m；

γ_i——地基各层的浮容重或天然重度，kN/m^3；

h_i——地基各层厚度，m；

γ——地基上填土的重度，kN/m^3；

h——地基上填土的高度，m。

按照这个经验公式推算的压缩层厚度与实际观测到的压缩层厚度有一定的出入，但可以比按照地基内附加应力为自重应力的 0.1 倍或 0.2 倍确定的压缩层厚度更接近实际。

这个经验公式是在秦沈线东部试验段上得到的，而且未能完全考虑到地基的地层特性的影响，它至多可以用来推测地基条件相近的秦沈线的压缩层厚度，在地基条件有较大区别的其他地区，则应该有其他的经验公式。

2. 地基中排水固结法处理部分的沉降估算

按照理想井和三向固结理论，地基中采用排水固结法处理的部分的沉降会在加载后的数个月内基本完成，只要固结度达到90%以上，就不会对路堤的工后沉降产生较大影响。因此，排水固结的深度也就成为确定路堤工后剩余沉降的关键因素，处理部分的迅速固结既消除了这一部分的大量沉降，又为以下未处理部分地基提供了一个排水面，从而加速了以下未处理部分地基的竖向排水固结。但通过试验观测发现处理部分地基的沉降并没有达到这种理想状态，在填土施工期间的2～3个月中，处理部分虽然沉降较大，但差别并不是像计算的那样处理层与非处理层截然不同。在填土之后固结的几个月中，处理部分的沉降还在继续发展，没有像计算的那样固结完成，不再发展。分析其原因就是排水固结法的砂井、袋装砂井或塑料排水板并不能达到理想井的状态：施工机械的插拔会对地基内排水孔内壁造成涂抹和挤密，阻隔地基的水平向排水通道，降低排水固结效率。因此，在对排水固结法处理的部分地基进行沉降估计时，按照理想井径向排水固结计算，但对于水平向固结系数，应该考虑施工的影响，把试验室水平向固结系数减小一些。

3. 下部未处理层地基的沉降估算

按照一维固结理论，下部未处理层地基在附加应力的作用下，孔隙水沿竖向排到处理层、砂层，在这个固结过程中，竖向固结系数是影响地基固结过程的关键因素，由于竖向排水路径长，孔隙水的排出需要较长时间，即固结缓慢，则这部分沉降的发生亦应缓慢。但试验所观测到的下部沉降却在施工期间即已发生，而且在施工之后，尤其在第一次填土施工之后，下部地基沉降也迅速发展；当2000年填土之后，地基沉降向深层拓展，沉降在填土期间跳跃式增长，之后，下部地基沉降进入了相对稳定时期，两个填土阶段处理范围以下地基的沉降略滞后于处理部分地基沉降，滞后时间不长，但缓慢发展。分析其原因，首先，秦沈线东部试验段范围内地基条件不均匀，在未处理部分地基内又大量的砂层或砂层透镜体，大大缩短了孔隙水的排出距离；其次，地基的实际固结系数比试验室试验得到的固结系数要大。因此，在对未处理部分地基的固结计算过程中，对于像秦沈线这样的不均匀松软地基，应适当考虑地基不均匀的影响和勘探和试验中人为因素对固结系数的影响，将竖向固结系数增大一些，这对于估计路堤工后沉降有偏于危险的倾向，但经过大量试验数据的纠正，相信会使下部未处理地层的地基沉降估计更加符合实际，对于设计预压高度和卸载时间会起到积极的作用。

第六章 路基填料改良

客运专线对路堤各部分填料及压实标准有十分严格的要求，由于我国很多地区满足要求的天然填料往往缺乏，通过远运又不经济，这就需要通过适宜的措施使不合格的填料成为合格填料，以满足填筑需要。另外，现行铁路填料组别的划分，是建立在普通铁路的要求和原有试验研究的基础之上，满足我国现行铁路填料组别的填料也不一定都能够达到客运专线所要求的压实标准，这一部分填料同样需要采取一定的措施使之满足相应压实要求。

第一节 填料改良方法及国内外研究概况

一、填料改良方法

对于路基填料的改良，一般采用物理改良或化学改良方法。化学改良主要是通过向填料加入掺和料，并促使土与掺和料之间发生相互作用，从而使土的结构和性质发生根本的改变。物理改良是对填料的颗粒组成及级配进行物理改善，简单地说就是在一种填料中掺入另一种填料，拌和均匀后使其级配合理，成为物理力学性质有所改善的新填料。

二、国外对改良土的研究应用

经济发达国家在20世纪初就开始关注改良土的研究。1906年美国就进行了稳定土的初次尝试，第二次世界大战期间一些国家开始用水泥稳定土修建机场跑道及次要道路，直至50年代之后才得到普遍认同和相应发展，但是除日本外将稳定土应用于铁路路基基床者却甚少见。

国外用于稳定土的主要材料有水泥、石灰、石灰粉煤灰及沥青焦油等。

1.适用条件

对于水泥土、石灰土及石灰粉煤灰土不宜用于有机质及硫酸盐含量过高的土，但未提出具体标准。

对于水泥稳定土，液限大于50%的土不宜采用，即黏粒含量高的土不宜使用水泥，但对石灰来说黏粒含量越高效果越好。

2.掺和比的确定

为了减少裂缝，许多国家限制水泥掺量，一般不得超过6%。日本、美国、法国、南非等国规定不得超过5%。对于石灰土认为存在一个获得最大强度的最佳掺入比。对于石灰粉煤灰没有明确的掺入比，一般认为土中黏粒含量越多，石灰掺入比应越大。对于黏性土石灰用量可达5%～9%，粉煤灰为10%～25%，对于粉土，石灰可用3%～6%，粉煤灰为10%～25%。增加粉煤灰的掺入比可以使强度得到提高。

3. 拌和方法和时效

拌和均匀与否是影响强度和耐久性的重要条件，国外多采用集中拌和，只有在次要道路上才采用就地拌和。

土的塑性指数大小对拌和质量有很大影响，塑性指数愈高土块粉碎愈难，拌和的均匀度就愈差。有些国家对高塑性土采取预先用2%～3%的石灰或水泥进行处理后，养护1～3d，再用常规的水泥或石灰进行再处理，取得了较好效果。

拌和时间对密度和强度有很大影响。许多国家对水泥规定从拌和开始到碾压完成不得超过4h。对于砂砾土如延长2h，强度下降10%～25%，对于黏性土则下降50%。对于石灰则说法不一，有的认为有时效影响，有的认为影响不大。

从总的情况来看，对于改良土国外研究着重于强度，在物理性质方面研究的较少，尤其是在重复荷载下的强度及变形特性方面的研究则更为鲜见。

三、国内对改良土的研究应用

国内对改良土的研究较为深入和广泛，从改良土的种类来说，包括一般黏性土和膨胀土；从应用范围来说，从道路、机场到铁路路基及基床；从研究内容来说，对土的物理性质、力学性质以及在重复荷载下的动力特性都做了很多有益的工作。

改良土在道路工程中的应用最为普遍，其发展速度较之其它部门也最快，从1983～1986年的三年中北方各省利用二灰土建成的道路就长达445km。除个别路段由于施工质量差效果不佳外，绝大多数路段使用效果良好。近几十年来，改良土得到了进一步的发展，石灰粉煤灰已在高等级公路使用，并取得了良好的效果。

铁路部门对改良土的研究及应用近几年来取得了长足进步，从京沪高速铁路填料优化试验研究到秦沈客运专线填料改良试验，从物理改良到化学改良都积累了大量经验，取得了丰富的成果。

通过国内外研究成果分析，通过室内试验优化配比，然后进行现场试验，完善施工工艺是填料改良设计的主要思路。

第二节　填料适用性判别

一、适用性判别的必要性

客运专线对于路堤各部分的填料组别提出了要求，同时对压实标准的控制也规定了较高的标准。填筑实践中我们发现：一些符合现行规范C组填料的粉黏土虽然压实系数绝大部分能够满足基床以下部位的要求，但K_{30}却不能满足要求；一些属于B组的细砂，相对密度或K_{30}均不能满足基床底层的压实要求。所以仅仅根据填料组别尚无法判断其是否可用。

二、相关因素分析

对填料的适用性的判别大体上有两种途径，一是通过现场试验；二是室内试验。前者费时、费钱，在勘测期间无法实现，缺少预见性，给施工带来困难；后者省时省钱，可在勘测设计阶段完成，具有预见性。

那么，为什么组别合格的填料不能满足填筑要求呢？

影响土的压实性能的因素很多，其外在因素主要有压实机械的功能、含水量、压实层厚度等；内在因素就是土的物理力学性质。外在因素的影响通过在试验过程中统一施工工艺、严格控制，基本可以排除，下面仅从土的物理力学性质等内在因素来分析。

1. 细粒土(粉黏土)

粉黏土处在黏土与砂土的过渡区段，其物理力学指标极其复杂。一般粉黏土包含砂、粉、黏三种颗粒，也就具有砂土、粉土、黏土的属性，这三者相互影响，其比例关系又千变万化，致使粉黏土本身又千差万别。反映到其强度和压实效果等物理力学性质上相差较为悬殊。

(1)黏粉比

黏粒含量的大小对粉黏土的各项指标都有影响。根据试验结果，黏粒含量高的土，无侧限抗压强度、黏聚力都较高，但对其内摩擦角影响较小。这是由于黏粒对粉粒有胶黏的作用，使最容易移动的粉粒受到约束，这种约束力与土中的黏粒和粉粒含量有关。在粉粒含量一定时，黏粒含量越高，这种胶黏的约束力也就越大，土的干密度也就越大，力学指标也就越强。反之，黏粒含量一定时，粉粒越多，约束力就越小。正因为这种约束力的大小与土中黏、粉粒的含量有关，所以我们可以引进黏粒与粉粒含量的比值 m(以下称为黏粉比)这个指标。

$$m = \text{黏粒含量} / \text{粉粒含量} \tag{6-1}$$

式中：黏粒含量——粒径小于 0.005mm 的颗粒含量；

粉粒含量——粒径为 0.075～0.005mm 的颗粒含量。

根据有关试验，黏粉比 m 与粉黏土的无侧限抗压强度、黏聚力和 K_{30} 之间的关系图，如图 6-1～图 6-3 所示。根据图 6-3 中所回归的经验公式，满足 $K_{30}=90\text{MPa/m}$ 时的黏粉比 m 应为 0.214，与此黏粉比相对应的无侧限抗压强度 q_u 与黏聚力 c 分别为 170kPa 和 65kPa 左右。如果我们考虑一定的安全度，m 可取 0.22。也可以说只有黏粉比 m 不小于该值才可能达到压实要求。现场试验也证实了这一点。

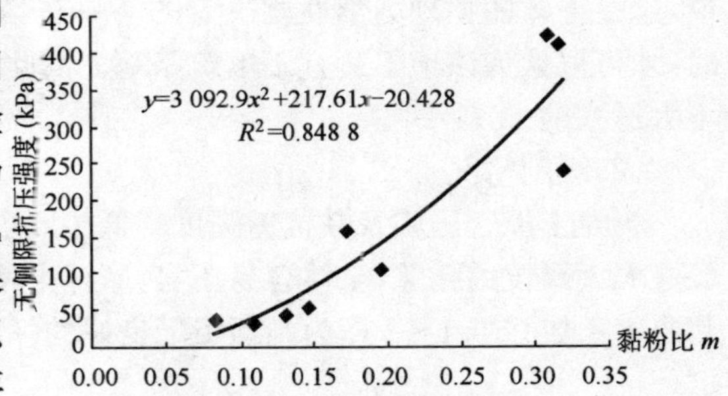

图 6-1 黏粉比与无侧限抗压强度的关系

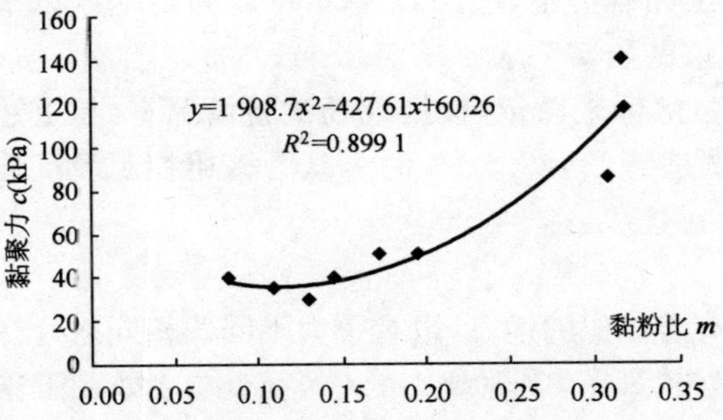

图 6-2 黏粉比与黏聚力的关系

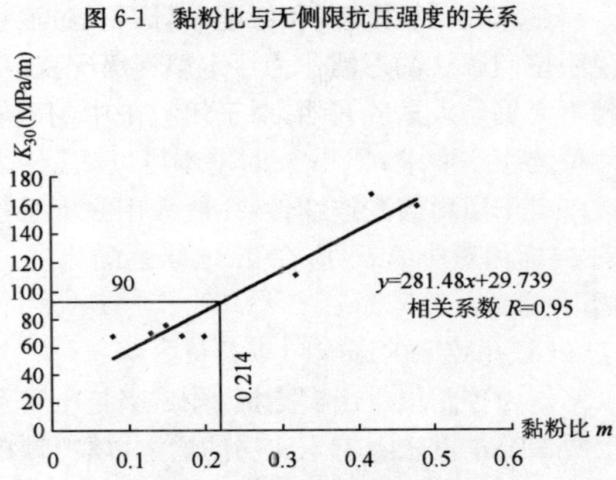

图 6-3 黏粉比与 K_{30} 关系图

(2)级配情况

颗粒组成是影响填料物理力学性质的主要因素。在同一土质情况下，级配良好的土有较大的干密度，并且各项压实指标都较好。C_u 和 C_c 是反映填料级配情况的两个重要指标，试验表明满足路基本体压实标准的粉黏土的不均匀系数 C_u 均不小于 13，C_c＝1～3。

(3)室内外试验的差别

有时我们现场碾压时，采用各种碾压方式无论碾压多少遍，仍然达不到压实要求。造成这种情况的主要原因就是土的黏聚力太小，对粉粒难以产生侧向约束力。室内击实实验时由于击实筒对土存在侧向约束，在这种条件下所击出的最大干密度在现场压实时当黏聚力小到一定程度就难以达到要求的标准。

综上所述，现场实际碾压可能达到的密实度和 K_{30} 值主要取决于粉黏土的黏聚力。黏聚力的大小与黏粉比有关，黏粉比又取决于颗粒的组成。可见粉黏土的粒径组成是决定其物理力学性质的主要因素，其压实效果及 K_{30} 值相差较为悬殊。此外不均匀系数也从另一侧面反映了粒径组成的好坏。不均匀系数越大，各种物理力学指标越好。

2. 粗粒土(细砂)

(1)干密度的影响

干密度是土的一项重要指标。在一定条件下，一种土的干密度与其物理力学指标间(如无侧限抗压强度、黏聚力、K_{30} 等)存在密切的关系。无论对于细粒土或是粗粒土，K_{30} 值随干密度的增大而提高。对于土质不同时，密度即使相同，K_{30} 相差可能较为悬殊，因此用一个标准去衡量显然是不够合理的，更不能认为 K_{30} 标准是偏高或偏低了。每种土都有自己固有的最大 K_{30} 值，这是土体的物理力学性质决定的。只有当土的最大 K_{30} 值不能满足客运专线的压实要求时，才可以认为该土不适宜于填筑路基。因此将干密度作为表征土的力学性质的主要指标是不太适宜的。

(2)级配情况

粗粒土能否压实及其抗剪强度高低主要取决于摩擦力(包括咬合力)。当级配良好时小颗粒嵌入大颗粒的孔隙，土体容易压实，摩擦力增大，K_{30} 提高。过去习惯上将不均匀系数 $C_u \geqslant 5$ 和曲率系数 C_c＝1～3 作为判断级配良好的标准，实际上这个标准难以达到客运专线的填筑要求。

基床表层级配碎石、级配砂砾石及过渡段级配碎石的不均匀系数的要求都不低于 20，这说明按照以往的习惯作为评定填料级配良好的条件之一 $C_u \geqslant 5$ 在评价客运专线的填料级配时就不太妥当。试验表明，对于粗粒土中的砾石类土和砂类土，$C_u > 12$ 基本可以满足基床以下部位的压实要求；$C_u > 20$ 时基本可以满足基床底层的压实要求。

对于填料级配连续性，一般采用曲率系数(C_c)指标来衡量，根据现场试验情况看，与上述 C_u 指标相对应的 C_c 应在 0.5～4 之间为宜。也就是当 C_c＝0.5～4 时可认为该粗粒土级配连续。

(3)孔隙率的影响

作为控制填土压实指标，孔隙率与压实系数有着相似的地方，也有很大不同。相同之处在于两者都是反映随着压实功的增大，填料颗粒排列越紧密，空隙越小的趋势，不同之处在于压实系数反映的是一个相对的概念，而孔隙率在某种意义上是一个绝对的概念。孔隙率 n 的计算公式：

$$n=\left(1-\frac{\rho_d}{G}\right)\times 100\% \tag{6-2}$$

式中：ρ_d——土的干密度；

G——土的比重。

由公式来看孔隙率 n 随着干密度 ρ_d 的增大而减小，但 ρ_d 的增加有一个限度，那就是最大干密度 $\rho_{d\max}$，如果粗粒土在室内击实试验所得的最大干密度以及根据最大干密度所推算的孔隙率仍不能满足有关压实要求，尚且现场压实标准及可能的压实度一般都小于最大干密度，只能认为该土不满足填料要求或该压实标准要求不妥。图 6-4 为孔隙率与 K_{30} 的关系图。

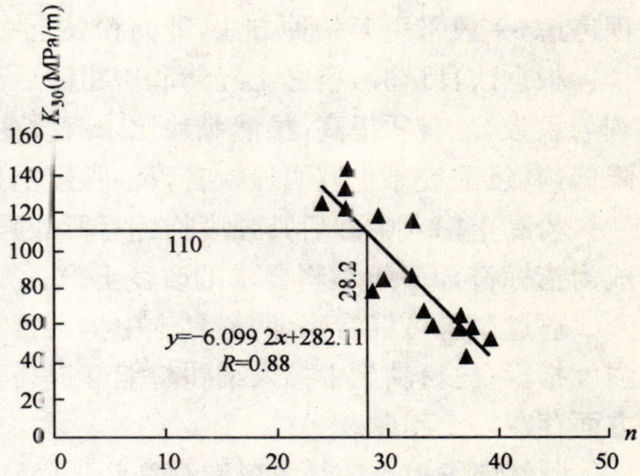

图 6-4　孔隙率 n 与 K_{30} 的关系

由图中可以看出，随着 n 值的降低，强度呈上升的趋势，孔隙率 n 与 K_{30} 有较好的相关性（相关系数 $R=0.88$），存在离散性的主要可能是：1）现场试验情况较为复杂、条件变化较大；2）K_{30} 试验点与干密度测试点不在同一位置等原因。如果仅以现场有限的几组数据来统计公式计算，与 $K_{30}=110$MPa/m 对应的孔隙率 $n=28.2$，可以认为 $n<28$ 时 K_{30} 基本能够满足基床以下部位的压实要求。

根据以上论述，对于粗粒土的力学性质而言，颗粒级配是一个重要的影响因素，孔隙率是一个主要的控制因素，干密度对其影响不大。结合室内及现场试验数据，当粗粒土不均匀系数 $C_u>12$，$C_c=0.5\sim4$；最大干密度对应的 $n<25$、现场检测孔隙率 $n<28$ 时，基本能够满足基床以下部位的强度（K_{30}）要求。

三、判别标准的确定

1. 细粒土（粉黏土）

黏粉比 $m>0.22$；

无侧限抗压强度 $q_u>170$kPa（或黏聚力 $c>65$kPa）。

当粉黏土符合以上两条时，可以认为该粉黏土初步满足客运专线路堤下部填料要求。

2. 粗粒土（砾砂、粗砂、中砂、细砂）

级配连续，曲线平滑的粗粒土不均匀系数 $C_u>12$，$C_c=0.5\sim4$；

室内能够得到的最小孔隙率（与最大干密度相对应）$n<25$。

当能够满足以上两个条件时，可认为该粗粒土能够满足客运专线基床以下部位的强度要求。

第三节　填料物理改良

当填料不能满足上述判定标准时需对填料进行改良，现以细砂作为主要样本研究粗粒土的改良特性；以粉黏土的改良作为研究细粒土的样本。

一、细粒土(粉黏土)的改良

细粒土的物理改良主要有两种途径，一是向土中掺入粗颗粒，改善其级配条件；二是向土中掺入较细颗粒(黏粒)，通过提高其黏粉比来增强其强度指标(黏聚力 c)。由于从可操作方面考虑，一般采用第一种方法，即向粉黏土中掺入粗颗粒。

根据改良试验，粉黏土经掺和中粗砂后压实的强度指标提高较为明显。从级配情况看，不均匀系数 C_u 有所提高，虽然黏粉比未有改变，但能够形成骨架的粗颗粒含量增加，细颗粒含量降低，其级配较原土有明显改善，K_{30}强度明显提高。

粉黏土掺入中砂后其强度指标有所加强，可将自身物理力学指标较好的 C 组粉黏土改良成为指标符合 B 组填料要求的改良土。

通过试验可以看到，向粉黏土中掺入粗粒土，提高粗颗粒含量，在一定程度上可以提高其强度指标；向粉黏土中掺入细颗粒能够提高其黏粉比，其强度指标也应得到改善，但在操作性方面存在一定问题。

既然向细粒土中掺入黏粒存在施工问题，那么细粒改良土就不能使用黏粉比来预见其改良效果，此时可采取根据级配改良程度结合 q_u 和 c 等指标来预见其改良效果。

向粉黏土中掺入较粗颗粒，虽然混合料的内摩擦角会较原粉黏土有所增大，但这是以混合料的黏聚力减小作为代价，而且在一定的掺量下内摩擦角的改善是有限的，但黏聚力的减小却很明显。这一点需要引起足够重视。

二、粗粒土(细砂)的改良

对于粗粒土的改良，主要从考查其掺配后的孔隙率入手进行改良。

1. 计算混合粗粒土理论孔隙率 n 的假定

通过两种粗粒土的各自的指标计算其以一定的掺和比掺配后的混合粗粒土的孔隙率，计算所得的孔隙率称为混合粗粒土的理论孔隙率 n。计算混合粗粒土的理论孔隙率 n 需作以下假定：

(1)假定小粗粒土能够充填进大粗粒土所形成的骨架孔隙中，大小颗粒粒径应相差一个数量级。几何图形中最稳定的结构是三角形结构，压实的目的就是使填料的内部结构趋于稳定。三个相同直径(假设都为 d)的圆所围成的空隙内部能够容纳最大的圆的直径为 0.155d，所以大小颗粒应尽量相差一个数量级以上。

(2)最理想状态为小粗粒土全部充填进大粗粒土的孔隙中，此状态称之为理想最佳掺和状态，此时的掺和比称为最佳掺和比 λ_Z，此时的理论孔隙率称为理论最小孔隙率 N。

2. 理论孔隙率 n 的计算

假定两种粗粒土 A 和 B，A 的粒径较 B 大一个数量级以上，A 土干密度 ρ_{d1}、孔隙率 n_1，B 土干密度 ρ_{d2}、孔隙率 n_2，A 土的干质量为 m_1，B 土的干质量为 m_2，两种土的干质量比(掺和比)λ 为：

$$\lambda = m_1/m_2 \tag{6-3}$$

A 土的体积 V_1，A 土的孔隙体积 $V_{孔1}$，B 土的体积 V_2 为：

$$V_1 = \frac{m_1}{\rho_{d1}} \tag{6-4}$$

$$V_{孔1} = V_1 \cdot n_1 \tag{6-5}$$

$$V_2 = \frac{m_2}{\rho_{d2}} \tag{6-6}$$

此时存在三种情况：

(1)$V_2 > V_{孔1}$为B土填充A土孔隙后尚有剩余；

(2)$V_2 = V_{孔1}$为B土全部填充进A土孔隙中，即理想最佳掺和状态；

(3)$V_2 < V_{孔1}$为B土不足以填充A土孔隙。

这三种情况下的理论孔隙率n的计算公式如下：

当$V_2 \geqslant V_{孔1}$时

$$n = \frac{V_2 \cdot n_2}{V_1 + V_2 - V_1 \cdot n_1} \tag{6-7}$$

当$V_2 < V_{孔1}$时

$$n = \frac{V_1 n_1 + V_2 n_2 - V_2}{V_1} \tag{6-8}$$

当$V_2 = V_{孔1}$时，即可求的理论最小孔隙率

$$N = n_1 \cdot n_2 \tag{6-9}$$

此时的掺和比为最佳掺和比

$$\lambda_z = \frac{\rho_{d1}}{\rho_{d2}} \cdot n_1 \tag{6-10}$$

若此时得到的理论最小孔隙率N仍不能满足要求，就说明使用这两种骨料掺和不出符合n值要求的混合料。

由此也不难推出，给定一个要求的n值，求出两种掺和料的掺和比λ。

试验表明，计算值与实测值的增减趋势是一致的，但有些相差值大小不同。其原因要从粒径组成来考虑，对于符合假定条件的土样组合，计算值与实测值基本相符；对于粒径组合稍差的土样组合，计算值与实测值有一定的差距，与假设条件相差越多，差值越大。基于以上原因，可以将公式作以下修正。

3. 计算公式的修正

在这里引进重合率的概念。前面有关内容已经提到某一粒径尺寸(直径为d)的大颗粒能容纳进粒径尺寸为0.155d的小颗粒，我们就可以将大颗粒的0.15d_{80}或0.10d_{90}作为一个界限值，并且规定凡大颗粒中粒径小于该界限的颗粒质量计入小颗粒土，同样将小颗粒土中粒径大于该界限的颗粒计入大颗粒的质量，仍然对上述的A土与B土，设定界限值为A土的0.10d_{90}，并且假定：A土中小于界限值的颗粒质量占其质量的$x\%$，B土中大于界限值的颗粒质量占其质量的$y\%$。按这种方式调整后的质量比为：

$$\lambda' = m'_1 : m'_2 = [m_1(1 - x\%) + m_2 \cdot y\%] : [m_2 \cdot (1 - y\%) + x\% \cdot m_1] \tag{6-11}$$

调整后的 A 土的体积 V'_1，A 土的孔隙体积 $V'_{孔1}$，B 土的体积 V'_2 为：

$$V'_1 = \frac{m'_1}{\rho_{d1}} \tag{6-12}$$

$$V'_{孔1} = V'_1 \cdot n_1 \tag{6-13}$$

$$V'_2 = \frac{m'_2}{\rho_{d2}} \tag{6-14}$$

此时存在三种情况：

(1)$V'_2 > V'_{孔1}$ 为 B 土填充 A 土孔隙后尚有剩余；

(2)$V'_2 = V'_{孔1}$ 为 B 土全部填充进 A 土孔隙中，即理想最佳掺和状态；

(3)$V'_2 < V'_{孔1}$ 为 B 土不足以填充 A 土孔隙。

这三种情况下的理论孔隙率 n 的计算公式如下：

当 $V'_2 \geqslant V'_{孔1}$ 时

$$n = \frac{V'_2 \cdot n_2}{V'_1 + V'_2 - V'_1 \cdot n_1} \tag{6-15}$$

当 $V'_2 < V'_{孔1}$ 时

$$n = \frac{V'_1 n_1 + V'_2 n_2 - V'_2}{V'_1} \tag{6-16}$$

重合率的确定：凡大粗粒土中粒径小于 $0.1d_{90}$ 或 $0.15d_{80}$ 的颗粒视为与小粗粒土重合，即重合率的界限为粗粒土的 d_{90} 的 0.1 倍或 d_{80} 的 0.15 倍。试验表明，修正后的理论孔隙率 n' 与实验室试验值和现场碾压检测值基本相符。

4. 计算公式的应用意义

只需在室内作出两种填料的级配及有限的指标（ρ_d、n）试验，即可以根据要求的孔隙率计算出设计掺和比，不必再做大量的室内配比试验和室外碾压试验。节省时间，提高效率。

根据两种粗颗粒填料级配曲线及有关指标（ρ_d、n 等）可以通过计算其理论孔隙率评价掺和可行性，当能够达到孔隙率要求，但掺和料掺入量太大，经济上不合理时，可以认定这两种填料不宜采用掺和改良。

三、填料的物理改良在客运专线的应用

秦沈客运专线 DK240＋000～沈阳段为平原区，土源缺乏，运距较远。其土源主要为 C 组粉黏土和 B 组细砂，在施工期间，发现有相当一部分土源无法达到规定的压实要求，不能满足基床底层及路堤下部填筑需要，需进行改良。在设计中经过分析、试验验证和经济比较最后决定采用物理改良方法，采用了 B 组细砂掺和 50％圆砾、C 组粉黏土掺和 20％中粗砂的改良方案，满足了客运专线技术要求，取得了巨大的成功。秦沈客运专线采用掺圆砾改良的细砂共计 162 万 m^3，采用中粗砂改良的粉黏土共计 281 万 m^3，从而避免了大量远购土的昂贵费用，节省了工程投资。

第四节 填料化学改良

一、填料化学改良的主要思路

综合国内外关于填料改良的研究成果，并针对客运专线的特点，填料化学改良的主要思路是通过对改良土动静强度及变形特性的研究，探索以静强度为基点，进行填料化学改良的方法，因此，必须进行以下几个方面的研究。

(1)各种改良土动、静强度之间的内在联系；

(2)最不利气候条件下(包括浸水饱和、干湿循环、冻融循环)动、静强度的衰减规律；

(3)临界动应力、动应变与掺和料、掺和比的关系；

(4)改良土的物理力学特性的变化规律。

二、填料化学改良的主要对象

路基填料应用较多的粉黏土、黏土是化学改良的重点，其他填料的改良方法思路大同小异，国内包括铁三院等单位对粉黏土、黏土的化学改良做了大量而有意义的工作。

进行化学改良设计必须全面探索素土、改良土和掺和料的物理力学和化学特性及其相互关系、不同掺和料掺和配比的改良效果及其改良土在最不利气候条件下的水稳性、动强度及变形要求。为此需对拟改良填料、不同掺和料、不同配比组合进行击实、液塑性、颗粒分析、渗透、湿化、收缩等物理性质的改良效果试验。通过对组合试样最优含水率、饱和状态下及干湿循环条件下的动、静三轴试验，互相对比验证，取得最不利气候条件下物理力学变化特性及其相互关系的各项参数，达到以静强度为基准直接换算最不利条件下的动强度的目的。从而避免了繁杂的、难以实现的动力试验，以便于工程设计与实践。

三、改良土的物理性质

1.改良土塑性的变化特征

改良土的液限、塑限均较素土有所增长。改良土塑性指数的变化与素土的塑性指数大小有关，当素土的塑性指数较小($I_P<10$)时，改良土的塑性指数略有提高；当素土的塑性指数 $I_P>10$ 时，改良土的塑性指数有所降低，其降低幅度与素土的塑性指数成反比，素土的塑性指数越大，改良后塑性指数的降低越明显。

2.粒径组成的变化特征

无论何种土，何种掺和料，改良后的粒径均产生粗化，黏粒减少，掺和比越大，粗化程度越高。

同一种土，掺和料不同，改良效果各异。对于塑性指数较低的土，水泥及粉煤灰的改良效果优于石灰及石灰粉煤灰，对于塑性指数较高的土，石灰及石灰粉煤灰的改良效果优于水泥及水泥粉煤灰，对于塑性指数特别低的土，固化剂改良效果明显优于水泥。

3.水稳性

粉煤灰改良土几乎没有抗湿化能力，石灰、石灰粉煤灰、水泥、水泥粉煤灰、固化剂改良土在最优含水量时，浸水 72h 均无湿化现象。

干湿循环作用对湿化有明显影响，掺和比越大，影响越小，当掺和比达到某一值时，虽经多次干湿循环，也不会产生湿化。不湿化掺和比因土质及掺和料不同而异。

4. 收缩性

改良土的收缩性除粉煤灰土外，均较素土有明显改善。

改良土的线缩率，除粉煤灰土外，均低于素土。线缩率的改良效果不仅与掺和料有关，而且受素土的塑性指数制约。塑性指数越大改善效果越明显。

四、改良土的力学特性

1. 静力特性

(1)掺和比与强度的关系

改良土的强度随掺和比的增加而增大，但因土质及掺和料不同，其增长趋势和幅度各异。

从增长趋势来看，除水泥土大于 3%时强度呈直线增长外，其余掺和料改良土的强度曲线都是随掺和比的增加先陡后缓。由陡变缓的掺和配比界限值因掺和料不同而异：石灰土为 6%，粉煤灰土为 15%，固化剂土为 9%，石灰粉煤灰土为(6+18)%，水泥粉煤灰土为(5+20)%。

从增长幅度来看，因掺和料及土质不同差别很大。对于塑性指数 $I_P<10$ 的土以水泥、固化剂、水泥粉煤灰较好；对于塑性指数 $I_P>10$ 的土以石灰、石灰粉煤灰及固化剂较好。

(2)浸水饱和强度的衰减

最优含水率条件下改良土的强度浸水饱和后将产生衰减，其衰减幅度可用饱和强度衰减系数 η_b 来表示(式 6-17)。

$$\eta_b=\frac{\Delta\sigma_{bcu}}{\Delta\sigma_{uu}} \tag{6-17}$$

式中：$\Delta\sigma_{bcu}$——饱和含水率时土的强度；

$\Delta\sigma_{uu}$——最优含水率时不固结不排水剪强度。

影响 η_b 值的因素较为复杂，比较明显的有掺和料、掺和比、密度和土质。在同一压实系数，不同掺和料及掺和比接近的情况下，除粉煤灰土外，其他改良土的 η_b 值随素土的塑性指数而变，I_P 愈大，强度降低愈多，η_b 值愈小。

粉煤灰土的 η_b 值与素土相比，不但没有提高，反而降低。这说明单一粉煤灰的改良效果不佳，不宜单独使用。

尽管改良土的饱和强度有明显的衰减，但与素土相比仍有很大的提高，一般可达 3～8 倍。为了直观反映改良效果，可用改良土饱和强度与素土饱和强度之比 T_b 来表示(式 6-18)。

$$T_b=\frac{\text{改良土饱和强度}}{\text{素土饱和强度}} \tag{6-18}$$

T_b 值与土质及掺和料有关，对于石灰、石灰粉煤灰、固化剂，T_b 值随 I_P 增大而降低。除粉煤灰外，其他掺和料的 T_b 值存在着一个最佳点，当 I_P 小于该最佳点时，水泥、固化剂及水泥粉煤灰的改良效果较好，当 I_P 大于该最佳点时，石灰、石灰粉煤灰及固化剂的改良效果较好，该最佳点的 $I_P=11$。

(3)干湿循环作用强度的衰减

改良土和其他黏性土一样,在干湿循环作用下强度将产生衰减。塑性指数愈高,失水率愈大,强度衰减愈多,在低掺和量且掺和比接近的情况下,受掺和料的影响较小。

强度损失的大小可用强度损失率 α 表示(式 6-19)。

$$\alpha = \frac{\text{失水前饱和强度} - \text{失水后饱和强度}}{\text{失水前饱和强度}} \tag{6-19}$$

失水后的饱和强度与失水率 λ 有直接关系,失水越多,强度损失率越大。但是,试验结果表明,塑性指数较低的改良土几乎不受失水率的影响。但对塑性指数较高的改良土则明显表现出失水率越高,强度降低越大的规律。各类改良土在低掺量时的强度损失率及衰减系数推荐值见表 6-1。

改良土干湿循环作用下强度损失率、衰减系数推荐值表　　表 6-1

土　类	土的塑性指数 I_P	失水率 λ(%)	强度损失率 α(%)	强度衰减系数 η_b	附　注
粉黏土	$I_P<10$	0～45	0	1.0	$K=0.95$
	$10<I_P<17$	15	5	0.95	$K=0.95$
		30	15	0.85	
		45	30	0.70	
黏土	$17<I_P<20$	15	5	0.95	$K=0.90$
		30	15	0.85	
		45	30	0.70	

(4)冻融循环

改良土经历冻结作用后,其孔隙特征发生明显变化,孔隙体积及大孔隙数量均增大和增多,改变了土体结构,降低了土体的力学性能,其强度衰减幅度可用强度衰减系数 η_d 来表示(式 6-20)。

$$\eta_d = \frac{\Delta\sigma_{dcu}}{\Delta\sigma_{cu}} \tag{6-20}$$

式中:η_d——冻融循环强度衰减系数;

$\Delta\sigma_{dcu}$——冻融循环后的强度;

$\Delta\sigma_{cu}$——冻融循环前的强度。

(5)养生期对改良土强度的影响

改良土强度随龄期的增长是一个长期过程,在 90d 内强度仍在缓慢增长。各种改良土的增长幅度有很大差别,7d 后的强度增长以石灰土最多,水泥土次之,粉煤灰土最少。以 28d 强度为准,90d 龄期强度增长率为:水泥土 8%,石灰土 20%～30%。考虑到影响强度因素较复杂及国内习惯,采用 28d 龄期强度作为设计强度。

2. 动力特性

(1)塑性应变

1)临界累积塑性应变

改良土的累积塑性应变存在某一界限值,当累积塑性应变大于该值时,土样将产生破坏,当累积塑性应变小于该值时,试样产生强化,将该值称为临界累积塑性应变。

临界累积塑性应变受土性、掺和料及掺和比等多种因素的影响，但变化幅度很小，在0.7%～1.2%之间波动，一般不超过1%。这对有效控制基床塑性变形十分有利。

2)干湿循环作用对临界塑性应变的影响

不同失水率干湿循环作用下改良土的临界累积塑性应变与未经干湿循环作用相比，并无明显变化，其变形量仍在0.51%～1.1%较小范围内波动。

3)低于临界动应力时的累积塑性应变

在较小动应力作用下，各改良土的塑性应变随动应力增大而增大，其值低于临界塑性应变。

(2)弹性应变

1)临界弹性应变

各种掺和料的改良土的弹性应变似乎存在某一界限值，当弹性应变超过此值时，试样产生破坏，当弹性应变小于此值时，则试件产生强化，将这一弹性应变值称为临界弹性应变。

改良土的临界弹性应变在0.08%～0.3%之间，与土质及掺和料有关。

2)干湿循环对弹性应变的影响

干湿循环作用后的临界弹性应变与未经干湿循环作用时相比没有产生明显的变化，其波动范围在0.09%～0.28%之间。

3)低于临界动应力时的弹性应变

当动应力低于临界动应力时，弹性应变随动应力增大而增大，但其值低于临界弹性应变。

(3)临界动应力

对于素土及改良土都存在着临界动应力。临界动应力与临界累积塑性应变、临界弹性应变是相对应的。

1)最佳状态下的临界动应力

不同的土掺和料其临界动应力差别很大。对于塑性指数较小的土，采用水泥、固化剂改良效果优于其他掺和料；对于塑性指数较大的土，采用石灰、石灰粉煤灰及固化剂改良效果优于其他掺和料。

2)干湿循环作用对临界动应力的影响

干湿循环作用对改良土的影响程度可用干湿循环动强度衰减系数 η_{dg} 来表示(式6-21)。

$$\eta_{dg}=\frac{\text{失水后改良土临界动应力}}{\text{失水前改良土临界动应力}} \tag{6-21}$$

素土的临界动应力基本不受干湿循环的影响，当失水率达45%时，η_{dg} 值仍为1.0。改良土则不同，当失水率小于15%时，临界动应力降低很小，当失水率超过15%时，强度损失率迅速增大，这与静力试验得出的结论是一致的。但是当失水率达到45%时，强度的衰减幅度则明显地表现出与掺和料有密切关系，如石灰土、石灰粉煤灰土的 η_{dg} 值为0.82；水泥土及固化剂土为0.67；而水泥粉煤灰土仅为0.4。这与静力试验得出的结论并不完全一致。但是，从工程应用出发，静力试验得出的推荐值是偏于安全的。

3)冻融循环对临界动应力的影响

经5个周期冻融作用后，临界动应力下降了62%，下降幅度为静强度下降幅度的两倍。

(4)动静比

动静比是指在相同条件下，临界动应力与静强度之比，即

$$R_{cr}=\frac{\sigma_{dcr}}{(\sigma_1-\sigma_3)_f}=\frac{\sigma_{dcr}}{\Delta\sigma_{bcu}} \tag{6-22}$$

式中：R_{cr}——动静比；

σ_{dcr}——临界动应力；

$(\sigma_1-\sigma_3)_f$——静强度(即饱和固结不排水剪主应力差 $\Delta\sigma_{bcu}$)。

试验结果表明，素土的动静比很小，在 0.22～0.36 之间。改良土的动静比虽受土质及掺和料等因素的影响，但差别不大，波动范围在 0.43～0.59 之间。

在干湿循环作用下，素土的动静比不因失水率多少而变化，而近似为一常数 0.36。改良土的动静比与未受干湿循环作用时基本相同，其波动范围在 0.44～0.66 之间，干湿循环作用对改良土的动静比影响不大，可与未经干湿循环视为等同。

(5)动弹性模量

动弹性模量是指动应力与该级动应力作用下最大动弹性应变之比。

当动应力小于临界动应力时，改良土动弹性模量随振次的增加一般先有所降低然后趋于稳定，而随动应力的变化趋势较复杂。干湿循环作用下素土临界动弹性模量不变，而改良土的临界动弹性模量随失水率增大而降低。改良土的弹性模量一般在 50～235MPa 范围内。

五、试验成果的应用

1.配比设计

填料改良设计，归根结底是掺和料的选择和配比的确定，当掺和料选定之后，剩下的就是配比设计了。

改良土的配比设计必须满足在最不利气候条件下的强度、刚度、变形和水稳性的要求。

(1)强度设计

改良土的容许动应力必须满足

$$[\sigma_d]\geqslant\beta\sigma_{zl} \tag{6-23}$$

式中：$[\sigma_d]$——最不利条件下改良土的容许动应力；

β——列车动应力波动系数；

σ_{zl}——基床表面以下任意深度 Z 处的列车动应力。

$$[\sigma_d]=\frac{(1-\alpha)\eta_d R_{cr}\Delta\sigma_{bcu}}{K}\geqslant\beta\sigma_{zl} \tag{6-24}$$

即

$$\Delta\sigma_{bcu}\geqslant\frac{\beta\sigma_{zl}K}{(1-\alpha)\eta_d R_{cr}} \tag{6-25}$$

式中：K——安全系数；

α——改良土干湿循环后静强度损失率；

R_{cr}——动静比；

η_d——冻融循环衰减系数；

$\Delta\sigma_{bcu}$——浸水饱和固结不排水剪静强度。

式中各参数可通过试验或分析取得，代入公式即可求得所需的 $\Delta\sigma_{bcu}$。当实际试验所得的 $\Delta\sigma_{bcu}$ 不能满足要求时，应重新调整配比。

式(6-25)主要考虑列车动荷载对改良土的强度要求。实际设计时，尚应考虑基床表面以下任意深度 Z 处以上填料与轨道等静荷载，则式(6-25)可以修正为：

$$\Delta\sigma_{bcu} \geqslant \frac{\beta\sigma_{zl}K}{(1-\alpha)\eta_d R_{cr}} + \frac{\sigma_z K}{(1-\alpha)\eta_d} \tag{6-26}$$

式中：σ_z——基床表面以下任意深度 Z 处以上填料与轨道等产生的静应力。

(2)变形设计

试验结果表明，各种改良土在最不利气候条件下的累积塑性应变在 0.51%～1.20%之间，一般不超过 1%。临界弹性应变在 0.08%～0.30%之间，变形量均很小，一般不受控制。

(3)水稳性设计

改良土的水稳性对工程的长久性有很大的影响。由于所处工作环境不同，对水稳性的要求也不一样，对于基床表层，由于直接受气候的强烈影响，其配比应满足在干湿循环作用下不湿化的要求。对于基床底层及路堤下部由于基床表层及基床底层在上面的保护，受气候的影响较弱，可以适当放宽。

2. 化学改良在客运专线的应用

秦沈客运专线 DK342＋400～＋900 段路基基床底层设计采用水泥改良土，该段土源试验资料见表 6-2。

素土试验数据 表 6-2

G	W_L	q_L	I_P	q_U	ω_{opt}	ρ_{dmax}	土名
2.7	26.2%	18.0%	8.2	140kPa	13.6%	1.75g/cm^3	粉黏土

采用上述程序对该土进行水泥改良设计如表 6-3。

水泥改良土设计 表 6-3

粉黏土	$I_P<10$	K	2
掺和料	水泥	R_{cr}	0.5
掺入比例	5∶100	η_d	0.5
σ_{ZL}(kPa)	55	σ_{bcu}(kPa)	528
β	1.2	q_u(kPa)	370
α	0		

注：σ_{ZL} 按预留时速 300km 考虑。

通过以上设计，确定水泥掺量 DK342＋400～＋900 段水泥与土的干重比采用 5∶100。通过此配比进行实施，经现场检测，检测指标完全满足客运专线技术要求，现场检测结果见表 6-4。

现场检测数据 表 6-4

日期	K_h	K_{30}	q_u	备注
2000.10.31	>92%	124MPa/m	—	第一层
2000.11.02	>91%	154.5MPa/m	—	第二层
2001.4.29	>92%	189.6MPa/m	859.2kPa	第三层
2001.05.17	>90%	182.8MPa/m	—	第四层

注：1. K_h 为核子密度仪与环刀法检测的平均值；2. q_u 为 7d 龄期的无侧限抗压强度。

第七章　路基质量评估

客运专线的路基质量评估工作主要包括三个方面，一是运架梁车对基床表层影响程度的评估；二是运架梁车对路基稳定影响程度的评估，评价运架梁前及运架梁过程中路基和运架梁车的安全与稳定性；三是铺轨前路基评估，评价铺轨前基床表层级配碎石的各项指标是否符合设计要求，路肩高程是否符合设计要求，路基工后沉降及沉降速率是否满足设计要求，以保证铺轨工作的顺利进行。

第一节　运架梁车对基床表层影响的评估

客运专线的桥梁，梁式结构以简支为主，多采用现场预制，运梁车运输，架桥机架设的方法进行施工；梁体自重普遍增加，运架梁车也根据梁跨的特点进行了特殊设计。以秦沈客运专线为例，其 24m 双线箱梁自重约 570t，运架梁车加载后轮胎对地的最大压强达 529kPa。考虑到运架梁车通过路基运送梁体达 200 多趟，对级配碎石基床表层的稳定有一定影响，因而需要对运架梁车对基床表层的影响加以研究，评价运架梁车荷载对基床表层的影响程度。

一、基床表层厚度评估方法

在列车荷载的作用下，客运专线路基基床表层厚度的确定，主要采用变形控制与强度控制相结合的方法，以基床表层的变形量不大于 3.5mm 和列车荷载通过时基床表层传给基床底层的动应力小于其容许动强度为控制条件。运架梁车的结构、荷载与运行速度与高速列车相比，均有非常大的差异。运架梁车通过时，基床表层的厚度能否满足要求、如何进行检算及判断标准如何，是客运专线建设中的一个全新课题。经分析研究，推荐采用以下两种方法进行评估检算。

1. 柔性路面法

在公路路面设计与分析中，为了评定路面的使用性能，必须对路面结构中某些有代表性的状态进行计算分析。通常是根据路面结构组成与材料特性采用下列某一种典型的力学模型：

(1)弹性半空间体；

(2)多层弹性体系；

(3)温克勒弹性地基上的板；

(4)均质弹性半空间地基上的板。

在柔性路面结构的设计与分析中，通常采用多层弹性体系模型，其基本假定如下：

(1)各层都是由均质的各向同性的线弹性材料组成；

(2)土基在水平方向和向下的深度方向均为无限，其上的路面各层厚度均为有限，但水平方向仍为无限；

(3)路面上层表面作用有垂直荷载,荷载与路面表面接触面形状呈圆形,接触面上的压力呈均匀分布;

(4)每一层之间的接触面假定为完全连续的。

根据调查,绝大多数载重车的后轮为双轮组,因而,车辆荷载采用两个圆形均布垂直荷载,其计算图式如图7-1。图中 h_1、μ_1、E_1,h_2、μ_2、E_2,…,分别为第一层,第二层,……的厚度、泊松比和弹性模量;p 为单位面积上的垂直荷载;δ 为荷载作用面半径。

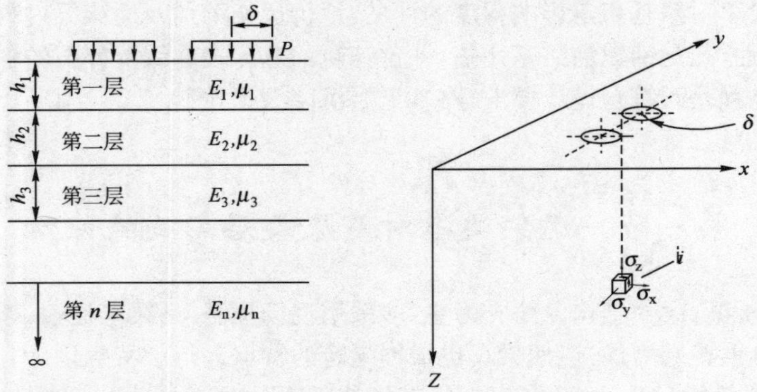

图 7-1 双圆荷载多层弹性体系计算图式

《公路柔性路面设计规范》对设计理论与方法作如下规定:"路面设计以双圆垂直均布荷载作用下的弹性层状体系理论为基础,以路表容许弯沉值作为路面整体强度的控制指标"。对于高速公路、一级公路,其路面采用沥青混凝土面层和整体性材料基层,通常采用三层弹性体系模型来进行设计与分析;对于三、四级公路,则通常采用双层弹性体系模型。

客运专线的基床表层采用级配碎石或级配砂砾石填筑,可以看作三、四级公路的粒料类路面层,基床底层和其以下部分可视为土基,可按公路柔性路面的双层弹性体系对基床表层进行厚度检算。

柔性路面法的检算步骤大致如下:

(1)当量轴次换算

《公路柔性路面设计规范》(以下简称《柔规》)规定:路面设计以双轮组单轴轴载 100kN 和 60kN 为标准荷载,分别以 BZZ-100 及 BZZ-60 表示。在检算前,须先将运架梁车荷载按式(7-1)换算为当量轴次 N,再按式(7-2)计算累计当量轴次 N_e:

$$N=\sum_{i=1}^{k}C_i\left(\frac{P_i d_i^{1.5}}{Pd^{1.5}}\right)^5 n_i \tag{7-1}$$

式中:N——标准轴载的当量轴次,次/日;

n_i——被换算的各级轴载作用轴次,次/日;

P——标准轴载的轮胎接地压强,MPa;

P_i——被换算的各级轴载的轮胎接地压强,MPa;

d——标准轴载的单轮传压面当量圆直径,cm;

d_i——被换算的各级轴载单轮传压面当量圆直径,cm;

C_i——被换算的各级轴载的轮组数系数。双轮组为 1，单轮组为 0.25，四轮组（平板车）为 4。

$$N_e = \frac{[(1+\gamma)^t - 1] \times 365}{\gamma} N_1 \eta \tag{7-2}$$

式中：N_1——路面竣工后第一年的日平均当量轴次，次/日；

t——设计年限，年；

γ——设计年限内交通量的平均年增长率，%；

η——车道系数，取 1.0。

(2)路面允许弯沉值的计算

《柔规》规定，路面允许弯沉值 l_R 主要是由累计当量轴次 N_e 决定，采用公式(7-3)计算：

$$l_R = \frac{1.10}{N_e^{0.2}} A_c A_s \tag{7-3}$$

式中：l_R——路面允许弯沉值，cm；

A_c——公路等级系数，取 1.2；

A_s——面层类型系数，取 1.3。

(3)理论弯沉系数 α_L 的计算

$$a_L = \frac{a_s}{F} \tag{7-4}$$

式中：α_s——实际弯沉系数，$\alpha_s = \dfrac{l_R E_2}{pd}$；

F——综合修正系数，$F = A_F \alpha_s^{0.38}$；

A_F——弯沉综合修正系数；

E_2——基床底层的弹性模量。

(4)基床表层厚度的确定

根据理论弯沉系数 α_L 和基床底层的弹性模量 E_2 与基床表层的弹性模量 E_1 的比值 E_2/E_1，查《柔规》双层弹性体系表面弯沉系数图表，可得：

$$h/\delta = C$$

则基床表层厚度为：

$$h = C\delta \tag{7-5}$$

2. Boussinesq 法

Boussinesq 法将基床表层和其以下部分视为双层弹性地基，将运架梁车荷载简化为矩形均布荷载，计算荷载中心点处地基表面的变形，用此变形值来控制基床表层的厚度。荷载中心点处地基表面的变形值 w_0 采用式(7-6)计算。

$$w_0 = \frac{2bp_0(1-\mu^2)}{\pi E_2}\left\{\left[\ln\frac{\sqrt{1+m^2+\left(\frac{h}{b}\right)^2\left(\frac{E_1}{E_2}\right)^{\frac{2}{3}}}+m}{\sqrt{1+m^2+\left(\frac{h}{b}\right)^2\left(\frac{E_1}{E_2}\right)^{\frac{2}{3}}}-m} + m\ln\frac{\sqrt{1+m^2+\left(\frac{h}{b}\right)^2\left(\frac{E_1}{E_2}\right)^{\frac{2}{3}}}+1}{\sqrt{1+m^2+\left(\frac{h}{b}\right)^2\left(\frac{E_1}{E_2}\right)^{\frac{2}{3}}}-1} - \right.\right.$$

$$\frac{1-2\mu}{1-\mu}\frac{h}{b}\left(\frac{E_1}{E_2}\right)^{\frac{1}{3}}\cdot\tan^{-1}\frac{m}{\frac{h}{b}\left(\frac{E_1}{E_2}\right)^{\frac{1}{3}}\sqrt{1+m^2+\left(\frac{h}{b}\right)^2\left(\frac{E_1}{E_2}\right)^{\frac{2}{3}}}}\Bigg]\left(1-\frac{E_2}{E_1}\right)+$$

$$2\frac{E_2}{E_1}\left[\ln(\sqrt{m^2+1}+m)+m\ln\frac{\sqrt{m^2+1}+1}{m}\right]\Bigg\} \tag{7-6}$$

$$m=a/b;$$

式中：E_1、E_2——基床表层、底层的弹性模量，MPa；

a、b——荷载半长、半宽，m；

h——基床表层厚度，m；

p_0——荷载强度；

μ——泊松比。

具体计算时，先假定一个基床表层厚度 h，计算其对应的变形值 w_0，看其是否满足基床表层对变形的容许值。当不满足时，重新假定 h 值进行试算，直到 w_0 满足变形条件为止。

二、客运专线的应用

1. 运架梁车的类型及有关参数

秦沈客运专线桥梁结构及自重同普通铁路桥梁相比均有不同，自重普遍增加，运架梁车也根据梁跨的特点进行了特殊设计或改进。不同的运架梁施工单位选用了不同的运架梁车（图 7-2～图 7-5），主要有 NICOLA 轮胎式运架一体机、NICOLA（TE600）运梁车、DCY450 轮胎式运梁车三种机型。各运架梁车的技术参数见表 7-1：

秦沈客运专线主要运架梁车技术参数一览表 表 7-1

		TE600	运架一体机	DCY450
产地		意大利	意大利	国产
额定运输能力（t）		600	550	450
运行速度（km/h）	重载	3.5	3.5	6.8
	空载	5.0	7.0	
最小转向曲线半径（m）		34	60	50
最大爬坡能力		3.0%	3.0%	1.0%
外形尺寸（长×宽×高）（m）		20.4×6.75×2.55	51.5×7.2×8.525	29.6×6.58×2.05±0.25
整机自重（t）		130	265	127
轴数		10	10+2=12	14
轮胎总数		40	40+8=48	112
冲气压力（kg/cm²）		4.7	4.7	4.7
纵向轴间距（mm）		1 800	2 300/1 600	1 500
横向跨度（mm）		5 300	5 300	4 450
每个轮胎触地面积（cm²）		3 944	3 944	1 101.825
触地总面积（cm²）		157 760	157 760	123 404.4
最大荷载（t）		130+570=700	265+570=835	127+420=547
对路基最大压力（kg/cm²）		4.44	5.29	4.43

图 7-2　NICOLA 轮胎式运架一体机

图 7-3　NICOLA 一体机运架梁作业

图 7-4　NICOLA(TE600)运梁车

图 7-5　DCY450 运梁车

2. 荷载分布图式

DCY450 轮胎式运梁车的荷载分布图式见图 7-6，其余两种运梁车的荷载布置形式与 DCY450 轮胎式运梁车类似。

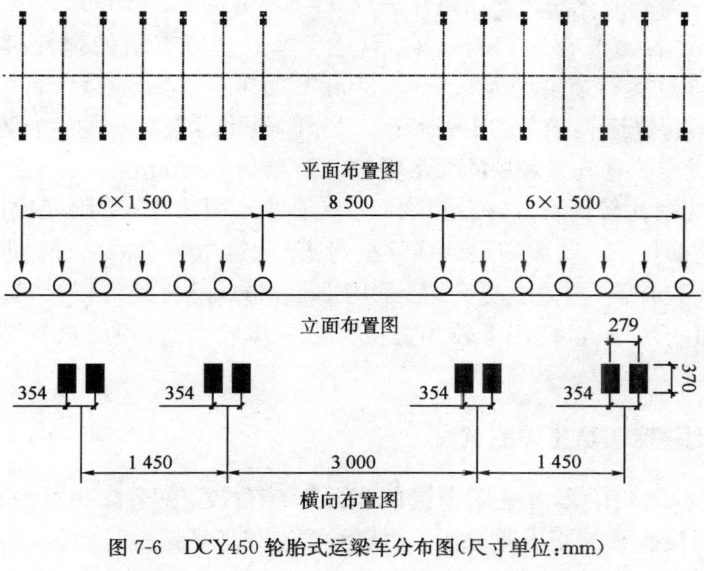

图 7-6　DCY450 轮胎式运梁车分布图(尺寸单位：mm)

3. 评估计算结论

运用前述柔性路面法和Boussinesq法对秦沈客运专线路基基床表层进行检算，表7-2为NICOLA轮胎式运梁车的检算结果，通过比较，可以发现：

(1)采用柔性路面法检算，基床表层的厚度取决于基床底层的弹性模量E_2、基床表层的弹性模量E_1以及该段路基需通过的运架梁车次数和重量。就NICOLA轮胎式运梁车的检算结果看，基床底层的弹性模量E_2、基床表层的弹性模量E_1分别取设计值34MPa、220MPa，运送180跨、120跨箱梁时，基床表层的厚度应大于61.8cm和56.4cm。秦沈客运专线路基基床表层厚60cm，基本满足需要。实际上，就现场测试结果来看，基床表层的弹性模量E_1很多高于220MPa，当基床表层的弹性模量E_1取250MPa，运送180跨、120跨梁体时，基床表层的厚度大于56.4cm和53.3cm即可。

NICOLA轮胎式运梁车的检算结果 表7-2

检算方法 \ 荷载简化		单轮	双轮	半车	整车
公路柔性路面法	运180跨箱梁	$E_2=34MPa, E_1=220MPa, h=61.8cm$			
	运120跨箱梁	$E_2=34MPa, E_1=220MPa, h=56.4cm$			
Boussinesq法 w_0(mm)	基床表层$h=0.6m$	3.32	4.99	11.90	17.84
	基床表层$h=0.3m$	4.74	6.78	13.10	17.25

注：1. E_2，基床底层的弹性模量；E_1，基床表层的弹性模量；h，基床表层厚度；
2. w_0，基床表层顶面的变形；
3. 荷载简化时，单轮指将单个轮胎的接地面积和对地压力换算为均布矩形荷载；双轮指将双轮组的接地外轮廓和对地压力换算为均布矩形荷载；其余类推。

(2)采用Boussinesq法检算，根据不同的荷载简化情况，基床表层顶面的变形值差异很大，例如，基床表层$h=0.6m$，w_0为3.32～17.84 mm，到底采用哪种荷载简化形式合理，没有规定。在采用柔性路面法检算时，其路面弯沉值定义为双轮轮隙中心处路面变形值。可以借鉴此规定，采用双轮荷载简化法。此时基床表层$h=0.6m$的w_0为4.99 mm，与基床表层的变形量不大于3.5mm的要求有一定的差距，但是考虑到基床表层的弹性模量E_1很多高于220MPa和运架梁车的运行速度仅为3.5～6.8km/h的实际情况，应该认为0.6m基床表层全部施工完毕后，能够保证运架梁车的走行安全。另外，鉴于运架梁车的运行速度较慢、运架周期短的特点，可以适当放宽基床表层的变形量控制值至5～10mm。

(3)就两种方法的比较而言，各有优缺点。在柔性路面法中，基床表层的厚度不仅取决于基床底层的弹性模量E_2、基床表层的弹性模量E_1和运架梁车的荷载，同时也与该段路基通过的运架梁车次数有关，理论上更合理；采用Boussinesq法，则可以计算基床表层填筑到任意厚度时其顶面的变形值，使用上较为方便。在具体检算时，可以根据需要，单独或综合使用。

三、运架梁车对基床表层影响的试验

为了进一步掌握运架梁车对基床表层的实际影响程度，在秦沈客运专线基床表层填筑0.35m、0.60m厚级配碎石的路堤段进行了运架梁车加载现场试验。

1. 试验场地及研究内容

运架梁车加载试验选在秦沈客运专线 A1 标段的 DK37＋740～DK38＋500 段，其中：DK37＋740～DK37＋980 段，长 240 m，基床表层级配碎石厚度 0.35m；DK37＋980～DK38＋500 段，长 520m，基床表层级配碎石厚度 0.60m。

研究内容包括：收集 DK37＋740～DK38＋500 段施工质量控制资料，了解路基填筑过程中的质量状况；对有代表性的路段，通过运架梁车的荷载作用，分析研究荷载作用次数与基床表层的车辙变化规律及表面破坏程度。

2. 试验内容及结论

运架梁车在级配碎石厚度 0.35m 和 0.60m 段，模拟运梁加载 200 次，每 50、100、150、200 次进行沉降测量、表面密度测试、K_{30}测试、动刚度测试、面波测试以及土压力和测斜观测。

(1)表面车辙沉降测试

在全长 760 m 的试验范围内，每 20m 设一沉降观测断面，每个断面设置 5 个表面沉降观测点。观测点用 ϕ12 mm 的钢筋，端部焊接钢板，钉入级配碎石表面。用水准仪测量各沉降观测点在运架梁车通过时的变化情况。经 200 次运架梁车荷载作用后，其车辙形成的沉降变形约有 5～10mm。

(2)表面密度及动刚度测试

在全长 760 m 的试验范围内，每 40m 梅花布点，计 50 组测点，在沉降观测点的沈阳侧。用核子密度仪测基床表层的表面密度，用 K_{30} 仪测基床表层的 K_{30} 值，用落锤仪测基床表层的动刚度，以得到运架梁车通过路基表层后，其密度和刚度的变化情况。

随着运梁加载次数的增加，表面干密度有所下降，特别在表面有局部破坏的部位下降较明显。从现场实际观察到在 DK38＋250～＋270 长约 20m，宽约 5m 的范围内，表面较为松散。经了解是基床表层的施工结构缝所致。

表面 K_{30} 值经 50 次运架梁车荷载作用后，有所降低，随着荷载次数的再增加 K_{30} 值有所增加，其值离散性较大。基床表层动刚度经过 50 次后级配碎石厚的有所增大，级配碎石薄的有所减小，其离散性较大。

(3)基床表层面波测试

在全长 760 m 的试验范围内，在典型断面处用面波仪测试基床表层直达波的波速，以得到运架梁车碾压路基表层后，其波速的变化情况。表面波速测试结果表明，级配碎石表层波速在 400～500m/s 之间。

(4)基床表面土压力测试

在级配碎石厚度 0.35m 和 0.60m 段，各埋设 2 个土压力盒，直接测试运架梁车对基床表面作用荷载及应力分布情况。土压力盒测试结果表明运架梁车加载后，对基床表层的实测压力峰值在 532～669kPa 之间，基床表层能够承受此荷载的作用。

(5)试验结论

在 DK37＋340～DK38＋500 段，基床表层级配碎石厚度为 0.35 m 和 0.60m，路堤填筑段自上而下，0.6～5.0m 为山皮土填筑，5.0m 以下填有碎石土，其填筑质量符合要求。经运架梁车模拟加载运梁 200 次后，其基床表层的车辙不明显，表面只有轻微的起砂。在基床表层施工接缝处有局部表面破坏。

通过表面沉降观测、表面密度测试、土压力测试、K_{30}测试、动刚度测试、面波测试，试验表明运架梁车通过级配碎石基床表层是可行的。为避免局部表面破坏，应尽量减少基床表层的施工接缝。

第二节　运架梁车对路基稳定影响的评估

客运专线的软土及松软土路基采用工后沉降控制技术对沉降和沉降速率进行精确控制。在实施过程中，根据沉降观测资料进行动态设计和施工，势必需要适时调整填土速率、填筑周期以及运架梁的工期。运架梁工期及施工组织的调整，软土及松软土路基加固处理后地基固结和强度增长的差异，各种运架梁车的结构、荷载与运行速度的差异，使运架梁车对路基稳定的影响千差万别。为了保证运架梁车通过高填方、桥头或软土、松软土路基地段时，车辆和路基的安全与稳定，需要就运架梁车对路基稳定的影响程度加以评估。

一、路基评估计算方法

1. 路基稳定计算方法

路基稳定评估主要是检算路基在运架梁车荷载的作用下的滑动稳定性，在施加运架梁车荷载时，地基已经经过一段时间的固结，其滑动稳定性计算采用固结有效应力法：

$$K=\frac{\sum C_{\mathrm{q}}l+\sum N_{\mathrm{I}}\tan\phi_{\mathrm{q}}+\sum N_{\mathrm{II}}U\tan\phi_{\mathrm{cu}}}{\sum(T_{\mathrm{I}}+T_{\mathrm{II}})} \tag{7-7}$$

式中：T_{I}、N_{I}——滑体地基部分土体的重力在滑动面上的切向分力和法向分力；

T_{II}、N_{II}——滑体中填土部分的重力在滑面上的切向分力和法向分力；

C_{q}、ϕ_{q}——天然快剪的黏聚力和内摩擦角；

ϕ_{cu}——固结不排水剪的内摩擦角；

l——滑弧长度；

U——地基中的平均固结度。

2. 荷载换算

在稳定性计算时，需先将运架梁车荷载换算为土柱高 h_0，考虑到运架梁车不同于普通机动车辆，其轮距大，为安全起见，可将运架梁车荷载换算为双土柱（图 7-7）。换算方法可以采用《公路路基设计手册》的荷载当量高度换算公式：

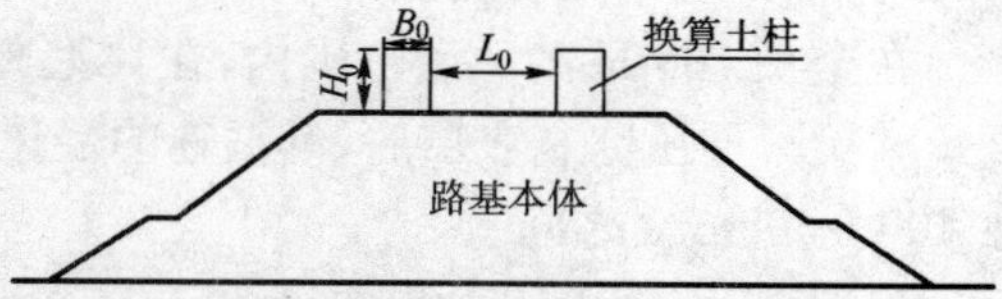

图 7-7　运架梁车荷载换算示意图

$$H_0=\frac{NG}{\gamma B_0 L} \tag{7-8}$$

式中：N——路基上横向分布的车辆数，取 1；

H_0——荷载换算高度，m；

L_0——两换算土柱净间距，取运架梁车左右两轮组的净间距，m；

B_0——荷载换算宽度，取运架梁车横向一侧最外轮中心之间的宽度加轮胎着地宽度，m；

G——一辆汽车的重量，取运架梁车自重和梁体自重之和的0.5倍或0.25倍，kN；

L——运架梁车前后轴距加轮胎着地长度，m；

γ——土的重度。

二、路基稳定评估方法在秦沈客运专线的应用

1.路基稳定检算结果

秦沈客运专线的NICOLA轮胎式运架一体机、NICOLA(TE600)运梁车、DCY450轮胎式运梁车等三种机型的荷载换算结果如表7-3所示。

运架梁车荷载换算土柱高度和分布宽度($\gamma=18kN/m^3$)　表7-3

车　型	换 算 土 柱(m)		
	L_0	H_0	B_0
NICOLA(TE600)运梁车	3.74	6.55	1.56
NICOLA运架一体机	3.73	6.65	1.57
DCY450运梁车	2.37	3.45	2.08

对全线软土、松软土路基进行稳定检算的结果是，共有DK219+000～DK219+215和DK241+500～DK252+162两段软土路基存在稳定问题，即稳定系数$K<1.05$。

DK219+000～DK219+215段，路堤填高8.2m左右，原设计路堤基底铺设0.5m厚的渗水土垫层，DCY450轮胎式运梁车重载于路堤上走行时，稳定系数为$K=1.0205$，不稳滑弧深度为4.7m。

DK241+500～DK252+162段路堤填高5.5～6.0m左右，原设计路堤基底采用袋装砂井处理，砂井深15.0m，于砂井顶铺设0.5m厚的砂垫层，NICOLA运梁车重载于路堤上走行时，稳定系数为$K=0.9878$，不稳滑弧深度为7.7m。

2.路基加强措施

路基稳定检算不符合要求地段，考虑了两种加固方案。

其一是粉喷桩侧向约束方案，在路堤两侧坡脚外设两排粉喷桩加固，对路堤进行侧向约束。粉喷桩距路堤两侧坡脚外1.0m，密排，直径0.5m，桩深根据检算滑弧而定。

加固后，重新进行稳定检算。粉喷桩复合地基抗剪强度为：

$$\tau_{sp}=m\tau_p+(1-m)\tau_s \tag{7-9}$$

式中：τ_{sp}——复合地基抗剪强度，kPa；

τ_s——桩间土天然地基抗剪强度，kPa；

τ_p——粉喷桩抗剪强度，kPa；

m——置换率。

经重新检算，DK219+000～DK219+215段，路堤两侧坡脚外设两排粉喷桩加固，桩深5.0m，稳定系数$K=1.198$；DK241+500～DK252+162段，路堤两侧坡脚外设两排粉喷桩加

固，桩深10.0m，稳定系数$K=1.212$。满足路堤稳定要求。

其二是路基两侧加反压护道，DK219＋000～DK219＋215段，护道宽4.5m，高3.5m；DK241＋500～DK252＋162段，护道宽6.5m，高3.0m。

就以上两方案进行技术经济综合比较后，采用了反压护道加强方案。

三、运架梁车对路基的实际影响评估及结论

为了进一步掌握运架梁车对路基的实际影响程度，保证运架过程的安全，对运架梁车通过的110km路基段，在运梁前均进行了安全性评估。

1.确定路基填筑质量

通过审查施工资料，检查路基填筑材料、工艺及隐蔽工程质量；通过现场踏勘检查路基的外观质量；通过内外业检查初步了解路基质量状况。对重要路基段必要时采用地质雷达扫描、动力触探或其他方法抽检局部质量状况。

2.路基动态观测

在运架梁车通过的最不利位置设动态观测断面，每个动态观测断面设3～5个沉降标，利用水准仪观测运架梁车通过次数与路基基床表层沉降值的变化关系，并提交软弱地基段的沉降观测资料。

3.安全性评估

根据内外业质量检查结果确定第一趟运架梁车是否可以通过。根据运梁车通过次数与路基表层沉降值的变化关系曲线确定运架梁过程中路基是否稳定安全。在规定的频次内，当沉降观测发生突变时，应及时报警。

4.结论

通过现场踏勘、内外业检查、实际检测、沉降资料分析，表明运架梁车通过期间，其路基是安全和稳定的。

第三节　铺轨前路基评估

路基基床表层填筑完毕后，由于下步工序的需要，路基上通过了许多施工车辆及运架梁荷载。这样对级配碎石表层有一定的破坏作用，为了保证铺轨前其各项指标仍然满足设计要求、路肩高程符合设计要求以及路基工后沉降及沉降速率满足要求，铺轨前应对路基质量进行全面检查与评估。

一、铺轨前路基评估内容及方法

1.审查路基填筑调查表

对施工单位提交的路基填筑调查表进行重点审查，审查路基填料种类、路基本体和基床底层的检测控制指标、级配碎石表层的检测控制指标等是否符合要求。

2.路基沉降观测资料分析

对路基沉降观测资料进行分析，检查路肩高程是否符合设计要求，通过时间—沉降观测曲线进行分析预测，推断路基工后沉降是否满足铺轨要求。

3.地质雷达检测

为了解路基填筑的整体质量，采用地质雷达进行检测。主要检测路基填筑是否均匀、过渡段范围分界是否明显、级配碎石厚度是否满足设计要求、路堑段开挖是否符合设计要求等。对个别地质雷达检测有怀疑的路段，可采用动力触探或钻探的方法进行补充检测。

4.级配碎石表层抽检

对级配碎石表层进行现场抽检，主要抽查 K_{30} 和孔隙率 n 指标，检查其是否符合设计要求。

二、秦沈客运专线铺轨前路基评估

1.审查路基填筑调查表

秦沈客运专线的路基填料属A、B组的较多，西部除以挖做填外，附近取土场填料较好；东部除部分采用物理改良外，多采用远运山皮土填筑。路基填料符合施工细则及验标的要求。

秦沈客运专线的路基填筑压实质量标准均达到施工细则及验标的要求。对部分路基本体的压实检测指标，压实度 K 和 K_{30} 进行统计后，如图7-8、图7-9所示。平均压实度 K 值为95%，平均 K_{30} 值为150MPa/m，其值远大于控制指标。

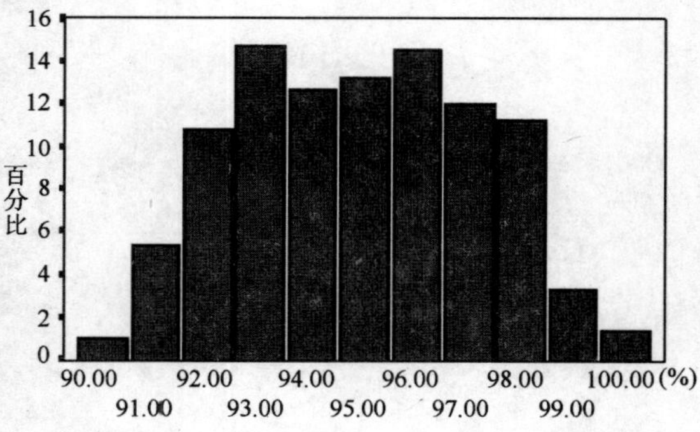

图7-8　部分路基本体的压实度 K 抽检统计图

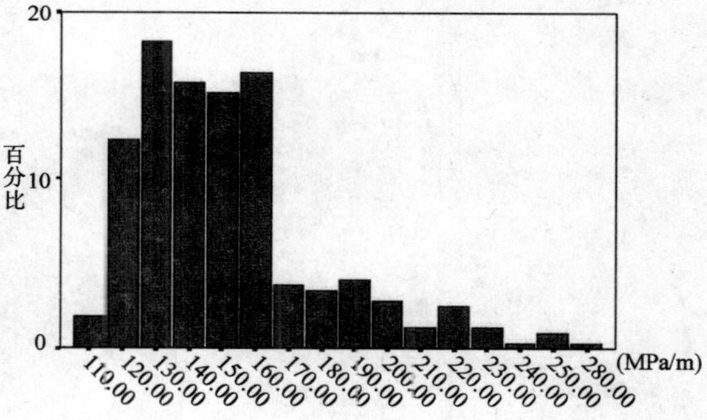

图7-9　部分路基本体的 K_{30} 抽检统计图

2.路基沉降观测资料分析

秦沈客运专线的西部无软土，主要通过对路基基床表层的时间—沉降观测结果进行分析，年沉降速率小于允许值，满足铺轨要求。东部软土、松软土分布广，首先对沉降观测资料进行分析，路基工后沉降、年沉降速率小于允许值，满足铺轨要求；然后再对路肩沉降标的时间—沉降观测结果进行分析，路肩设计高程、年沉降量满足铺轨要求。

3.地质雷达检测

地质雷达扫描累计320km，补充动力触探45孔。

4.级配碎石表层抽检

路基评估时对级配碎石表层进行检查，主要抽查 K_{30} 和孔隙率 n 指标。K_{30} 抽检了99组，其抽检统计结果如图7-10所示；孔隙率 n 抽检了475组，其抽检统计结果如图7-11所示。平均 K_{30} 值为220MPa/m，其值远大于控制指标；平均孔隙率 n 值为13%，其值远小于控制指标。

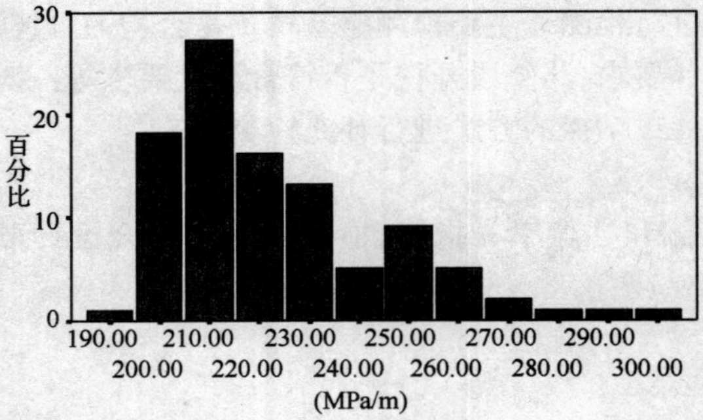

图 7-10　级配碎石表层 K_{30} 抽检统计图

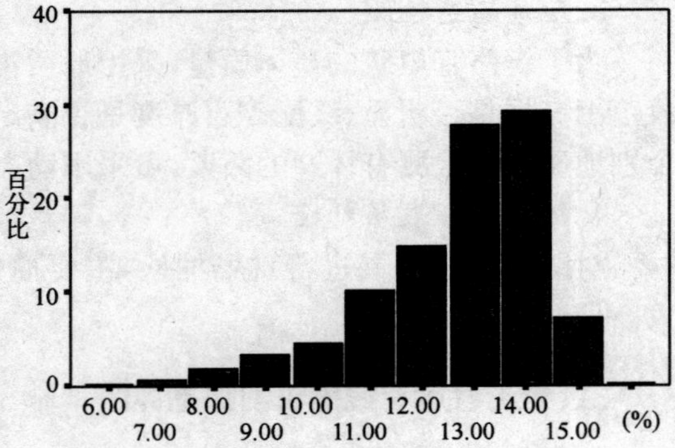

图 7-11　级配碎石表层孔隙率 n 抽检统计图

5. 结论

秦沈客运专线全线路基，通过现场踏勘检查、路基填筑质量调查、铺碴前表层抽检、路基整体性质量检测，认为路基基床表层各项指标在铺碴前符合设计要求。通过路基沉降观测的综合分析，路基工后沉降、年沉降速率小于允许值，满足铺轨要求。

参考文献

[1] 铁道第三勘察设计院. 新建铁路客运专线路基设计技术研究. 2003.

[2] 铁道第三勘察设计院. 秦沈客运专线松软土加固效果观测试验测试报告. 2003.

[3] 铁道第三勘察设计院等. 秦沈客运专线路桥过渡段设置方式试验研究报告. 2003.

[4] 西南交通大学等. 秦沈客运专线土工合成材料加筋技术处理路基试验研究报告. 2003.

[5] 铁道科学研究院等. 秦沈客运专线软土路基工后沉降的控制试验研究报告. 2003.

[6] 铁道第四勘察设计院等. 软土地区路桥设计参数试验项目(路基工程)研究报告. 2005.

[7] 林宗元主编. 岩土工程治理手册. 沈阳:辽宁科学技术出版社,1993.

[8] 林宗元主编. 岩土工程试验监测手册. 沈阳:辽宁科学技术出版社,1993.

[9]《地基处理手册》编写委员会. 地基处理手册. 中国建筑工业出版社,1988.

[10] 杨广庆,刘树山,刘田明主编. 高速铁路路基设计设计与施工. 中国铁道出版社,1999.

[11] 天津大学,天津市建筑设计院主编. 岩土工程技术规范. DB29-20—2000. 中国建筑工业出版社,2000.

[12] 高大钊,袁聚云主编. 土质学与土力学(第三版). 北京:人民交通出版社,2007.

[13] 铁道部科学研究院主编. 时速 160km 新建铁路线、桥、隧、站设计暂行规定. 1999.

[14] 铁道部科学研究院主编. 时速 200km 新建铁路线、桥、隧、站设计暂行规定. 北京:1998.

[15] 铁道第三勘察设计院主编. 京沪高速铁路设计暂行规定(铁建设[2004]157 号). 中国铁道出版社,2004.

[16] 张德宝. 建筑物沉降灰色预测预报. 工程勘察,2000.

[17] 铁道第三勘察设计院. 秦沈客运专线 A14 标段动态设计报告. 2000.

[18] 铁道部科学研究院,铁道建筑研究院. 高速铁路路基设计技术条件. 1995.

[19] 铁道第三勘察设计院. 京沪高速铁路路基结构形式及填料改良优化研究报告. 1999.

[20] 铁道部科学研究院. 高速列车作用下地基弹塑性与刚度的研究. 1995.

[21] 铁道第三勘察设计院. 秦沈客运专线东部填料改良及施工工艺研究. 2002.

[22] 姚祖康主编. 公路设计手册—路面. 人民交通出版社,1992.

[23] 冶金工业部沈阳勘察研究院主编. 强夯地基技术规程(YSJ 209—92,YBJ 25—92),北京:1993.

[24] 交通部公路规划设计院主编. 公路沥青路面设计规范(JTJ 014—97),人民交通出版社,北京:1997.

[25] 冶金工业部建筑研究总院主编. 软土地基深层搅拌加固法技术规程(YBJ 225—91). 冶金工业出版社,北京:1991.

[26] 中国建筑科学院研究院主编. 建筑地基处理技术规范(JGJ 79—91). 中国计划出版社,北京:2000.

[27] 孟宪寅. 关于铁路路基基床设计的反思与探讨. 路基工程. 1995,4.

[28] 郄昕,苏向东,肖作声. 德国高速铁路路基简介. 铁道建筑技术. 1994,4.

[29] 蔡申夫.关于高速铁路工程技术的几点看法.铁道建筑技术.1999,3.
[30] 杨广庆,张兴明,蔡英.关于高速铁路路基几个问题的分析.石家庄铁道学院学报,Nol.11,No.1,Mar.1998.
[31] 张远荣.京沪高速铁路软土路基允许工后沉降的研究.铁道建筑.2000,9.
[32] 史存林.路基与桥梁过渡段的技术措施.路基工程.1999,5.
[33] 屈晓辉.秦沈客运专线松、软路基设计技术.铁道标准设计.2000,9.
[34] 李殿龙.日本新干线路基的设计与施工.中国铁路.1998,9.
[35] 刘晓骏等译.日本高速铁路路基设计及施工控制技术.1998.
[36] 杨新安,李怒放,李志华.路基检测新技术.中国铁道出版社,2006.
[37] 龚晓南主编.地基处理技术发展与展望.中国水利水电出版社,知识产权出版社,2004.
[38] 铁道第三勘察设计院主编.新建时速200～250公里客运专线铁路设计暂行规定(上)(铁建设[2005]140号).中国铁道出版社,2005.
[39] 铁道第三勘察设计院主编.新建时速300～350公里客运专线铁路设计暂行规定(上)(铁建设[2007]47号).中国铁道出版社,2007.
[40] 铁道科学研究院主编.客运专线无砟轨道铁路设计指南(铁建设[2005]754号).中国铁道出版社,2005.
[41] 铁道科学研究院主编.客运专线铁路无砟轨道铺设条件评估技术指南(铁建设[2006]158号).中国铁道出版社,2006.
[42] 铁道第一勘察设计院主编.铁路路基设计规范(TB 10001—2005).北京:中国铁道出版社,2005.
[43] 铁道第二勘察设计院主编.客运专线无砟轨道铁路工程测量暂行规定(铁建设[2006]189号).中国铁道出版社,2006.
[44] 铁道第四勘察设计院主编.铁路特殊路基设计规范(TB 10035—2006).中国铁道出版社,2006.
[45] 河北大地土木工程有限公司主编.长螺旋钻孔泵压混凝土桩复合地基技术规程(DB13(J)31—2001).2002.
[46] 铁道科学研究院铁道建筑研究所主编.铁路碎石道床底碴(TB/T 2897—1998).1998.
[47] 国家测绘局测绘标准化研究所主编.国家一、二等水准测量规范(GB 12897—91).1992.
[48] 李怒放,胡一峰.中德高速铁路无碴轨道路基压实标准对比.铁道建筑技术,2007,12.
[49] 韩志霞,崔俊杰,宋绪国.秦沈客运专线运架梁车通过软土路基的安全检算.铁道标准设计.2001,12.
[50] 常杰峰.秦沈客运专线东部松软、软土路基动态设计.铁道标准设计,2001,10.
[51] 彭泽仁.秦沈客运专线路基技术特点.路基工程,2002,5.
[52] 常杰峰.秦沈客运专线路基主要技术标准与设计.路基工程,2002,5.
[53] 刘远锋等.秦沈客运专线软土路基地基处理综合试验研究.路基工程,2002,5.
[54] 宋绪国等.利用沉降观测资料推算未来沉降在秦沈客运专线中的应用.路基工程,2002,5.
[55] 杨明雨.沉降观测在秦沈客运专线路基工程中的应用.路基工程,2002,5.
[56] 郭绍影等.秦沈客运专线东部填料改良试验研究.路基工程,2002,5.

[57] 崔维孝等.浅谈铁路软基堆载预压设计.路基工程,2002,5.
[58] 秦沈线东部松软地基试验组.秦沈客运专线松软地基加固试验效果浅谈.路基工程,2002,5.
[59] 岂福民等.秦沈客运专线地基沉降控制过程中几个问题的探讨.路基工程,2002,5.
[60] 崔尚彦.秦沈客运专线基床表层级配碎石的设计和施工.铁道标准设计,2001,10.
[61] 常杰峰等.秦沈客运专线路基工后沉降控制技术.土木工程学会第十届年会论文集.
[62] 崔俊杰,彭泽仁.复合土工膜加固基床底层试验研究.铁道工程学报增刊,2001,10.
[63] 交通部第一公路勘察设计院主编.公路软土地基路堤设计与施工技术规范(JTJ 017—96).人民交通出版社,1997.